SINTIÉNDOME MEJOR, AMÁNDOME MEJOR

ANA GÓMEZ

SINTIÉNDOME MEJOR, AMÁNDOME MEJOR

Cómo validar tus emociones te ayuda
a construir un amor seguro

zenith

Primera edición: junio de 2023

Zenith es un sello editorial de Editorial Planeta, S.A.
Avda. Diagonal, 662-664, 08034 Barcelona (España)
www.zenitheditorial.com
www.planetadelibros.com

ISBN: 978-84-08-27347-9
Depósito legal: B. 9.906-2023

Fotocomposición: Pleca digital

Impreso en España – *Printed in Spain*

PEFC
PEFC/14-38-00305

Certificado PEFC

Este libro procede de bosques gestionados de forma sostenible y fuentes controladas

www.pefc.es

SUMARIO

SEGUNDA PARTE
LOS ORÍGENES Y EL DESARROLLO DE LA (IN)VALIDACIÓN

TERCERA PARTE
SER LUGAR SEGURO:
LA PRÁCTICA DE LA VALIDACIÓN INTERNA Y EXTERNA

INTRODUCCIÓN

DAR VALOR A LO QUE SENTIMOS

«No pasa nada», «No estés triste, no es para tanto». ¿Te suenan estas frases? Seguro que las has oído en más de una ocasión o incluso las has pronunciado para tratar de ayudar a alguien cercano. Estos son solo algunos ejemplos de formas de invalidación emocional. Pero de esto te hablaré un poco más adelante. Antes déjame decirte que toda experiencia emocional es válida. Así de claro, sin excepciones. Cuando hablamos de «validación emocional» hablamos de dar un valor y aceptar todo nuestro mundo emocional, sean cuales sean esos sentimientos y emociones y sean cuales sean sus causas.

Cuando nos sucede algo que nos genera malestar necesitamos una doble validación. La primera es la validación interna, que consiste en ser amables y compasivos con cómo nos sentimos. Sin juzgarnos ni tampoco exigirnos sentir de otra forma, sin desear que la intensidad de esas emociones sea otra. Validarnos emocionalmente es comprendernos y decirnos al oído «Está bien sentirte como te sientes».

A veces, lo que sucede es que, debido a nuestras experiencias de vida, no sabemos validarnos a nosotros mismos y terminamos por minimizar lo que sentimos bajo pensamientos del tipo: «No es para tanto»; también tendemos a criticarnos: «Siempre estás igual» o a compararnos: «Hay gente que está peor». Estos ejemplos de comunicación están englobados dentro del concepto de «invalidación emocional». Justamente el prefijo «in-» significa «negación o privación», y, al invalidar lo que siento, no permito sentir mis emociones, las bloqueo y estas se quedan atrapadas en un pozo sin fondo.

Lejos de ayudarnos, la comunicación invalidante añade más leña al fuego. Si partíamos de una situación que nos causaba, por ejemplo, una gran tristeza y soledad, el hecho de invalidarnos hará que ese malestar aumente. Si te fijas bien, ahora también ha venido a visitarnos la culpa, acompañada del «No debería sentirme así». ¿Qué sucede en este punto? Sucede que cuando no me permito sentir lo que siento, dejo de aceptarme y de quererme tal y como soy.

Aunque quiero darte una buena noticia, porque con la validación pasa algo parecido a lo que sucede con la autoestima. Durante mucho tiempo, ha prevalecido la creencia de que no puedes querer bien a los demás, o ser querido, si antes no haces el trabajo de quererte bien a ti mismo. Es una idea que inicialmente puede parecer lógica, pero tiene una tara. Porque la realidad es que puedes no quererte del todo bien y que alguien aparezca en tu vida que te quiera con todo su corazón y alma. No necesitas amarte y aceptarte incondicionalmente como premisa para que alguien pueda amarte y aceptarte sin condiciones. Con la validación sucede lo mismo. Si acostumbras a invalidar lo que tú mismo sientes, puedes recurrir a un amigo, a un familiar o a tu pareja y obtener su validación. Es totalmente normal que queramos hacerlo.

¿Recuerdas la última vez que te sentiste inseguro por tener que tomar una decisión importante y llamaste a un amigo? O tal vez puedas traer de nuevo a tu mente la última vez que quisiste cobijarte junto a tu pareja porque habías tenido un mal día en el trabajo. Lo que buscamos cuando recurrimos a los demás es la validación externa, el segundo tipo de validación.

Hay que tener cuidado con malinterpretar la validación externa, porque el hecho de que busquemos la validación de los demás no es sinónimo de dependencia. Los seres humanos somos seres sociales y necesitamos compartirnos, sentir que pertenecemos. Necesitamos sentir que nuestra experiencia emocional tiene una repercusión en cómo el otro se siente, porque este elemento es clave en el desarrollo de una buena salud mental. Pertenecer y ser aceptado por un grupo sin duda es un ingrediente clave en nuestra felicidad y bienestar emocional.

Por ello, he querido dividir estratégicamente el libro que ahora sostienes en tus manos en tres grandes bloques. En el primer apartado te sumergirás de lleno en el universo de las emociones y harás parada en tres estaciones: la identificación emocional, la validación emocional y la regulación emocional. Y es que una cosa está muy clara: la validación no puede existir si antes no hemos sido vistos y cuidados por un otro significativo. Solo podemos acoger lo que sentimos de dentro de nuestras entrañas si en nuestra infancia hemos crecido con unos padres suficientemente buenos. Unos progenitores que nos han podido devolver que lo que experimentábamos tenía una coherencia y un sentido. Cuando nos hemos podido mirar en el otro como si fuera un espejo, y nos ha devuelto el reflejo de que está bien sentirse triste, enfadado, avergonzado o como sea que lo hagamos. Y, sobre todo, cuando hemos recibido el mensaje de que somos queridos y amados nos sintamos como nos sintamos.

De eso tratará en profundidad el segundo bloque. Hablaremos sobre los estilos de apego y sobre el niño interior herido, y veremos cómo cada una de estas dos valiosas piezas que conforman el puzle de nuestro interior influyen de manera significativa en la relación que tenemos hoy en día como adultos con nuestro mundo emocional. Y no nos detendremos ahí, sino que ahondaremos en el entorno invalidante y advertiremos hasta nueve formas distintas de invalidación externa, como el castigo emocional, la mala atribución o la ridiculización.

Cuando hemos crecido en un ambiente en el que las emociones no eran bienvenidas cuando estas llamaban a la puerta, desarrollamos también una voz crítica que nos invita continuamente a rechazar nuestra propia emocionalidad. Sin saber cómo ni de qué manera, podemos acabar haciéndonos aquello que tanto odiamos que hagan los demás con nosotros. De este modo, nos convertimos en nuestro peor enemigo, siendo el malo de la película de nuestra propia vida.

Convivir con la invalidación emocional no es fácil, pero la buena nueva es que contamos con multitud de recursos para combatirla. Te mostraré las herramientas que te ayudarán a protegerte de la invalidación externa. Así como también te revelaré estrategias concretas y prácticas que te ayudarán a cambiar el modo que tienes de percibir tus emociones para que estas pasen de ser tus enemigas, a tus aliadas. Gracias a la autocompasión y al autocuidado, aprenderás a cuidar y a abrazar tus emociones, reportándote cada vez mayor sensación de bienestar y plenitud.

Nuestro viaje se extenderá hasta el tercer y último gran bloque. Un apartado dedicado enteramente a que puedas transformarte en tu propio lugar seguro. Aprenderás a hablar una nueva pero poderosa lengua: el lenguaje del amor seguro. Porque la validación impacta de forma muy positiva cuando somos capaces de emplearla en las relaciones con los demás. Pero no únicamente quien siente una emoción y recibe validación se beneficia de ella, sino que el vínculo que se ha formado entre esas dos pers onas también sale ganando.

Cuando expresamos cómo nos sentimos al otro y nos comprende, lo que se crea en ese momento es una fuerte conexión emocional. Esto nos ayuda a calmarnos, a sentirnos más seguros, más receptivos y más en confianza con el otro. En consecuencia, conseguimos más proximidad y cercanía afectiva y experimentamos una placentera sensación de paz y armonía. Este es el poder del amor seguro.

Sin más dilación, este libro pretende guiarte por el sendero de la comunicación validante y acompañarte a identificar cuándo podemos estar cayendo en la invalidación, tanto propia como con los demás. Quiero darte las claves para que aprendas a validar tus emociones y a ser un lugar seguro tanto para ti mismo como para tus relaciones. Relacionarte de una forma más sana, respetuosa y afable con tus emociones y amarte mejor es posible. Y tú vas a lograrlo. ¿Te apetece que descubramos juntos cómo?

PRIMERA PARTE

EL ABECÉ DE LAS EMOCIONES: IDENTIFICACIÓN, VALIDACIÓN Y REGULACIÓN

«Llevo encima todas las heridas de las batallas que he evitado.»

FERNANDO PESSOA

Estoy muy emocionada. Estás a punto de embarcarte conmigo en un viaje. Un viaje que nos llevará a realizar una travesía por el mundo de las emociones. Lo esencial para el viaje que vamos a realizar es que lleves en tu mochila bien cargada de ganas de explorar nuevos senderos, una mirada libre de prejuicios con la que un niño pequeño observa el mundo, con la curiosidad de hacerte preguntas que quizás nunca te habías planteado y de abrir el corazón a nuevas posibilidades. Porque, en este insólito pero apasionante viaje, todo puede pasar.

Cuando te propones transitar un camino antes inexplorado, necesitas instrumentos que te ayuden a seguir una trayectoria. Precisas un mapa, una brújula o un kit con el que hacer señales de humo para no perderte o desviarte mucho del camino. Así, al menos, si caes en las terribles arenas movedizas de la tristeza, tienes que atravesar el bosque tenebroso del miedo en plena luna llena o te ves obligado a cruzar el puente inestable hecho de la madera endeble de la vergüenza, podrás contar con esas herramientas que serán tus más fieles aliadas. Es mi intención que aquí encuentres ese mapa o brújula que te proporcione información, reflexión, así como pautas y estrategias prácticas para que la travesía emocional sea más llevadera.

Quiero invitarte a disfrutar mientras te cuento lo extraordinario que puede llegar a ser el mundo de las emociones. Porque, aunque *a priori* parezca difícil imaginarlo, las emociones pueden ser nuestras aliadas cuando logramos comprenderlas y conectarnos a ellas. Es verdad, pasaremos por momentos en los que habrá tormenta, en los que parecerá que el cielo se cae sobre nosotros, en los que creeremos perder la esperanza de llegar a la tan ansiada cima. Pero no hay luz sin sombra. Y es debido a que existe la tristeza que valoramos más los momentos de dicha.

Esta primera parte pretende empezar a desentrañar y a dilucidar el mundo de las emociones. Mi objetivo es que dejes de percibir tus emociones y tus sentimientos como algo abstracto y empieces a concebirlas como algo comprensible y alcanzable. A lo largo de este intenso y emocionante recorrido vamos a realizar parada en tres estaciones: la identificación, la validación y la regulación emocional. Estos son los tres pasos clave que debemos seguir cuando sentimos una emoción. Primera pregunta: ¿qué siento?; segunda pregunta: ¿me permito sentir lo que siento?; y finalmente: ¿qué hago con lo que siento?

Sigue siendo una realidad la de que hoy en día la validación emocional es como un trébol de cuatro hojas. Pocas personas consiguen dar con ella. Pero si, cada vez más, logramos tomar conciencia de qué es y tenemos herramientas para desarrollar esta habilidad y cómo realizarla, puede llegar a ser el pan de cada día. Ese es mi pequeño gran objetivo. Lo que veremos a continuación requiere de una lectura tranquila, pausada y serena, incluso puede que necesites de una doble lectura. Y si es así, no pasa absolutamente nada, es más, puede ser mejor y más beneficiosa.

Tómate el tiempo necesario para conectarte contigo y con la emoción de empezar un nuevo libro. No te apresures, coge aire, respira hondo y disfruta, porque, como ya te he dicho, ¡nos vamos de viaje!

1

¿CÓMO ME SIENTO?: LA IDENTIFICACIÓN EMOCIONAL

Haz una pausa antes de empezar y pregúntate: ¿cómo me siento en este mismo instante? Intenta describirlo. Puede que te sientas ilusionado por empezar una nueva lectura, con curiosidad por descubrir qué quiero mostrarte sobre las emociones, interesado en aprender, motivado a descubrir, orgulloso de dedicarte este rato para ti mismo. Es normal si te cuesta responder a esta pregunta o si se te hace un mundo encontrar palabras para expresar tus sensaciones internas. Tranquilo, de eso vamos a hablar a continuación: de cómo identificar lo que sentimos.

La **identificación emocional** es la habilidad de poner nombre a lo que sentimos.

Nuestro recorrido contiene tres paradas emocionales que haremos siguiendo un orden determinado. Nuestro tren no puede avanzar hasta la siguiente estación sin antes detenerse en la anterior: no podemos pretender validar lo que sentimos sin antes encontrar una palabra para definirlo, y tampoco podemos regular una emoción sin antes permitirnos sentirla y validarla. Y es que sin identificación no hay validación, y sin validación no es posible la regulación. A esta secuencia la llamo el abecé de las emociones:

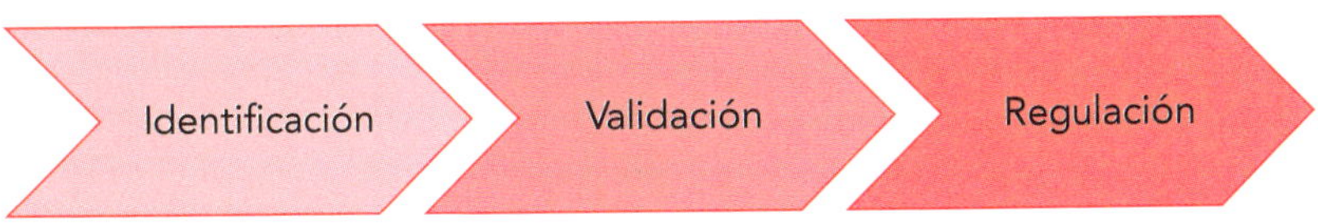

Cuando nos encontramos en una situación y surge una emoción, lo primero que tenemos que poder hacer con ella es identificarla. Porque si no somos capaces de nombrar qué emoción estamos sintiendo, ¿cómo sabremos por qué nos ocurre y qué información nos transmite?, ¿cómo sabremos cuál es la mejor forma de actuar ante esa experiencia emocional? Y, por último, pero no menos importante, ¿cómo podremos comunicársela a los demás?

Identificar una emoción se parece a descifrar las letras en la pantalla cuando vas al oftalmólogo porque no acabas de ver bien. El oftalmólogo te hace leer la típica serie de letras que todos conocemos, y, claro, las grandes las lees perfectamente, pero cuando te toca deletrear las medianas y las pequeñas, no ves tres en un burro. El oftalmólogo explora tus ojos, acierta con tu miopía, se percata de la graduación que puedes necesitar y te prueba varias lentes hasta dar con la que es perfecta para ti. De repente, pasas de no ver un pimiento a ver con total claridad. Qué placer, ¿verdad?

Las emociones que debutan con más intensidad, que serían las letras grandes, son más fáciles de reconocer. Cuando son las ocho de la tarde y has tenido todo el día de percances y contratiempos, y, como consecuencia, has ido acumulando hastío y desesperación, la emoción o emociones pueden ser más intensas y, por lo tanto, puede que sea más fácil notarlas e identificarlas. Pero aquellas emociones que surgen de situaciones más livianas pueden acabar por echársenos encima sin que nos demos cuenta si no las atendemos, y nos puede costar más ponerles un nombre, sobre todo al inicio.

Las gafas que te coloca el médico especialista que te ayudan a ver con todo detalle las letras de su pantalla fluorescente representan la práctica y destreza que vas adquiriendo gracias a ir prestando atención a tus sensaciones internas y a tus emociones. Al principio, reconocer tus emociones te parecerá más difícil o extraño, pero, poco a poco, irás fabricando tú mismo esas lentes que te ayudarán a volverte cada vez más hábil.

Pensar sobre lo que siento: la importancia de la mentalización

La habilidad para poner nombre a lo que sentimos está muy relacionada con la capacidad de *mentalización*. «Mentalizar», dicho de una forma clara y concisa, significa «pensar acerca de lo que nos sucede». La teoría de la mentalización integra la teoría clásica del apego (que veremos más adelante), la escuela de relaciones objetales del psicoanálisis, el estudio del desarrollo de la cognición social y la neurociencia cognitiva.[1] ¿Por qué quiero mencionar la importancia de esta teoría? Porque la mentalización es un sistema importante de regulación emocional. Este nos permite pensar acerca de lo que sentimos y ser capaces de reflexionar y leer nuestros propios estados mentales, acciones e intenciones, así como los de los demás. Por ejemplo, noto que estoy melancólico porque me siento con la cabeza gacha, con lágrimas en los ojos y con los labios apuntando hacia abajo. Gracias a la capacidad de mentalización, puedo realizar una evaluación cognitiva y aparece una palabra en mi cabeza: tristeza. La capacidad para traducir nuestro cuerpo y sensaciones, y encontrar una palabra en mi mente para describirlas hace disponible la emoción para decidir cómo manejarla. Por lo tanto, la tristeza ha pasado de ser únicamente una experiencia fisiológica a convertirse en una palabra en la mente.[2] Es decir, lo que hemos hecho ha sido mentalizar el afecto al nombrarlo.

La capacidad para mentalizar nuestros propios afectos deriva de la capacidad que tuvieron nuestros cuidadores para mentalizarnos o para leer nuestros estados emocionales y así hacernos de espejo. Desde pequeños estamos preparados para interactuar con los demás y más que necesitar que nuestros progenitores hayan desarrollado la capacidad de *mindreading* (leer la mente o los estados mentales), quizás necesitamos de su capacidad de *bodyreading* (leer el cuerpo).[3] ¿No te parece relevante este cambio de terminología? Además, como vamos a comprobar a continuación, nos va a venir como anillo al dedo, ya que las emociones necesitan sobre todo de poder ser leídas a través de las sensaciones corporales.

Entonces la pregunta que nos ocupa es: ¿cómo identifico qué

siento? Para ello, es vital conocer de lo que estamos hablando y en este espacio, sin lugar a dudas, hablaremos de emociones. Conocerás y reconocerás qué es una emoción, qué funciones tienen las emociones en general y, en específico, con qué nos ayuda cada emoción.

ESTO DE LAS EMOCIONES, ¿QUÉ ES?

Seguro que te suena el típico: «¿Cómo estás?». Al que tú respondes: «Bien». Quizás se te esboza una sonrisa tímida porque te identificas con esa respuesta. Porque sabes que bien o mal no son sentimientos ni describen nuestras experiencias emocionales. A veces, no tenemos ganas de compartir lo que nos ocurre, pero en la mayoría de ocasiones lo que sucede es que como no tenemos suficiente vocabulario para describir lo que sentimos, nos quedamos atascados y encallados en un bien o mal que aporta más bien poco o nada.

Definir exactamente qué es una emoción es complicado. En el pasado, multitud de psicólogos, neurocientíficos e investigadores que focalizaron sus estudios en el campo de las emociones, iban manifestando y expresando su propia definición sobre qué es una emoción. Sin embargo, muchos de ellos no aceptaban las acepciones que les atribuían los demás. Lo cierto es que intentar concretar algo que es tan subjetivo, interno o abstracto provoca que sea difícil llegar a un consenso o acuerdo.

Como apunta Siegel:

> «Cada una de estas visiones contiene cierta verdad para la persona, pero claramente el término emoción no tiene un significado precisamente compartido ni siquiera entre aquellos que usan este concepto en su trabajo diario».[4]

Una definición que puede ser fácil de comprender es la siguiente:

> Una **emoción** es un proceso psicológico con una base neurobiológica que permite *adaptarnos* a las situaciones.

A veces, identificar una emoción puede resultar instantáneo —como cuando ves un arcoíris y sonríes y te invade una sensación de alegría— y en otras ocasiones se trata de una búsqueda. En dicha búsqueda, debemos hacernos preguntas como si fuéramos físicos y estuviéramos explorando un nuevo fenómeno astronómico con un telescopio. En otras palabras, tenemos que imaginarnos que vamos con una lupa que nos permite agudizar nuestra visión para percatarnos de nuevos matices o con una linterna que nos posibilita descubrir lugares recónditos que antes quedaban ocultos. Dicho esto, quiero preguntarte:

> ¿Qué emoción predomina más en una búsqueda o en una nueva investigación que quiere dar respuesta a un interrogante?

La respuesta es la curiosidad. Esta es la emoción principal que nos ha de acompañar a lo largo de nuestro viaje. La curiosidad surge en el deseo de descubrir, de conocer, de averiguar algo.

Para identificar una emoción podemos atender a nuestro cuerpo y a las señales y sensaciones fisiológicas que nos envía. Esta capacidad se llama «interocepción». Por ejemplo, gracias a la interocepción captamos que un día nos levantamos por la mañana y notamos que tenemos la nariz congestionada y percibimos un picor que nos escuece en la garganta. La interocepción mide muchas sensaciones diferentes: el hambre, el dolor, la temperatura…, y las emociones no se quedan atrás.

Un estudio muy interesante y ampliamente reconocido en el campo de las emociones que realizaron unos investigadores finlandeses permitió conocer la localización y la activación somatosensorial de las emociones.[5] La culminación de este estudio fue el desarrollo de un mapa corporal universal, donde se observaba la activación, que lleva a la expresión o a la acción, y la desactivación, que lleva a la inacción o la pasividad, en distintos colores. Por ejemplo, la alegría o felicidad es una emoción que se expande por todo el cuerpo y recibe la máxima activación en la cara, activando los músculos cigomático y orbicular que están involucrados en la producción de la sonrisa. Por otro lado, en la tristeza aparecía un rojo intenso en el pecho debido a la sensación de opresión, y en la garganta por la vivencia de «tener un nudo en la garganta», como cuando tenemos ganas de llorar y no podemos hablar, además de un color azul largo de todo el cuerpo que representa esa sensación general de abatimiento y desánimo.

Una de las lecciones más importantes en cuanto a las emociones es conocer las diferentes funciones que desempeñan. Una de las más importantes es la de que nos permiten adaptarnos a nuestro entorno y contexto, y eso las hace vitales para nuestra supervivencia. Es decir, las emociones son la vía de comunicación con nuestro mundo interno que nos permite relacionarnos con el mundo exterior. Todas las emociones cumplen unas mismas funciones generales y, además, cada una de ellas tiene una función específica distinta a las otras. Esta función específica es a lo que nos referimos cuando hablamos del mensaje que nos traen y que debemos escuchar.

Otra de las funciones generales, además de permitir adaptarnos a nuestro entorno, es que las emociones son un motor y uno de los sitios a los que nos lleva es a prepararnos para actuar. Como cuando la culpa nos lleva a pedir perdón y así reparar el daño que le hemos causado a alguien por haber elevado la voz en una discusión. Además, las emociones actúan como señal para otras personas. Siguiendo este ejemplo, la otra persona, a través de la emoción de culpa, conoce mi estado actual y, al hacerlo, puede regular su comportamiento conmigo. Después de recibir mi perdón, quizá reconozca que también se ha equivocado al decirme lo mal que lo hacía todo.

Las emociones también son grandes evaluadoras. Son capaces de darnos señales ante determinadas situaciones antes de que el pensamiento se haya puesto en marcha para analizar lo que está sucediendo. Cuando decimos eso de «Tengo la intuición de que algo va mal» son las emociones, de forma inconsciente, las que nos avisan del peligro antes de que hayamos tenido tiempo de procesar más información.

En consecuencia, nos ayudan a tomar decisiones y nos permiten guiar nuestra toma de decisiones en un sentido o en otro. ¿Cambio de trabajo o me quedo donde estoy? ¿Retomo las clases de pintura o aprendo por mi cuenta? ¿Prefiero hacer el viaje de mi luna de miel a un lugar paradisiaco o mejor vamos de aventura? ¿Quizás este año prefiero no celebrar mi cumpleaños o hago una gran fiesta como los años anteriores? Claro que podemos, y sirve de mucho, hacer una lista de los beneficios de cada opción. Pero más allá de estas aportaciones, lo que de verdad nos señala hacia dónde dirigir el rumbo de nuestra vida es el corazón.

Por ejemplo, imagina que se te pasa por la cabeza el pensamiento: «¿Y si cambio de trabajo?». ¿Qué emociones sientes si piensas en ello? Puede que sean emociones agradables, como un poco de alivio, la esperanza o la curiosidad. O puede que, por el contrario, las emociones que despierte en ti esta cuestión sean el miedo o la sensación de rechazo.

Fíjate en que todas estas cuestiones solo podemos resolverlas si hacemos un análisis consciente de las emociones que derivan de plantearnos las dudas que tenemos sobre nuestro *modus operandi*. Las emociones son grandes maestras, nos impulsan a vivir de verdad una vida con sentido y, si logramos comprenderlas, se convierten en nuestras aliadas y nos ayudan a que cada paso que demos nos acerque a nuestro bienestar. Esto es lo que implica ser humano: vivir emocionalmente. Obviar esta realidad es un error y existir en este mundo conectados solo a nuestro cerebro racional nos cierra enormes posibilidades de crecimiento personal.

Lo cierto es que no podemos controlar, ni muchas veces predecir, la activación de las emociones. Su aparición es rápida y súbita; en palabras del psicoanalista Donald Winnicott, «como el estallido de un trueno o un golpe», y esta característica hace que tengamos que aprender a vivir en armonía con ellas. Dejar que aparezcan y evaluar qué hacer con ellas.

Como se había mencionado, cada emoción aparece por un motivo distinto y cumple con una función específica y particular. El siguiente recuadro contiene información sobre la aparición de cada emoción y qué funciones cumple. Hay que tener en cuenta que las siguientes funciones se relacionan con los estados adaptativos y funcionales de cada afecto.

	¿Cuándo aparece?	¿Qué función tiene?
Alegría	Cuando logramos algo que deseamos.	La afiliación, que nos relacionemos con los demás y establezcamos lazos. Sirve para crecer, nutrir y desarrollarse.
Tristeza	Delante de una pérdida, situaciones de rechazo y abandono.	Invita a la reflexión y a la introspección. Estas actitudes nos permiten pedir y recibir apoyo, conservar nuestros recursos y curar nuestras heridas.
Rabia	En situaciones de injusticia, traición o humillación. Cuando no obtenemos lo que deseamos o no logramos nuestros objetivos.	Movilizar recursos para la autoprotección y la autoafirmación. Gracias a la rabia ponemos límites frente a una invasión o una injusticia.
Miedo	Ante situaciones o estímulos de carácter amenazante. La amenaza puede ser por una vivencia real o por pensamientos que nos generan incertidumbre o nos hacen sentir vulnerables.	La protección. Nos conduce a la planificación, a prepararnos, defender y proteger a los seres queridos. Si vemos que no tenemos recursos para afrontarla, también hace que pidamos ayuda.
Sorpresa	Delante de un estímulo inesperado. Genera sobresalto, desconcierto o asombro.	La exploración y la orientación.
Asco	Delante de estímulos que nos generan rechazo.	Protegernos de estímulos potencialmente peligrosos y dañinos.

Vergüenza	Cuando no nos sentimos válidos o cuando hemos hecho algo que va en contra de nuestros valores o creencias morales.	Cambiar nuestro comportamiento, adaptarnos a la sociedad.
Culpa	Cuando sentimos que hemos herido a alguien.	Reparar nuestros errores y equivocaciones.

Quiero que sepas que las emociones no son guías infalibles ni son la verdad absoluta. Por eso, no nos podemos dejar llevar siempre por ellas. Si lo hiciéramos, cuando sintiéramos rabia, le daríamos una bofetada a alguien. Cuando sintiéramos tristeza, pediríamos la baja. O cuando sintiéramos celos, dejaríamos a nuestra pareja. Al igual que un pensamiento solo es un pensamiento, una emoción solo es una emoción. Por lo que es importante aprender a integrar emoción y razón, y es esa unión la que nos llevará a vivir desde el equilibrio.

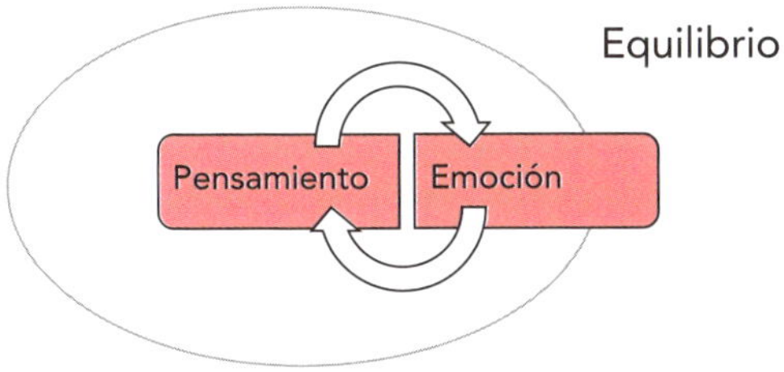

Siguiendo a Siegel, me parece muy interesante compartir su distinción entre «descripción» frente a «explicación».[6] Describir nuestra experiencia emocional, cómo nos sentimos, dónde las experimentamos en nuestro cuerpo, significa preguntarnos «qué, cuándo, dónde y cómo». En cambio, querer encontrar una explicación a lo que describimos tiene que ver con el «por qué». Y a nivel cerebral también hablamos de dos procesos: el de la descripción, que se realiza desde nuestro hemisferio derecho, y el de querer encontrar una explicación causa-efecto mediante el razonamiento que nos permite llevar a cabo nuestro hemisferio izquierdo. Precisamente, en el proceso de identificación de las emociones necesitamos primero describir, «SENTIR», en mayúsculas y con todas las letras. Para así después encontrar un sentido y un significado narrativo mediante el pensamiento que permita completar el círculo.

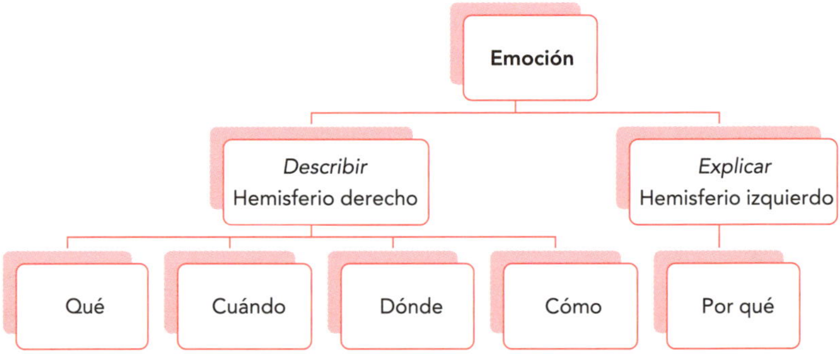

EMOCIONES AGRADABLES Y DESAGRADABLES

En general, en el lenguaje común estamos acostumbrados a clasificar las emociones como positivas o negativas. En las positivas solemos incluir emociones que despiertan en nosotros una cascada de sensaciones agradables. En esta categoría estarían la alegría, el amor, la ilusión o la gratitud. En cambio, hablamos de la tristeza, el miedo o la culpa como emociones negativas porque nos generan malestar. Pero en lo que no caemos es en que ese malestar que nos generan tiene lugar precisamente porque esa emoción nos está enviando una información específica. Es como si tuviéramos un panel de control interno y se encendiese una luz roja. Esa emoción a la que llamamos negativa es un aviso que nos da nuestro cuerpo de que algo no está yendo como debiera y hay que realizar algún cambio actuando en consecuencia con esa emoción para que esa luz se vuelva a apagar. Ahora bien, es necesario tener en cuenta que esas luces se seguirán encendiendo, que nuestro objetivo no es vivir sin emociones negativas. Es más, aunque nos lo propusiéramos, no lo lograríamos. De lo contrario, estamos destinados a fracasar y a vivir desconectados.

Puede que comprendas mejor las emociones si logras verlas como mensajeras: ¿cuál es el mensaje que intenta darme esta emoción? Además de preguntarte: «¿por qué estoy triste?», pregúntate: «¿para qué estoy triste?».

Nuestro propósito para con las emociones que llamamos negativas debe ser aprender a convivir con ellas, conocerlas y comprenderlas. Y para ello debemos desaprender lo que creíamos sobre ellas y aprender todo lo que nos pueden aportar. Las emociones negativas, en realidad, son vitales y desempeñan un potente papel en nuestra supervivencia. De nuevo, parece que realizamos esta distinción como si las emociones fueran algo que pudiéramos juzgar desde lo moral, como si sentáramos a cada emoción en el banquillo de los acusados y la sentenciáramos con el mazo de buena o mala. Por consiguiente, lo que hacemos es que si una emoción me hace sentir bien, entonces la acojo, mientras que si me hace sentir mal, entonces la desecho.

Como venía diciendo, las emociones no son buenas o malas como tal es. Esta polarización es errónea. Las emociones nos permiten adaptarnos a nuestro entorno y, por ello, todas son necesarias, porque nos aportan información muy valiosa y hay que saber poner la oreja a escuchar lo que nos quieren decir con su llegada.

Con todo ello, te propongo que, a partir de ahora, utilicemos mejor los términos «emociones agradables» y «desagradables» para diferenciar los dos grupos de emociones. No hay emociones positivas ni negativas, hay emociones que nos hacen sentir bien, nos producen sensaciones que son cómodas, que nos reportan bienestar, que son placenteras, y otras que, en cambio, nos transmiten malestar, molestan o interrumpen. Pero todas ellas son necesarias y completan nuestra experiencia humana.

Emociones agradables	Emociones desagradables
Alegría Ilusión Amor Calma Compasión Pasión Deseo Admiración Esperanza Orgullo Emoción	Tristeza Rabia Miedo Culpa Vergüenza Envidia Pena Inseguridad Asco Celos Frustración

Cabe destacar que, en la mayoría de las ocasiones, por no decir en todas, sentimos más de una emoción a la vez. Es más, aunque en un primer momento te pueda parecer ilógico, ante la misma situación podemos sentir y percibir tanto emociones agradables como emociones desagradables al mismo tiempo.

Por ejemplo, en la vivencia de la ruptura con nuestra pareja podemos sentir:

- Pena porque la relación se ha terminado.
- Rabia porque no logramos entendernos en los conflictos.
- Culpa por pensar que le hemos dañado.
- Vacío porque llevábamos mucho tiempo con esa persona y ahora ese espacio y tiempo que compartíamos haciendo cosas juntos ya no está.
- Confusión por no acabar de entender ciertos aspectos de la relación.
- Alivio al pensar que en realidad en los últimos meses ninguno de los dos estaba bien con el otro.
- Gratitud por los momentos divertidos y el aprendizaje adquirido del mundo del otro.
- Valentía por haber tomado una decisión difícil y dolorosa.

La siguiente figura simboliza los sentimientos acabados de nombrar, y el tamaño de la forma representa la intensidad de esas emociones.

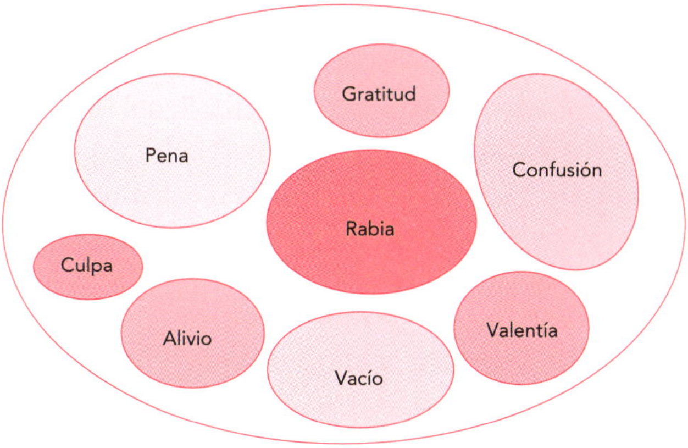

¿Qué sentiste?

Escoge una situación y representa en el círculo las diferentes emociones que sentiste. Si la emoción fue muy intensa y predominante, dibuja el círculo más grande; si no tuvo tanto protagonismo, represéntala con un círculo más pequeño.

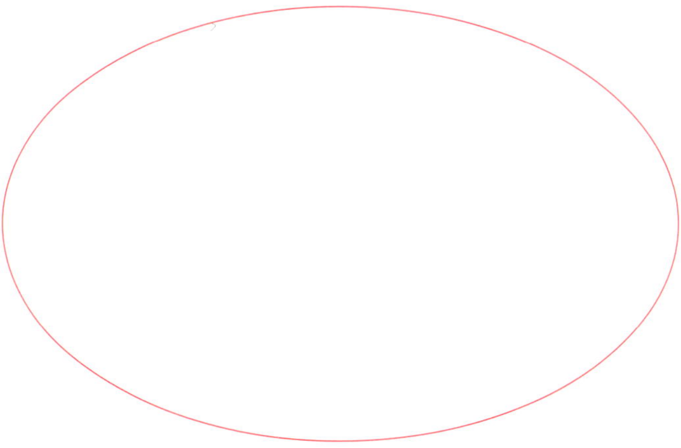

Déjame decirte que identificar emociones no es sencillo, pero es una habilidad que se puede entrenar y desarrollar con la práctica. Además, también puede suceder que seas más hábil en identificar la emoción de tristeza y sus sentimientos derivados y que, en cambio, te cueste darte cuenta o percibir cuándo estás enfadado o sientes rabia.

Si te ha resultado un poco complicado realizar el ejercicio anterior, no te preocupes. A continuación, te muestro la rueda de las emociones. Es un material que utilizo frecuentemente en mis sesiones por ser muy útil y visual, y te recomiendo que la tengas a mano junto a las siguientes preguntas:

- ¿Cómo me siento?
- ¿Esto que siento podría ser…?
- ¿Cómo se sentiría otra persona en la misma situación?
- ¿Cómo me sentí otras veces que me pasó lo mismo?
- ¿Qué quería hacer como resultado de lo que sentía?

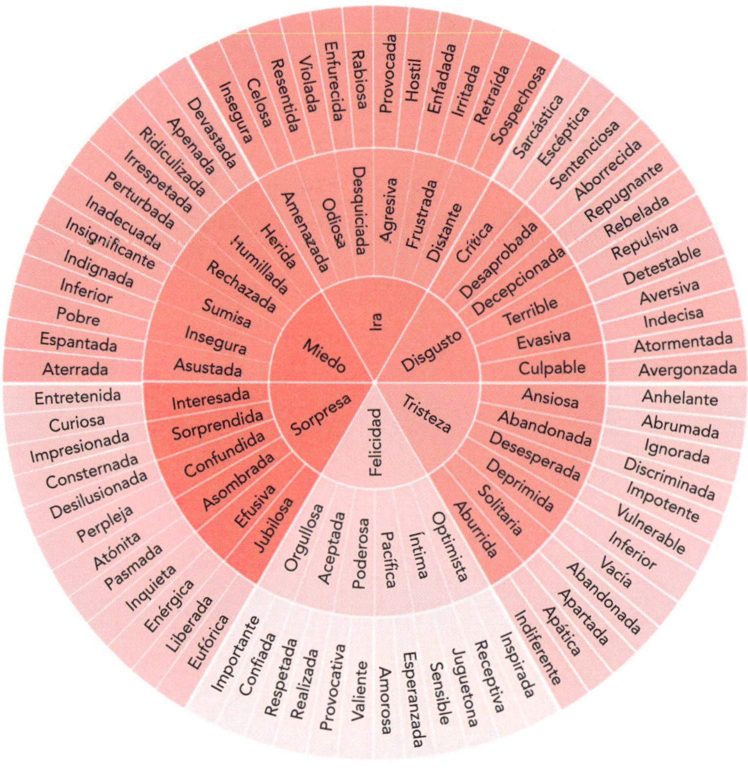

Este recurso te permitirá aprender y ampliar vocabulario para así adquirir una mayor conciencia de las mismas, saber interpretarlas mejor y aprender a apreciar los diferentes matices entre ellas.

Otra actividad relacionada con la identificación emocional que quiero proponerte es que empieces un diario emocional. Un diario emocional consiste en llevar un registro diario de la emoción o emociones más predominantes en nuestro día a día. Cómprate una libreta que tenga una portada con un diseño bonito o diseña tu propia libreta en un *bullet journal*.

La escritura es una poderosa herramienta, ya que nos permite ralentizar nuestro frenético ritmo de vida a la vez que ponemos conciencia en aspectos que pasarían desapercibidos. Para aquellas personas a las que les cuesta hacer meditaciones o visualizaciones, la escritura puede ser una buena alternativa. La idea es poder bajar la rapidez con la que a veces viajan nuestros pensamientos y cogniciones. Esto lo conseguimos porque, por suerte, no podemos escribir tan rápido como pensamos. Y esto precisamente nos ayuda a detenernos, a desarrollar la habilidad de autoobservación y a conectarnos con nosotros mismos.

Te voy a proponer tres tareas para trabajar la identificación y la conciencia emocional. En primer lugar, la tabla que ves a continuación te va a permitir registrar tus emociones más predominantes. La consigna es que colorees cada día siguiendo la leyenda con la emoción más predominante y significativa de ese día.

Para que una actividad que está pensada para cultivar nuestro autocuidado emocional no se convierta en todo lo contrario, es importante que no te lo tomes como una obligación. Si algún día se te pasa, no te castigues por ello. Si quieres probarla, debes tomarla como un experimento de exploración, indagación y descubrimiento de tus emociones.

	L	M	X	J	V	S	D
1	Tristeza	Rabia	Tristeza	Alegría	Alegría	Alegría	Tristeza
2	Alegría	Asco	Miedo	Alegría	Alegría	Alegría	Tristeza
3	Rabia	Rabia	Tristeza	Alegría	Alegría	Alegría	Tristeza
4	Asco	Sorpresa					
5							
6							
7							
...							

Este primer ejercicio te permitirá averiguar:

- Tu emoción predominante en una semana, en una quincena, en un mes, en un trimestre... Cuanto más lo utilices, más hábil te volverás identificando tus emociones y más información podrás extraer.
- Si en determinados días existe una tendencia a experimentar la misma emoción, podrás intentar explorar el porqué. Para ello, puedes anotar también en cada día dos cosas importantes: qué situaciones viviste y qué pensamientos tuviste. Si quieres, puedes hacerlo analizando una emoción en concreto, por ejemplo, la rabia. Cada día en el que tu emoción principal sea la rabia, anota también qué acontecimientos han sucedido y qué pensamientos has tenido a lo largo de ese día.

La segunda tarea complementaria consiste en completar el siguiente autorregistro. Puede resultarte útil para comprender que no sentimos emociones por que sí, sino que las emociones están relacionadas con lo que pensamos sobre lo que nos sucede en nuestro día a día.

Día y hora	Situación ¿Dónde estás? ¿Con quién? ¿Qué haces? ¿Qué sucede?	Pensamiento ¿Qué tienes en la cabeza en este preciso instante? ¿Palabras? ¿Imágenes?	Emoción Anota también tus sensaciones corporales.	Conducta ¿Qué hiciste?

En tercer lugar, añade todas las anotaciones, curiosidades y reflexiones que vayas teniendo. También puedes probar a poner un título a cada día, como si de una película se tratara. O puedes dibujar qué tiempo hace en tu interior, pintando un sol, si has estado contento; lluvia, si has estado triste; tormenta, si te has enfadado mucho por algo, o niebla, si estás confundido.

Es preciso que te des tiempo para aprender a registrar toda esta información tan valiosa. Al igual que con nuestras emociones, darnos cuenta de nuestros pensamientos también es todo un reto. No estamos acostumbrados a tomar conciencia en su totalidad de qué acontece en nuestra cabeza. Igual estás pensando ahora mismo: «Es que yo muchas veces no pienso nada». No pensar en nada no es posible, nuestra mente siempre está en funcionamiento. Lo que sucede es que no estamos entrenados en mirar nuestro mundo interior y al no dirigir nuestra atención conscientemente a lo que pensamos, no queda grabado en nuestra memoria y parece que en muchas ocasiones no pensemos nada. Por ello, quiero transmitirte tranquilidad y paciencia, ya que no es un ejercicio tan fácil como parece. Es cuestión de práctica, de, como decía antes, tomárselo como un experimento que puedas aprovechar para conocerte más y mejor.

EMOCIONES ADAPTATIVAS Y DESADAPTATIVAS

Todas las emociones, tanto las agradables como las desagradables, pueden inclinarse hacia un polo adaptativo o desadaptativo. Para saber si una emoción está siendo adaptativa para nosotros o no, tenemos que valorar tres aspectos distintos: la intensidad, la frecuencia y la duración.

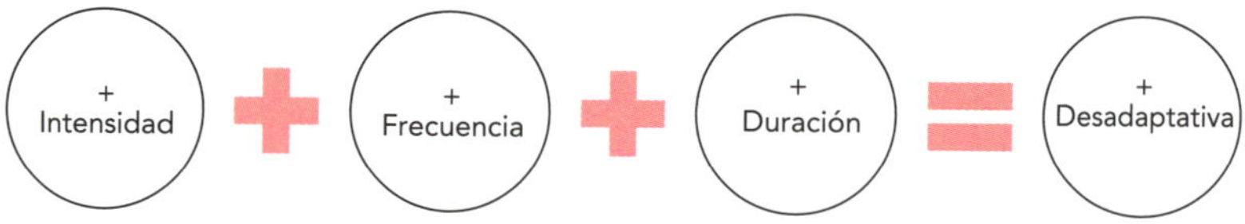

En general, una emoción cuanto más intensa, más frecuente y más se extienda en el tiempo, más desadaptativa es. El siguiente recuadro muestra la forma adaptativa y desadaptativa de distintas emociones agradables y desagradables:

	Adaptativa	**Desadaptativa**
Emociones agradables	Alegría	Euforia
	Amor	Amor obsesivo
	Tranquilidad	Indiferencia
	Seguridad	Soberbia
Emociones desagradables	Tristeza	Depresión
	Miedo	Ansiedad
	Remordimiento	Culpa
	Rabia	Rabia corrosiva
	Preocupación	Obsesión
	Vergüenza	Autorrechazo

Cabe resaltar que una emoción no es adaptativa o desadaptativa en sí misma. Una emoción simplemente es, simplemente aparece. Lo que acaba determinando que lo que sentimos pueda ser información que aprovecharemos para adaptarnos a lo que nos sucede o en cambio, un obstáculo en nuestro recorrido, es cómo reaccionamos frente a ella.

Somos nosotros quienes hacemos algo con ellas y de ello dependerá que estén a nuestro favor o que se vuelvan en nuestra contra. Si escucho, acepto, no juzgo y dejo entrar lo que siento, es más probable que la emoción siga su curso. Es decir, que aparezca, llegue a su punto más álgido y que, poco a poco, su intensidad disminuya hasta volver a la calma. En otras ocasiones, una emoción se vuelve desadaptativa por un evento traumático del pasado.

Un «trauma» es un evento que supera nuestros recursos y nos deja indefensos y vulnerados. Un evento de trauma hace que las emociones se paralicen y se cristalicen, quedándose atrapadas en el pasado y no pudiéndose remediar en el presente. Nuestra mente funciona por un lado y nuestro cuerpo por otro. Es como si intentas acabar de ver el final de una película, pero hay algo que no funciona bien y, por más que le des al botón de continuar, la película se reinicia de nuevo y se vuelve a poner en pausa justo en el mismo fotograma.

El siguiente gráfico muestra el curso de una emoción adaptativa:

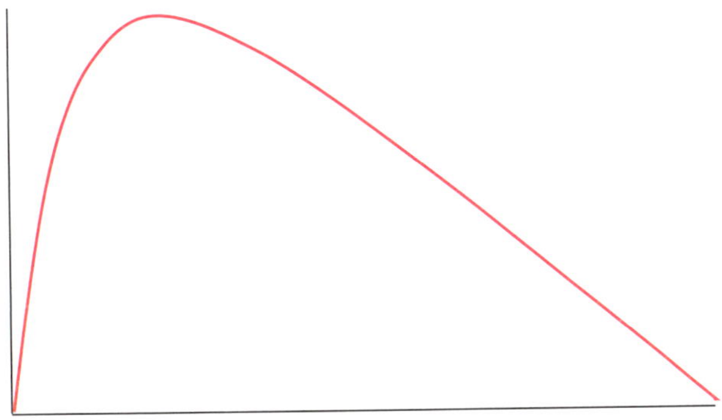

Tiene un inicio intenso, y luego, poco a poco, va disminuyendo hasta resolverse y volvemos a nuestro estado de ánimo base.

Por el contrario, el curso de una emoción desadaptativa podría variar, pero sería más parecido al de los siguientes gráficos:

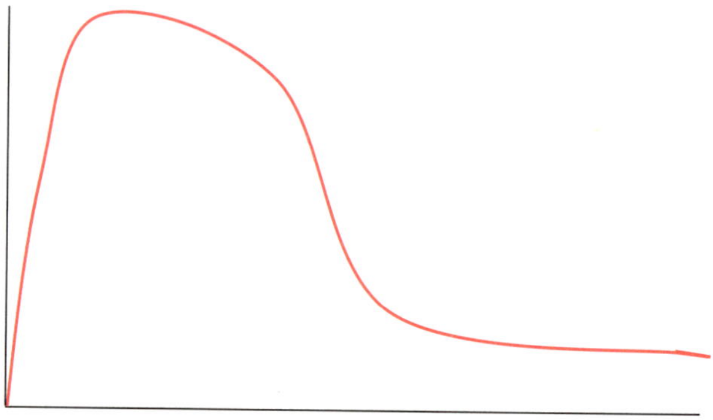

En este gráfico, la emoción aparece y tiene un pico de intensidad, pero luego no se resuelve hasta desaparecer, sino que se puede quedar de forma latente o residual, como de trasfondo. Sería el ejemplo de la ansiedad generalizada.

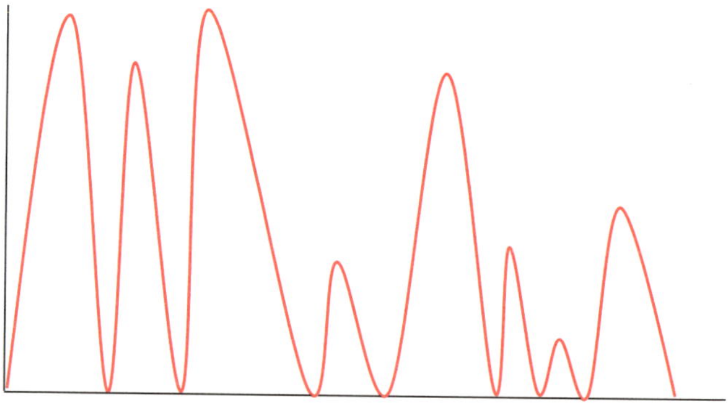

Aquí observamos otra forma que puede tener una emoción desadaptativa. En este caso, la emoción se resuelve con bastante rapidez, pero como no está bien gestionada, tiende a aparecer con frecuencia variando su intensidad. Sería el ejemplo de los ataques de pánico o de la dependencia emocional.

Veamos el caso de un duelo complicado:

Iker sufrió la pérdida de su esposa Sara hace cuatro años. Sara había pasado por un proceso largo de enfermedad, con idas y venidas. Cuando parecía que Sara estaba fuera de riesgo, volvió a recaer. El último periodo fue muy doloroso porque después de todos los tratamientos parecía que, por fin, ese oscuro periodo iba a finalizar. Pero Sara no lo logró y tuvo que marcharse. Desde su partida, a Iker le ha costado mucho rehacer su vida. Sigue manteniendo algunos objetos intactos en casa y le sigue acompañando un estado de tristeza y desánimo del que difícilmente logra deshacerse.

El duelo, por norma general, tiene una duración aproximada de entre un año y dos años, y las emociones predominantes suelen producirse en una especie de vaivén que alterna entre una tristeza profunda y una rabia desgarradora. Esta tristeza y esta rabia durante un proceso de duelo son normales y adaptativas, porque sentimos la pérdida de un ser muy querido para nosotros y lamentamos que no vayamos a poder compartir más momentos junto a él. A la vez, durante este periodo, recibimos el apoyo, la comprensión y la calidez de nuestros allegados. Sin embargo, si esas emociones se alargan más en el tiempo, dificultan nuestro proceso de adaptación y pasan a ser emociones desadaptativas. Es como si nos quedáramos atrapados en ese estado emocional reviviendo una y otra vez esas emociones, tiñendo nuestra vida de una oscuridad dolorosa que no nos deja avanzar. Tu vida se pausa, pero el tiempo pasa.

Las emociones deben tener una fecha de caducidad, ya que, de lo contrario, se quedan congeladas, se hacen bola y, como consecuencia, se vuelven emociones desadaptativas. Y en este estado, pierden todo el sentido y la función que habíamos visto antes. Si el miedo tiene la función de protegerme de los peligros y amenazas, el miedo desadaptativo, o lo que es lo mismo, la ansiedad, ya no me protege, me desprotege.

Conocer este balance que se mide según el grado de intensidad, la frecuencia y la duración en nuestra vida diaria es importante porque se relacionará directamente con la validación que vayamos a poder hacer de cada emoción.

Una emoción adaptativa ha de ser validada; una emoción desadaptativa, revisada.

Es decir, una emoción sana, adaptativa o funcional merece ser aceptada y hay que poder dejarla fluir para poder hacer después una buena regulación de su expresión.

En cambio, una emoción desadaptativa o disfuncional suele mandarnos mensajes que no nos ayudan. Tenemos que poder dejarnos estar mal, pero lo que sucede es que una depresión puede decirte que no sirves para nada y que eres un inútil, la melodía de la ansiedad puede cantarte que todo es una amenaza y que eres incapaz de hacer frente al mundo, las obsesiones pueden susurrarte que debes ser precavido y que una desgracia puede pasar en cualquier momento y la dependencia emocional puede murmurar que no eres suficiente y que nadie te va a querer tal y como eres. Por lo tanto, las emociones desadaptativas y los mensajes que nos traen deben ser revisados y cuestionados, porque si no, caemos en la desdicha de creernos todo lo que nos dicen y acabamos perdiendo el norte de quienes somos en realidad.

EMOCIONES PRIMARIAS Y SECUNDARIAS

Una última clasificación de la que quiero hablarte es de las emociones primarias y las emociones secundarias. Hay dos ópticas distintas desde la que ver esta categorización.

Una primera es la distinción que realizó el experto en inteligencia emocional Daniel Goleman. Goleman señaló que las emociones primarias son aquellas que están presentes desde el nacimiento, son innatas, universales y tienen la misión de favorecer la supervivencia. Por otro lado, las emociones secundarias se empiezan a desarrollar a partir de los 2 o 3 años de edad, y son el resultado de las primeras relaciones. Por tanto, no son innatas, sino que se desarrollan a partir de la experiencia, están condicionadas por la sociabilización.

Otro significado que se le da a esta diferenciación es que las emociones primarias son las emociones que aparecen como primera respuesta a un suceso o hecho y las emociones secundarias son las emociones derivadas de sentir una primera emoción. Es decir, sentirse mal por estar mal.

> Yolanda tiene miedo a volar y, por lo tanto, siente miedo hacia un estímulo en concreto, los aviones. Aunque Yolanda también sufre de ansiedad anticipatoria y solo de pensar en que cogerá un avión el mes que viene, ya se pone tensa.

Este primer miedo es debido a que tuvo una mala experiencia en avión, con fuertes turbulencias en un viaje a Japón hace tres años. A partir de entonces, cada vez que tiene que volar, su sistema nervioso simpático se activa provocando una cascada de sensaciones desagradables como palpitaciones, sudoración, mareos, hormigueo o presión en el pecho. Por lo tanto, Yolanda siente una emoción primaria de miedo. Pero también siente miedo a tener miedo, algo muy común en personas con ansiedad. Y también puede sentir vergüenza porque siente que molesta a las demás personas con sus preocupaciones. Y tristeza, porque lleva tiempo con esta fobia y no sabe cómo gestionarla. Estas emociones que aparecen derivadas de su miedo se llaman «emociones secundarias» o «emociones autoconscientes» y suelen ser problemáticas, porque se asocian con juicios negativos internos sobre lo que experimentamos.[7]

Todas las emociones pueden ser primarias y secundarias dependiendo de las situaciones con las que nos encontremos. Por ejemplo:

- Puedo sentir miedo cuando estoy triste.
- Me puedo enfadar conmigo mismo por sentir miedo.
- Si estoy en un lugar público, puedo sentir vergüenza por sentir tristeza y que se me escapen algunas lágrimas.
- Puedo sentir rabia e inmediatamente sentirme avergonzado porque creo que enfadarse es de débiles.
- Puedo animarme con una canción alegre y de repente sentirme culpable por estar pasando un duelo y decirme que ahora no toca estar bien.

NO SÉ CÓMO ME SIENTO: LA ALEXITIMIA Y LAS EMOCIONES APORÉTICAS

Llegados a este punto, es posible que hayas podido ir conectando con las diferentes emociones o situaciones que se plantean. Sin embargo, hay ciertas personas para las que las emociones siguen siendo una auténtica quimera. Las emociones, aunque a veces son difíciles de comprender, nos deben resultar eso, difíciles, no imposibles. Lejanas, no inalcanzables.

Hay un término para describir la imposibilidad y la inaccesibilidad de comprender el universo de las emociones, y es la alexitimia.

> La **alexitimia** es un *rasgo de personalidad* que se caracteriza por la incapacidad para identificar, reconocer o describir las emociones.

La palabra «alexitimia» es un acrónimo formado a partir de las raíces griegas 'a-', que significa «no»; '*lexis*', que significa «habla» o «palabra», y '*zümós*', que significa «emoción» o «mente». Es decir, la incapacidad para hablar o poner palabras a las emociones. Una persona con alexitimia tiene serias dificultades, por tanto, en el terreno emocional porque parece que sufre un problema con la función simbólica, es decir, la capacidad para hacerse una idea o representación de lo abstracto. Sin embargo, parece que estas personas también presentan un déficit general en la interocepción, de la que hablábamos al principio del capítulo.

Algo interesante que observar y que va en otra línea es el concepto acuñado por el psicoanalista Elliot Jurist.[8] Este psicólogo experto en la afectividad observó que, aparte de personas con alexitimia, necesitábamos otro término aplicable a todas las personas sin un déficit en la función simbólica, pero que denotara la dificultad para identificar y comprender las emociones. Entonces Elliot, en vez de poner el foco en un adjetivo para las personas, pensó en un término aplicable a las emociones y acuñó el término de «emociones aporéticas».

Las **emociones aporéticas** se manifiestan cuando sabemos que sentimos algo, pero no estamos seguros de lo que es, y el esfuerzo por comprender esos sentimientos parece no tener rumbo o estar bloqueado.

El término «aporético» se compone del prefijo griego '*a-*', que significa «no», y de '*poria*', que significa «transitable», por lo que la misma palabra indica la dificultad para adquirir conocimiento, pero no su imposibilidad. Sería como cuando la niebla no te deja ver ni disfrutar del paisaje y se crea una atmósfera un tanto gélida y confusa.

Más allá de la alexitimia o de las emociones aporéticas que nos dificultan ver con nitidez y claridad a través de las gafas que nos estamos construyendo, identificar nuestras emociones es posible.

Después de esta primera parada de nuestro viaje, me doy por satisfecha si delante de un: «¿Cómo estás?» ya no contestas: «Mal», sino: «Estoy triste», «Siento rabia», «Hoy estoy contento», «Estoy nervioso», «Me siento abrumado» o «Estoy ilusionado porque estoy aprendiendo mucho con una nueva lectura».

2

¿ME PERMITO SENTIR LO QUE SIENTO?: LA VALIDACIÓN EMOCIONAL

El segundo paso que debemos realizar con nuestras emociones una vez que hemos identificado cómo nos sentimos es la validación.

La **validación emocional** es la habilidad de aceptar nuestras emociones y de darnos permiso para sentirnos como lo hacemos.

En pocas palabras, «validar» significa «legitimar nuestras emociones». Cuando validamos dejamos a las emociones ser, fluir como un río. Validarme es decirme que lo que siento está bien, tanto si son emociones agradables como desagradables, siempre y cuando sean emociones adaptativas.

Por un lado, cuando me valido lo que estoy haciendo es permitirme sentir lo que sea que estoy sintiendo. Es decir, no trato de bloquear la emoción, sino que más bien le doy la bienvenida. Por otro lado, también significa no pedirme sentir otra cosa distinta. Así como cuando me digo: «No debería estar triste, tendría que estar contento por todo lo tengo». Porque lo que sucede es que cuando bloqueo o me digo que sienta otra cosa, caigo en la invalidación emocional. De ello hablaremos más adelante.

La palabra validación proviene del latín '*validare*' y, a su vez, esta palabra proviene de '*validus*' que significa «ser fuerte». El significado etimológico en sí mismo nos conduce a asociar la acción de validar con un acto de valentía. Y es que verdaderamente se necesita mucho coraje y valor para atreverse a mirar a nuestras emociones a la cara.

Porque recordemos que valiente no es alguien que no tiene miedo, valiente es alguien que, a pesar del miedo, logra enfrentarse a él. Y lo cierto es que bailar con nuestras emociones requiere de mucha valentía.

Esta concepción es muy distinta a la que hoy en día se sigue relacionando con la expresión de las emociones. En nuestras cabezas aún permanece la idea de que llorar o enfadarse es de débiles. Porque por desgracia, aún crecemos con la premisa de que, si no somos como robots que controlan sus emociones a la perfección —y con controlar me refiero a suprimir—, es que somos vulnerables y quejicas. Y nadie quiere vivir marcado por unas etiquetas tan peyorativas como estas.

Por eso, como decía, validar es un acto de valentía que nada tiene que ver con ser débil o vulnerable, sino con todo lo contrario. Valiente es quien decide mirar su mundo interno para escucharlo, aunque dar ese paso hacia delante nos dé miedo y muchas veces no sepamos cómo hacerlo. Es totalmente normal, ya que la sociedad aún nos enseña poco sobre los sentimientos. Sin embargo, leyendo este libro que tienes en tus manos, ya no andas solo por el sendero de las emociones. Ahora yo estoy acompañándote, dándote la mano fuerte y pisamos suelo firme con destino al descubrimiento emocional.

Validar significa ponerse en una actitud abierta y de aceptación hacia nuestros sentimientos. Una actitud de presencia, en la que, en vez de cerrar, le abrimos la puerta de entrada con talante señorial y acogemos cada emoción como si de un invitado especial se tratara.

Cuando me valido a mí mismo, los pensamientos que tengo sobre mis emociones se parecen mucho a estos: «Está bien sentirme como me siento», «Esto que siento es normal», «Hoy me permito estar triste y descansar», «Dada la situación que estoy atravesando, entiendo que me sienta así», «Tengo derecho a sentirme como lo hago», «Mi rabia es válida».

De hecho, no solo podemos vivir validando nuestras emociones, sino que también lo podemos hacer con las sensaciones (hambre, frío, placer), los pensamientos («Si me esfuerzo, puedo conseguirlo», «Tengo derecho a mostrarme tal y como soy»), las conductas o acciones (apagar el televisor cuando tengo que estudiar para un examen, irme a dormir pronto porque al día siguiente tengo que coger un vuelo de madrugada) y los valores o actitudes que me definen (soy una persona con mucha paciencia, soy tolerante, practico el altruismo).

Una emoción o conducta puede ser válida y entenderse desde las tres temporalidades: pasado, presente y futuro. Veamos cada una de ellas:

- **Por el pasado o los antecedentes:** una emoción o conducta puede ser válida en función de los sucesos pasados de una persona. Nuestra historia pasada conlleva unos aprendizajes que están integrados en nuestra memoria y que influyen en nuestro presente. Por ejemplo: Susana es una mujer de 30 años que tiene una relación con Eduardo, un hombre de 32 años. Susana siente muchos celos en su relación, y ha llegado a varios episodios de preocupación constante y vigilancia que le causan una alta ansiedad. Eduardo es un hombre bueno y fiel, que quiere mucho a Susana y la respeta. Susana no siente celos porque Eduardo le haya dado motivos en el presente, sino por las heridas de su pasado, ya que dos exparejas le fueron infiel en repetidas ocasiones. La emoción de celos de Susana es válida en tanto que en sus antecedentes observamos una historia repetida de traición.
- **Por el contexto presente:** si me dan la nota de un examen para el que me había preparado con esmero y he suspendido, me pongo triste. Si me levanto y siento un dolor agudo y punzante en la espalda, me preocupo. Si me encuentro un billete de cinco euros doblado en el suelo al bajar del autobús, me asombro. Las distintas situaciones, sucesos, vivencias y acontecimientos que vivimos en nuestro día a día generan por sí mismas respuestas emocionales y estas respuestas son válidas en tanto que se relacionan con nuestro aquí y ahora.
- **Por el futuro o las consecuencias que esta genera:** las conductas son eficaces a corto o a largo plazo puesto que nos

ayudan a conseguir algo que deseamos. Por ejemplo, estudiar una oposición requiere de mucho tiempo, sacrificio y esfuerzo. Con las oposiciones pasa lo mismo que con el sabor de la comida: solo quien lo ha probado sabe lo que se siente realmente. Si no hemos estado en esa posición, puede que hayamos tenido a alguien cerca que sí, y seguramente estés de acuerdo conmigo en que durante ese periodo se renuncia a placeres, diversión y descanso porque se persigue una meta que traerá como consecuencia una mejora profesional sustancial. Otro ejemplo es el de la maternidad. Cuando nace un bebé, todo se altera. La madre sacrifica horas de sueño para cuidar y atender las necesidades del recién nacido. Es incoherente decirle que duerma más y que se atienda a ella igual que lo hacía antes porque no está en la misma situación y ahora toda su atención, disposición y amor se centra en la nueva vida que la acompaña.

Ahora bien, no siempre que validamos lo hacemos sobre un aspecto positivo. Imagina que un amigo ha ido a ver la nota de un examen y revisándolo con el profesor resulta que la corrección estaba bien hecha, por lo que finalmente tiene que suspender la materia. Tu amigo, en un arrebato de desesperación, le grita al profesor que su evaluación ha sido injusta y que ahora se verá con la obligación de repetir su asignatura si quiere obtener el diploma. Cuando tu amigo acude a ti, te explica con la cabeza agachada y los hombros hundidos lo mucho que se arrepiente y se avergüenza de su imprudente desliz. En este caso, no tendría ningún sentido validar la acción de gritar, sino que más bien validaríamos su arrepentimiento.

Porque lo que sucede es que toda conducta es válida en algún sentido, aunque no necesariamente en todos. Validar supone indagar en nuestro interior y encontrar en qué sentidos es válida.

Ya hemos visto que validar una emoción implica dejarla estar presente con nosotros, pero que la dejemos quedarse o manifestarse no significa que tengamos que dejarnos llevar por lo que nos está diciendo.

Un día en una de nuestras sesiones, Tamara me contaba que había sido su cumpleaños y que había empezado a organizar una salida a un parque acuático desde hacía un mes. Un par de días antes unas cuantas personas le escribieron diciéndole que lo sentían mucho, pero que no iban a poder ir. Tamara comentaba lo mucho que le había dolido que a última hora cancelaran su asistencia y sintió mucha rabia y frustración. ¿Qué hizo con esas emociones? Las inhibió. Simplemente les dijo a sus amistades que no pasaba nada y que ya se verían en otra ocasión. No se sentía con el derecho de manifestar cómo se había sentido y por eso lo dejó pasar. Pero al dejarlo pasar, seguía enfadada ¿y con quién manifestó esa rabia? En este caso, con su pareja, una de las personas de mayor confianza.

Si te fijas bien, Tamara invalidó su rabia diciéndose que no tenía derecho a sentir lo que sentía. Nada más alejado de la realidad. La paciente tenía todo el derecho y el permiso de sentir que su aniversario, una fecha muy especial para ella, no estaba siendo tenido en cuenta. Pero lo que sucedía era que, para ella, en ese momento validar lo que sentía hubiera supuesto que, inundada por esa rabia, habría arremetido contra ellos y habría soltado cuatro palabras malsonantes.

Lo que sucede es que validar es una cosa y actuar en base a esa emoción es otra bien distinta. Son dos procesos que debemos entender por separado. Que yo valide mi emoción o valide una emoción de los demás, no conlleva directamente el dejarse llevar y actuar en base a lo que esa emoción me está transmitiendo. Sin ninguna duda, decidir cuándo sí actuar y cuándo es mejor no pasar a la acción es una tarea cuanto menos compleja.

Por ejemplo, la rabia es una emoción que tiene mucha potencia. En muchas ocasiones, la ira de gran intensidad nos nubla la razón y nos invita a tomar partido ferozmente. Yo puedo validar mi rabia, pero saber que, si actúo ahora en base a ella, las consecuencias pueden ser devastadoras. Validar mi rabia significa aceptar que hay cosas que me están molestando o que hay límites que no se han respetado. Sin embargo, puedo seguir validando lo que siento y, a la vez, tener la capacidad de aplazar la acción para cuando la intensidad de lo que siento haya disminuido y no me lleve a tomar decisiones impulsivas de las que luego arrepentirme.

Con todo lo expuesto, resulta evidente pensar que validar implica directamente la empatía y la autocompasión. Como veremos más adelante, la validación es bidireccional, puesto que puede ir en dos direcciones. En primer lugar, podemos dirigir el acto de validar hacia nosotros mismos, o lo que a partir de ahora llamaremos «validación interna». En segundo lugar, también podemos utilizar la validación con los demás, y en este caso emplearemos el nombre de «validación externa».

En consecuencia, la validación interna está relacionada directamente con la autocompasión. La *autocompasión* es una actitud de respeto y de cuidado hacia uno mismo, es el acto de tener empatía hacia uno mismo. Por otro lado, la validación externa tiene mucho que ver con la empatía. Desafortunadamente, seguimos hablando mucho de tener empatía, pero aún falta más trabajo personal para aprender a emplearla en nuestro día a día todo lo que deberíamos. La empatía significa trasladarle al otro que, aunque no nos encontremos en la misma situación o sintamos lo mismo, lo que siente también está bien y es válido.

La empatía implica directamente la escucha activa. La *escucha activa* es escuchar al otro en toda su autenticidad, sin emitir juicios morales, de bien y de mal, o sin tacharla de lógica o ilógica. Cuando escuchamos a alguien se activan dos mecanismos en la relación:

1. **Estar de acuerdo con el otro:** ¿opino lo mismo? ¿Pienso o siento que su manera de ver el mundo coincide con la mía? ¿Haría lo mismo?
2. **Ponerse en el lugar del otro:** ¿entiendo cuál es su posición? ¿Soy capaz de pensar qué haría yo en su lugar?

Del cruce de estos dos mecanismos surgen cuatro modos de escucha:

	Estar de acuerdo	No estar de acuerdo
Ponerse en el lugar del otro	Simpatía	Empatía
No ponerse en el lugar del otro	Egopatía	Antipatía

Como observarás, la *empatía* nace de no estar de acuerdo con la visión del otro o no haber vivido o pasado por la misma situación, pero, en cambio, somos capaces de ponernos en su piel o de imaginarnos andando con sus zapatos.

La *simpatía* es otro de los modos de escucha sanos y probablemente es en el que más cómodos nos sentimos, ya que estamos de acuerdo en lo mismo y así es muy fácil ponerse en el lugar del otro, porque es un reflejo de cómo nos sentimos nosotros.

Los dos otros modos de escucha que nos quedan son equívocos y nos llevarán a relaciones marcadas por el malestar y la incomodidad. Por un lado, en la *egopatía*, aunque en un primer momento pudiera parecer que es buena porque estamos de acuerdo en lo mismo y puede dar la sensación de que el otro escucha, en realidad la persona con egopatía lo que hace es interrumpirte inmediatamente contándote algo parecido que le pasó a él el otro día. Es la típica escena en la que te reúnes con una amiga y le explicas cómo de mal estás con tu pareja, y tu amiga, en vez de ponerse en tu lugar y escucharte, te empieza a explicar los malabares que está haciendo ella en su relación porque últimamente no paran de discutir. De ahí, la palabra «ego» en el término de «egopatía».

Por último, tenemos la *antipatía*, en la que no se tiene el mismo punto de vista que la otra persona ni tampoco se es capaz de ponerse en el lugar de los demás. Suelen ser personas con creencias rígidas sobre cómo es o debería ser el mundo y cómo deberían actuar las personas. Es muy atrevido pensar que solo hay una visión o manera correcta de hacer las cosas y que, además, es la tuya.

Para entenderlo mejor, vamos con un ejercicio.

¿Sabrías identificar los cuatro modos de escucha de las siguientes radiografías de WhatsApp?

1. NATALIA

¿Te apetece ir a ver una peli de miedo? ¡Hace mucho que no vamos!

¡Me has leído la mente!

¡Genial! Pillo las entradas, nos vemos a las 18 en la puerta del cine.

¡Planazo!

2. RODRIGO

Estoy fatal con mi pareja. Es que ya no puedo más, no sé qué hacer…

Ostras, qué palo otra vez… Yo estoy igual con Susana. Cada dos por tres entramos en bucle porque dice que estoy quedando siempre con mis amigos y que no tengo tiempo para ella… Pero es que me agobia, porque cuando estoy con ella no para de sacar el tema de mi ex, y quiero dejarlo atrás, pero no para con sus preguntas…

3. MAX

Estoy fatal con mi pareja. Es que ya no puedo más, no sé qué hacer…

Ostras, qué palo otra vez…

Déjalo ya, ¡no da más de sí!

¿Tú crees? Llevamos tanto tiempo que al final por comodidad… es difícil.

Nada de difícil, se corta y ya. Hay más peces en el mar.

4. SOFÍA

Estoy fatal con mi pareja. Es que ya no puedo más, no sé qué hacer…

Jo, lo siento. ¿Cómo lo llevas?

La verdad es que mal, siento que me decepciono constantemente… ahora que llevábamos una buena racha otra vez mal.

Entiendo, debe de ser duro. ¿Quedamos y me cuentas mejor?

Las respuestas son las siguientes:

1. La primera conversación nos muestra la simpatía. A las dos chicas les gustan las películas de miedo, tienen las mismas preferencias y en ello se entienden. Saben cómo se siente la otra, porque también lo sienten.
2. En la segunda vemos la egopatía. Rodrigo en vez de centrarse en el problema que le comparte su amiga, se explaya con su propia relación.
3. En la tercera podemos observar la antipatía. Max no apoya cómo se siente su amiga y le dice que pase a la acción ofreciéndole soluciones que no ha pedido.
4. En la cuarta apreciamos empatía por parte de Sofía, que entiende su situación de dudas y tristeza con su pareja, la valida y le ofrece quedar para mostrarle su apoyo.

Recuerda: no te preocupes si te acabas de dar cuenta de que, sin querer, caes en la egopatía o en la antipatía. A lo largo de este libro vas a ver que quizá hay cosas que no haces del todo bien y que resuenan contigo o con tu manera de hacer o de relacionarte. No estamos aquí para castigarnos, machacarnos, criticarnos o tratarnos con desdén. Estamos aquí para entendernos, para aprender, para evolucionar y para intentar ser nuestra mejor versión. No porque se la merezcan los demás, sino porque te la mereces para ti mismo.

LOS DOS GRANDES TIPOS DE VALIDACIÓN: LA VALIDACIÓN INTERNA Y LA VALIDACIÓN EXTERNA

Ya conocemos las principales pinceladas de los dos tipos de validación que podemos encontrar, pero, ahora sí, ha llegado el momento de describir ambas en mayor detalle.

Validación interna

La *validación interna* es aquella que realizamos con nosotros mismos. La validación interna implica acompañarnos de forma amable y darnos el permiso para sentirnos tal y como lo hacemos. Cuando nos validamos, aunque sean emociones que no nos hacen sentir bien, en realidad sentimos una gran calma hacia nosotros mismos porque dejamos la crítica feroz a un lado. Todos necesitamos ser validados y reconocidos genuinamente por las personas más importantes de nuestro alrededor, pero si contamos con nuestra propia aceptación y validación, tendremos mucho camino ganado. Kristin Neff es pionera en el campo de la autocompasión y en su libro *Sé amable contigo mismo* refiere que en una investigación se demostró que las mujeres suelen mostrar niveles de compasión hacia sí mismas ligeramente más bajos que los hombres.[9] Esto es porque se juzgan y se critican interiormente con más frecuencia. Parece haber una brecha de género que influye en la validación emocional interna. En realidad, las mujeres se socializan para ser más cuidadoras, pero nadie les enseña a cuidarse a sí mismas. La revolución feminista ha contribuido a ampliar los roles a los que las mujeres tenemos acceso, aunque la idea de que la mujer debe ser una cuidadora desinteresada no ha desaparecido. Por lo que tendemos a juzgarnos sin cesar en la creencia de que deberíamos hacer más. No nos validamos ni somos compasivas con nosotras mismas porque creemos que no tenemos derecho a tratarnos con bondad. Las personas que desarrollan la validación interna promueven la capacidad de crear relaciones cercanas, auténticas y de mutuo apoyo y, en concreto, en sus relaciones de pareja, se observa más comprensión, tolerancia y cariño. Pero debido a la tendencia natural de nuestro organismo para la supervivencia y, como consecuencia, para evitar el dolor, muchos nos cerramos a nuestras emociones. Para no cerrarnos en banda y abrirnos a nuestras experiencias emocionales, necesitamos cultivar el autorrespeto, la autocompasión y el autocuidado.

Validación externa

Seguro que te suena la cita de Francis Bacon: «La amistad duplica las alegrías y divide las angustias por la mitad». Aunque si tuviera a Bacon delante, le diría que depende de si esa amistad puede empatizar y aceptar cómo se siente el otro o de si, por el contrario, quiere apartar sus emociones o las juzga directamente.

La *validación externa* es la validación de las emociones de los demás y resulta un elemento clave en nuestras relaciones. Necesitamos de este requisito para que la tan de moda responsabilidad afectiva sea una realidad. Cuando hablamos de validación externa, hablamos siempre de bidireccionalidad, porque podemos ser sujetos activos y pasivos a la vez. Es decir, cuando yo valido a los demás, practico la validación externa, y, a la vez, cuando los otros me validan a mí, ellos emplean la validación externa. Además, debemos tener en cuenta que lo hacemos mediante una doble vía: la de nuestra expresión corporal y la de nuestra expresión hablada. Una comunicación genuina es aquella en la que todo lo que comunico a un nivel no verbal y a un nivel verbal va en la misma dirección. Los psicólogos sistémicos empleamos el término «comunicación digital» para la comunicación verbal (las palabras) y el término «comunicación analógica» para la comunicación no verbal (los gestos, el tono y las variaciones de voz, el ritmo de habla, la postura del cuerpo o la distancia física). La comunicación verbal o digital es lo que se dice, el elemento de contenido, y la comunicación no verbal o analógica es el cómo se dice. Este segundo elemento no es el que solemos tener más en cuenta y, sin embargo, es el que más información da sobre la relación que se establece entre las personas.

Para vivir en sintonía con el mundo emocional, es necesario desempeñar tanto la validación interna como la validación externa. A veces, según como seamos y lo que llevemos en nuestra mochila emocional, nos resultará más fácil poner en práctica la validación interna que la externa, o al revés. Hay personas que se invalidan fuertemente, pero tienen una gran capacidad para empatizar con el sufrimiento y el dolor del otro. En cambio, hay otras personas que se dan mucho permiso en su terreno sentimental y, sin embargo, son duras y críticas con las emociones ajenas.

CUIDADO, ¿QUÉ NO ES VALIDACIÓN EMOCIONAL?

Para seguir comprendiendo qué significa validar es importante señalar qué no es validar. En este apartado se incluyen acciones que a veces emprendemos con el otro con la intención de ayudar o apoyar y que, en general, son vistas como buenas acciones. Pero en realidad pueden asemejarse a algunas formas de invalidación, aunque tienen la característica principal de ser más sutiles y carecen de un tono agresivo u hostil. Es por ello que debemos tener presente que estas formas menos claras no son validación.

Para empezar, validar no es *alabar.* «Alabar» significa «manifestar aprecio o admiración por algo o alguien». La validación no tiene nada que ver con el sentimiento de admiración, sino con el de aceptación y respeto. Cuando se nos despierta la admiración, nos surgen deseos de ser como esa persona o de imitarla, mientras que la validación implica acompañarla y estar a su lado. La admiración bien conducida nos impulsa a la acción de cambiar algo, mientras que la validación bien empleada nos lleva a permanecer en el momento presente.

Otra cosa que no es validar es *consolar.* El significado de «consolar» es «aliviar la pena o la aflicción de alguien». Fíjate en que este verbo se ciñe tan solo a emociones negativas, en concreto a la pena, que es un sentimiento de la familia de la tristeza. Por el contrario, empleamos la validación con todo tipo de sentimientos y, como hemos visto, va más allá del universo de las emociones.

También me gustaría que te fijaras en que este verbo engloba a un mínimo de dos personas; una es la que tiene la pena y la otra es la que consuela. En el tipo de relación que se establece entre estas dos personas hay una desigualdad, porque una es la que lleva a cabo una acción con la intención de apaciguar un sufrimiento, mientras que la otra siente fuertemente el dolor, la pena y la desdicha. En cambio, cuando validamos a un amigo, no nos situamos en una posición de ayuda, por encima del otro, sino en una posición igualitaria o simétrica, a la misma altura. No buscamos calmar su sufrimiento, lo que hacemos es transmitirle al otro que ese sufrimiento es válido y legítimo.

Al mismo tiempo, validar tampoco es *justificar.* Puede que, en el ejemplo de Susana, hayas pensado que validando sus celos los estemos justificando. Que los celos de Susana sean válidos significa que está en su pleno derecho de sentirlos, que comprendemos su desconfianza y sus temores debido al impacto que tuvieron sus anteriores relaciones en ella. Justificar sería como decir que entonces Susana tiene derecho a actuar dejándose llevar por los enormes celos que la aquejan. En cambio, lo que quiero transmitirte es que validar una emoción no significa que tengamos que validar el actuar en base a ello. Validar los celos de Susana significa que tiene derecho a sentirse así, pero también tiene la responsabilidad de entender el origen de sus celos y de conducirlos hacia un espacio terapéutico si ve que interfieren en su relación con Eduardo.

¿QUÉ ES LA INVALIDACIÓN EMOCIONAL?

La invalidación es lo contrario a la validación. El prefijo «in-» significa «negación o privación». Principalmente, nos invalidamos emocionalmente cuando nos negamos el derecho de sentirnos como lo hacemos y caemos en rechazar lo que sentimos y en juzgarnos duramente: «No debería sentirme así». También podemos invalidar a los demás sin darnos cuenta cuando les decimos: «Anímate, tienes muchas cosas buenas en la vida». Como puedes observar, la invalidación también tiene esa doble vertiente y, por tanto, encontramos la invalidación interna y la externa.

Para entender mejor la invalidación interna, la que tú haces con tus propias emociones, reflexiona con la siguiente metáfora: invalidar una emoción es como intentar sumergir una boya en el mar. Por más que te esfuerces al máximo y lo intentes con todas tus fuerzas, no vas a poder. Y si por cabezonería puedes, en cuanto dejes de ejercer la misma presión la boya saldrá rebotada hacia fuera. Esto mismo pasa con las emociones que no te permites sentir, que intentas expulsar o desterrar.

Invalidar una emoción significa apartarla, tratar de evitarla o intentar bloquear su aparición. Muchas veces invalidamos una emoción porque no la entendemos, porque no sabemos qué hacer con ella. O, por otro lado, porque no queremos dejarla entrar, ya que sentimos que no tenemos las herramientas necesarias para contenerla y creemos que, si la dejamos pasar, nos vamos a desbordar y esa emoción nunca cesará.

Lo que sucede es que apartar una emoción en un determinado momento es una solución a corto plazo para ser un problema a largo plazo. Puede que sí sea un alivio en ese momento no sentir algo que te inquieta, pero las emociones nunca desaparecen sin ser gestionadas. Simplemente se quedan como tarea pendiente en el archivador. ¿Te acuerdas de la metáfora de la luz roja del coche que se enciende? Podemos apagar la luz roja para que no se encienda más, pero eso no hará que el problema se solucione.

Así mismo, hay muchas formas de invalidación, algunas más sutiles, camufladas o tramposas que otras, por eso muchas veces la invalidación emocional no es fácil de detectar.

Una vez introducidos los conceptos de «validación» y de «invalidación», la siguiente tabla muestra sinónimos y significados complementarios:

Qué es invalidación	Qué es validación	Qué no es validación
Rechazar	Aceptar	Alabar
Apartar	Reconocer	Consolar
Evitar	Legitimar	Calmar
Bloquear	Escuchar	Justificar
Aislar	Fluir	
Reprimir	Permitir	
Juzgar	Mirar	
Negar	Observar	
Racionalizar	Empatizar	
Minimizar	Respetar	
Controlar	Ser amable	

Para finalizar, quiero proponerte un ejercicio que te servirá para comprobar los efectos positivos de la validación interna:

Comprobando los efectos beneficiosos de la validación interna

1. Siéntate en un lugar cómodo y piensa en una situación que hayas vivido que te produzca una emoción determinada. Puede ser un acontecimiento tanto del pasado como del presente.

2. Cierra los ojos y haz tres respiraciones profundas para conectar con tu cuerpo y con este momento. Inspira el aire por la nariz durante 3 segundos y suéltalo por la boca lentamente también durante 3 segundos.
3. En primer lugar, invalida a propósito esa emoción o emociones que surjan. Durante 1 minuto quiero que te digas frases invalidantes como estas: «No quiero sentir esto», «No debería sentirme así», «Soy mala persona por sentirme así», «Ya estoy otra vez con lo mismo», «No tengo remedio».
4. Registra, siente y percibe cómo se transforma tu cuerpo; seguramente se tense y la intensidad de la emoción y el malestar aumenten.
5. Ahora, prueba otro minuto a lanzarte mensajes validantes: «Está bien sentirme así», «Acepto cómo me siento en esta situación», «Es normal que me afecte de esta forma».
6. Registra, siente y percibe cómo vuelve a transformarse tu cuerpo. Seguramente se haya relajado y sientas que la emoción no es tu enemiga, que no nadas a contracorriente, sino que la dejas estar a tu lado.

¿Cómo ha ido? ¿Has podido conectar con tus sensaciones internas? ¿Has podido percibir la diferencia entre aceptar y rechazar tus emociones? Tómate el tiempo necesario para descansar después de este ejercicio si ha sido abrumador. No es fácil trabajar con nuestras emociones. Si lo necesitas, haz una actividad relajante, como dar un paseo tranquilo para acabar de soltar lo que pueda quedar residual de esa emoción.

LOS CUATRO TIPOS DE PERSONAS VALIDANTES

La combinación de la habilidad de validación emocional interna y la validación emocional externa da como resultado cuatro tipos de personas que practican la validación. Veamos cada uno de ellos:

1. **Validación interna y validación externa: los mentores.** Son personas que saben validar sus propias emociones y también acompañar de forma respetuosa las de los demás. Son capaces de ponerse en el lugar de los demás e imaginarse cómo se sentirían ellos sin antes haber vivido esa situación. Son personas realmente sensibles e intuitivas y, por ello, captan fácilmente los estados emocionales de las personas de su alrededor. En el ambiente familiar de estas personas ha predominado la amabilidad, el respeto, la apertura y la flexibilidad mental.
2. **Solo validación interna: los comandantes.** Son personas que, en vez de caracterizarse por la empatía, han desarrollado la *ecpatía*. «Ecpatía» es un término que se utiliza como contrario al de empatía, pero también como complementario. Significa que te pones solo en tu lugar, por lo que las personas ecpáticas se limitan solo a legitimar sus sentimientos y, en cambio, no saben validar las emociones ajenas y pueden caer en ser demasiado duras, críticas o intransigentes con las experiencias y vivencias que difieren de las suyas. En el hogar, puede que el clima fuera un poco hostil o hubiera distancia emocional entre los miembros, manteniendo solo relaciones superficiales, pero carentes de contenido emocional. Las creencias sobre el mundo y lo que es correcto son mayoritariamente rígidas y poco permeables.
3. **Solo validación externa: los complacientes.** Aquí encontramos personas que suelen tener una baja autoestima, es decir, que se valoran poco y que, por lo tanto, tienden a lastimarse juzgándose duramente. A la vez, suelen ser personas con un estilo de comunicación más pasivo. Con frecuencia no hablan sobre sus propios intereses y ceden ante las necesidades de los demás. Estas personas suelen infravalorarse y, a la hora de validar, pueden ponerse fácilmente en el lugar del otro en detraimiento del suyo propio. Pueden sentir que no tienen derecho a hablar sobre cómo ellos están porque creen molestar al otro o sonar exagerados, por lo que se invalidan fuertemente. Es probable que hayan tenido progenitores que solo validaban sus propias emociones, y si los hijos se sentían

mal, la tendencia era culpabilizarles haciéndoles sentir que lo no tenían derecho a estar mal.

4. **Ningún tipo de validación: los náufragos.** En esta última categoría están las personas que no han desarrollado la capacidad para validar sus emociones. Puede que tampoco sean hábiles en identificarlas, y, por supuesto, tampoco saben cómo validar las emociones de los demás. Es probable que hayan tenido pocos referentes sobre la buena gestión emocional en casa, que haya habido poco espacio en el hogar para hablar sobre cómo se sentían y falta de apoyo o contención de sus emociones.

El siguiente esquema te ayudará a integrar la información sobre los cuatro tipos de personas validantes:

	SÍ validación interna	NO validación interna
SÍ validación externa	Los mentores	Los complacientes
NO validación externa	Los comandantes	Los náufragos

Esta clasificación no es una categorización estática e inamovible. Como señalaba antes, estamos aquí para aprender. Nos movemos en una sociedad en la que, si nos pusiéramos a prueba en el terreno emocional, sacaríamos como mucho un suficiente raspado. Y es que cuando se trata de contener, sostener y acompañar emocionalmente aún estamos muy verdes y nos queda mucho por hacer.

Lo más lógico y probable es que en estos momentos tengas desarrollada solo una habilidad de validación emocional de las dos (los comandantes, si es interna, o los complacientes, si es externa) o que ni tan siquiera hayas podido desarrollar ninguna (los náufragos). Lejos de juzgarte por ello, me gustaría que permanecieras tranquilo. Como decía antes, las prisas en este viaje no son buenas. Y como muy bien expresa Antonio Machado: «Caminante no hay camino, se hace camino al andar», y tú ya estás empezando a hacerlo porque tienes este libro en tus manos.

3

¿QUÉ HAGO CON LO QUE SIENTO?: LA REGULACIÓN EMOCIONAL

Nuestra tercera y última parada, una vez hemos aprendido a poner nombre a nuestras emociones en primer lugar, y hemos legitimado nuestra experiencia emocional en segundo lugar, nos lleva a la regulación emocional.

> La **regulación emocional** es la habilidad de manejar nuestras emociones y de ser capaces de recuperarnos después de una actividad emocional intensa.

Regular una emoción no significa únicamente bajar la intensidad en un momento determinado, sino que se trata de un conjunto complejo de procesos. Algunas emociones son más complejas que otras, y requieren de más habilidad y pericia para gestionarlas. Por ejemplo, la vergüenza es una emoción muy invalidante en sí misma, porque nos hace creer que no somos válidos o suficiente. Y hace que nos queramos meter dentro de un caparazón a escondernos. Es una emoción que puede tener un pico de intensidad en una situación en particular, pero en muchas ocasiones también está de trasfondo tiñendo toda nuestra vida de una inseguridad permanente. Esta es una de las emociones más difíciles de trabajar. Otras de las emociones que nos cuesta más de regular son las emociones desadaptativas, como la rabia inhibida acumulada durante años. Cuando sentimos rabia y no la expresamos, no desaparece, sino que se va encapsulando y se puede transformar en un sentimiento de resentimiento profundo y recóndito.

En este apartado, quiero explicarte los aspectos más importantes sobre la regulación de nuestras emociones.

NO PUEDO GESTIONAR LO QUE SIENTO: LA INFRARREGULACIÓN Y LA SOBRERREGULACIÓN

Piensa en la última situación en la que viviste una emoción intensa, un acontecimiento que fue duro y difícil de gestionar para ti. ¿Cómo respondiste a esa emoción? ¿Puede que la intentases apartar para que los demás no notaran nada? ¿O puede que te llevara a estar días y días llorando sin consuelo?

Cuando nos encontramos cara a cara con una emoción intensa, las personas podemos responder con una buena regulación emocional, o, por el contrario, nos podemos ir hacia dos extremos de la desregulación emocional: la infrarregulación y la sobrerregulación.

«Infrarregulación», como indica su prefijo «infra-», significa que no llegamos al mínimo de afrontamiento que nos permite disminuir la intensidad de esa emoción. Y lo que sucede es que entonces nos dejamos llevar por nuestras emociones, como si nos arrastrara la corriente, y podemos actuar de forma impulsiva.

Cuando infrarregulamos nos decimos: «No puedo hacer nada con lo que siento», «No me puedo controlar» o «Soy incapaz». Hay mucha invalidación interna y externa en la infrarregulación. Porque si nos dejamos guiar por nuestros impulsos y hacemos daño, surge mucha culpabilidad y desde el no entendimiento aparece un etiquetaje negativo sobre la persona: «Soy malo y por eso hago esto».

En el polo opuesto, tenemos la sobrerregulación o el regular en exceso. Las personas que sobrerregulan sus emociones intentan bloquearlas, inhibirlas o interiorizarlas. Es como si intentaran hundirlas y llevarlas hasta el fondo del mar. En esta categoría, el mecanismo que utiliza la persona para regular como puede sus emociones es en sí mismo un problema.

En la sobrerregulación aparecen pensamientos como estos: «No quiero sentir esto», «No debería sentirme así» o «Esto no me va a afectar». Incluso pueden vivir con la creencia de: «Soy fuerte, nada me afecta».

Seguro que ya te has dado cuenta: la validación emocional y la regulación emocional son estados que pueden mezclarse. Yo diría que van de la mano. Lo más probable es que la validación emocional nos lleve a la regulación emocional y que la invalidación emocional se correlacione con la desregulación emocional.

¿DÓNDE ESTÁN NUESTROS LÍMITES?: LA VENTANA DE TOLERANCIA

Sentir demasiado o muy poco son dos caras de la misma moneda: ambas indican dificultades con la regulación de la activación fisiológica. La meta es conseguir sentir en equilibrio, en una intensidad emocional que te permita sentir que la emoción está contigo, pero que no te hunde o te asfixia. A este rango de activación óptima se le denomina «ventana de tolerancia». Este concepto explica que las personas tenemos un margen en el que somos capaces de tolerar y procesar información sobre lo que nos sucede. Por debajo y por encima de la zona de activación óptima estaría la llamada «desregulación emocional». Por encima tendríamos la conocida como «hiperactivación emocional»: nos iríamos a estados emocionales como la tensión, la inquietud, el nerviosismo y la ansiedad. En cambio, por debajo, el cuerpo prácticamente se congela. Podemos sentir que empezamos a desconectarnos de nuestras sensaciones corporales, que nos cuesta pensar, escuchar o prestar atención a lo que sucede a nuestro alrededor. Por debajo de la ventana de tolerancia, entramos en una zona conocida como de «hipoactivación emocional». La ventana de tolerancia tiene una distancia diferente para cada persona según las experiencias acumuladas y nuestra historia de aprendizajes. Las vivencias traumáticas reducen el ancho de esa ventana dado que suponen un impacto que perjudica nuestro sistema nervioso y queda sensibilizado, por lo que futuros golpes pueden hacer más daño.

Cuando es muy intensa e incapacitante, es indispensable trabajar la desregulación emocional en terapia. No obstante, quiero compartirte algunos recursos que pueden serte útiles. En caso de que tu tendencia sea hacia la hiperactivación, pueden servirte las estrategias de distracción y de enraizamiento. Las distracciones temporales ayudan de vez en cuando a todo el mundo que se siente desbordado. Esta evitación consciente no es lo mismo que una evitación persistente. Es útil pensar en la analogía de mantener la mente ocupada para distraerla del dolor de un esguince, puesto que centrarse en el dolor no lo aliviará, sino que lo hará parecer peor. No se ignora la necesidad de atender a la lesión, pero puedes distraerte una vez que has hecho todo lo que has podido.[10]

Sugerencias de actividades de distracción
Ejercicio o caminar rápido.
Escuchar música mientras tarareas la letra.
Llamar a un amigo y hacer algo juntos.
Jugar a un videojuego.
Leer un libro.
Ver la televisión o un programa divertido. La risa es un gran recurso de distracción y ayuda a sentirse mejor.
Dibujar o pintar.

Otra estrategia es el enraizamiento, el cual consiste en mantener la atención en el momento presente mediante la focalización en nuestro cuerpo y de su contacto con el suelo que nos sostiene.

Sugerencias de actividades de enraizamiento
Ejercicio 5-4-3-2-1. Mira a tu alrededor y nombra cinco cosas que puedas ver, cuatro que puedas escuchar, tres que puedas tocar, dos que puedas oler y una que puedas saborear. Concéntrate en las sensaciones que llegan a tu cuerpo, nota el contacto del cuerpo con el suelo y siente cómo el peso recae sobre tus piernas y tus pies. Recuerda que esto que sientes ahora, por muy desagradable que sea, también pasará. Como una tormenta que llega y se va para volver a dejar paso al sol. Recuerda momentos del pasado en los que lograste hacer frente a esos sentimientos que sientes ahora, cómo los conseguiste superar e intenta aplicarlo a la situación que sientes en el presente. Repítete un mantra que te ayude mientras focalizas tu atención en tu respiración, haciéndola cada vez más lenta y profunda.

En el caso contrario, si tu tendencia es la hipoactivación, aquí tienes algunos recursos generales que pueden ayudarte a devolverte al presente:

Recursos para afrontar la hipoactivación
No permitas que tus ojos se centren en un solo lugar para prevenir que entres en un estado de desconexión. Observa tu entorno. Puedes utilizar el ejercicio de 5-4-3-2-1 o simplemente empezar a nombrar todas las cosas que ves desde el lugar donde estés. Utiliza la estimulación mental para conseguir que tu cerebro esté activo, por ejemplo, contando de cien hacia atrás de tres en tres. Si tienes al lado a una persona de confianza, pídele que te haga preguntas sobre geografía para activar la mente. Activa tu cuerpo: coge una pelota, lánzala y recógela. Coge una bolsa de alimentos congelados que tengas en la nevera, ponla en diferentes partes del cuerpo y nota la sensación de frío.

¿Cómo estás?

Utilizando la imagen de la ventana de tolerancia, señala en qué lugar estás tú ahora mismo mientras lees este libro. Señala si hay situaciones o eventos que te llevan hacia la desregulación o hiperestimulación o si hay situaciones o eventos que te llevan hacia la desregulación o hipoestimulación. Recuerda tener esta imagen en la cabeza en esas situaciones, y cuando empieces a sentir una emoción desagradable revisa y pregúntate dónde estás. Si sientes que te estás yendo hacia arriba o hacia abajo, intenta poner en práctica los ejercicios planteados para lograr regular esa emoción y mantenerte dentro de la zona de activación óptima.

Hiperestimulación

Cuando te sientes extremadamente ansioso/a,incluso fuera de control. Sentimientos desconocidos o amenazantes pueden abrumarte y es posible que te den ganas de salir huyendo o ponerte a pelear.

Desregulación

Empiezas a sentirte agitado/a. Puede que te sientes ansioso/a, acelerado/a o enojado/a. No te sientes fuera de control, pero tampoco te sientes a gusto

El estrés y el trauma pueden REDUCIR tu ventana de tolerancia
Esto quiere decir que puede ser más duro estar en calma y enfocado. Cuando estás fuera de la ventana de tolerancia, puede que te desequilibres más fácilmente.

Ventana de tolerancia

Aquí las cosas simplemente se sienten bien, donde eres más capaz de hacer frente a los vaivenes que la vida trae. Te sientes tranquilo/a sin estar agotado/a, puedes estar en alerta, pero no ansioso/a.

El trabajo con un Terapeuta puede ayudar a AMPLIAR tu ventana de tolerancia
Puede ayudarte a mantenerte calmado, concentrado y en alerta incluso cuando sucede algo que generalmente te desequilibra.

Desregulación

Comienzas a sentir que te estas empezando a desconectar. Puedes sentirte un poco como en una nube, perder la noción del tiempo o comenzar a sentirte lento. No te sientes fuera de control, pero tampoco te sientes cómodo/a.

Hipoestimulación

Te sientes extremadamente aislado/a y adormecido/a, tanto emocional como físicamente. Te parece que el tiempo desaparece. Puedes sentir como si estuvieras completamente congelado/a. No es algo que elijas, tu cuerpo parece tener el control.

TÚ LA LETRA Y YO LA MÚSICA: LA AUTORREGULACIÓN Y LA CORREGULACIÓN

Somos seres sociales. Eso es indiscutible. Nacemos, crecemos, vivimos y nos reproducimos en comunidad. Como seres sociales necesitamos de los demás. No solo para sobrevivir, sino para VIVIR, en mayúsculas. Porque vivir es un reto apasionante, intrépido y conmovedor. Y sin los demás, este reto no tendría mucho sentido. ¿Qué haríamos sin los abrazos que nos reconfortan como si tocáramos las nubes, sin las palabras amables que son un bálsamo para nuestros oídos o sin las miradas cómplices con las que sientes que tu alma conecta con otras? Por ello, es lógico que cuanto más malestar sintamos, más necesitemos a los demás para que nos devuelvan la cordura. Eso no nos hace dependientes, nos hace humanos.

Sin embargo, tener la necesidad continua del otro para que me ayude a regular, no es ni sano ni funcional. Es lo que se conoce como «corregulación». La *corregulación*, *regulación interpersonal* o *regulación interactiva* es la regulación de nuestras emociones a través de la relación con otra persona. Es como decir: «Yo no sé qué hacer con mis emociones. Necesito que veas lo mal que estoy porque yo no soy capaz de hacer algo».

Como decía, apoyarse en los demás está bien, otra cosa es necesitar. Cuando necesito, me privo y me niego el derecho a valerme por mí mismo, a ser capaz y autosuficiente. Lo contrario de la corregulación es la *autorregulación* o *regulación intrapersonal*, que es la capacidad que tenemos las personas de regular nuestros propios estados emocionales mediante acciones para con nosotros mismos.

> «Ni la autorregulación por si sola es positiva ni la corregulación únicamente es indicadora de bienestar.»

Las personas que únicamente se autorregulan puede que vengan de una infancia en la que sus emociones no eran vistas ni escuchadas y han aprendido que las personas de su alrededor no las ayudarán, por lo que desarrollan una falta de confianza en los demás y una hiperindependencia, en la que: «Mejor me lo hago yo todo y así no me llevo chascos de los demás».

En cambio, las personas que tienen excesivamente a la corregulación, han crecido en ambientes sobreprotectores en los que los padres, preocupados en exceso, lanzaban mensajes de que el mundo es un lugar hostil y amenazante y hay que tener cuidado constantemente. Estos padres, por tanto, no dejan prácticamente espacios de exploración y de curiosidad al niño porque están continuamente pendientes y en alerta por si algo le pueda pasar. El niño aprende que el peligro puede acechar en cualquier instante y que necesita a sus padres para que le protejan porque integra la idea de que por él mismo no puede hacerlo. En este caso, el niño desarrolla una hiperdependencia, pierde confianza en sí mismo y cree que necesita a los demás para estar bien y sentirse seguro. La autorregulación y la corregulación extremas y en sus formas más puras son patológicas, porque acaban limitando sus vidas. Si solo me autorregulo y me pongo enfermo y necesito que me vayan a comprar mis medicinas: «¿A quién llamo? Si llamo a mi amigo, le voy a molestar y no quiero ser una carga, mejor voy yo que no estoy tan mal y puedo hacerlo solo». Y si solo hago uso de la corregulación, cuando siento malestar necesito imperiosamente la presencia del otro, necesito que deje de hacer lo que esté haciendo, sea lo que sea, y que se centre en calmar, atender y sostener lo que siento, porque yo soy incapaz. Como podrás observar tú mismo, lo fundamental es aprender a mantenernos en el vaivén entre la autorregulación y la corregulación. Saber que tengo estrategias para regular mis propias emociones, pero también poder contar con el apoyo y el respaldo del otro.

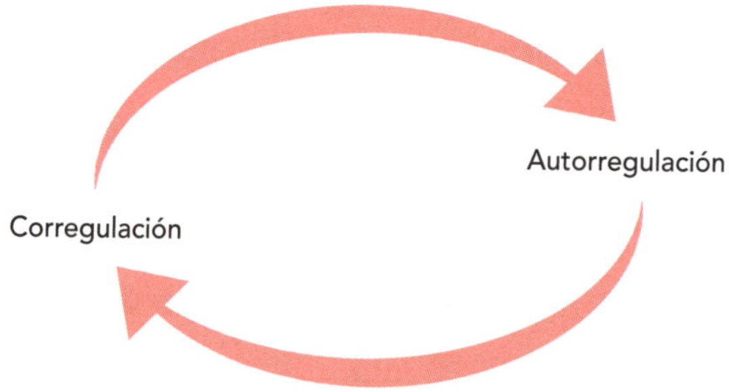

UNA PINCELADA A LAS ESTRATEGIAS DE REGULACIÓN EMOCIONAL

¿Alguna vez has abierto un helado de chocolate frente al televisor después de un largo y tedioso día? ¿Quizás has querido distraerte de tus preocupaciones mirando vídeos en YouTube? ¿O has evitado ir a la actividad de *windsurf* que ha organizado tu empresa por vergüenza a quedar como la patosa del grupo?

Todas estas situaciones tienen en común que aparecen estrategias de regulación emocional. En concreto, mencionan conductas que se corresponden con estrategias desadaptativas. Hay muchas estrategias de regulación emocional, unas son adaptativas, puesto que nos permiten bajar la intensidad y la duración de la emoción de forma sana, y otras, desadaptativas, que nos permiten pasar la situación, pero a coste o en detraimiento de que mañana vuelvan a hacer su incómoda aparición.

Otra forma de clasificar las estrategias es mediante si son maniobras internas o encubiertas, llamadas «hacia dentro», o si son tácticas abiertas o manifiestas, llamadas «hacia fuera». Dentro de esta categorización no establecemos la diferencia entre adaptativa o desadaptativa, sino que señalamos el carácter oculto o visible.

La regulación emocional es tan amplia que hablar de ella podría ocuparnos un libro entero. Pero ese no es el viaje que hemos emprendido en este libro. Nuestro destino es otro y, por ello, disfrutaremos de las vistas de estas estrategias sin adentrarnos por completo. Para ello he preparado la siguiente tabla, basada en la formación sobre desregulación emocional y EMDR que hice de la mano de Anabel González y la Asociación Española de EMDR:[11]

Categoría	Tipo de estrategia	¿Qué hago con la emoción?
Estrategias adaptativas	Aceptación	Valido y acepto lo que siento y por qué me siento así. Validación emocional.
	Resolución de problemas	Habilidad para buscar soluciones de forma eficaz para trabajar mis emociones y poder generar un aprendizaje a partir de ellas.
	Reformulación	Habilidad para cambiar la evaluación realizada de un suceso emocional.
	Mindfulness	Habilidad para dirigir, focalizar, no juzgar y respetar el curso de una emoción.
Estrategias no adaptativas	Supresión expresiva	Querer rechazar o suprimir una emoción una vez que esta ha aparecido. Invalidación emocional.
	Evitación experiencial	Tendencia a evitar cualquier experiencia emocional y controlar su aparición.
	Evitación conductual	Tendencia a evitar hacer, actuar o ir a lugares para sortear la aparición de una emoción.
	Rumiación	Tendencia a pensar en bucle, a darle vueltas a un pensamiento, idea o problema de forma obsesiva.
Estrategias ocultas o «hacia dentro»	Evitación experiencial	Tendencia a evitar cualquier experiencia emocional y controlar su aparición.

Estrategias ocultas o «hacia dentro»	Rumiación	Tendencia a pensar en bucle, a darle vueltas a un pensamiento, idea o problema de forma obsesiva.
	Aceptación	Sería la propia validación en sí misma. Valido, no juzgo y acepto lo que siento y por qué me siento así.
	Distracción	Poner el foco de atención de manera intencionada en otro lugar para evitar pensar o sentir una emoción.
Estrategias abiertas o «hacia fuera»	Evitación conductual	Tendencia a evitar hacer, actuar o ir a lugares para sortear la aparición de una emoción.
	Uso de sustancias	Beber alcohol, fumar, consumir drogas...
	Ejercicio	Ir al gimnasio o hacer deporte.
	Comida	Comer emocional: como sin tener hambre fisiológica para tapar lo que siento.
	Actividades sociales	Me relaciono con los demás puesto que, cuando miro para fuera, mi atención no se dirige hacia mi malestar interno.

Como podrás observar, muchas de las estrategias disfuncionales tienen en común que pretenden evitar, bloquear, tapar, desviar nuestra atención, sortear, impedir, frenar, detener, interrumpir, suspender y paralizar nuestras emociones, lo cual es negativo.

Hay ciertas estrategias a las que nos llevan más unas emociones que otras. Por ejemplo, la vergüenza que puedes sentir al hacer una presentación en público puede conducirte a la evitación conductual; la tristeza o la culpa de haberle gritado a tu pareja más la rumiación y el aburrimiento de una tarde calurosa sin planes con tus amigos pueden llevarte al comer emocional.

Para finalizar este capítulo, el siguiente esquema resume todo lo que hemos aprendido en este primer apartado del libro:

A	B	C
Identificación	**Validación**	**Regulación**
Una emoción es un proceso psicológico con una base neurobiológica que me permite adaptarme al entorno. Casi siempre sentimos más de una emoción a la vez. Todas las emociones cumplen las mismas funciones, aunque cada emoción me trae un mensaje distinto. No existen emociones positivas o negativas, sino emociones agradables y desagradables. Una emoción desadaptativa significa que es muy intensa, muy frecuente y la duración es muy larga. Podemos sentir emociones derivadas de otras emociones, estas se llaman «emociones secundarias». La alexitimia es un rasgo de personalidad que impide tanto la identificación como la comunicación de las emociones. El término «emociones aporéticas» se utiliza para describir aquellas emociones que son confusas.	La validación es el segundo paso entre la identificación y la regulación emocional. «Validar» significa «legitimar, dar valor y respetar nuestras emociones». Hay dos tipos de validación: la interna —la que hacemos con nosotros mismos— y la externa —la que realizamos con los demás—. No solo podemos validar nuestras emociones y sensaciones, sino también nuestras conductas, actitudes o preferencias. Validar no significa actuar y dejarse llevar por las emociones. Consolar, alabar, calmar y justificar no es validar. Hay cuatro tipos de personas validantes en función de la combinación de la validación interna y externa: los mentores, los comandantes, los complacientes y los náufragos. La validación está directamente relacionada con la autocompasión y con la empatía y, según el punto de vista y la escucha, hay otras tres formas análogas a la empatía.	La regulación es el tercer paso una vez que hemos identificado y validado nuestras emociones. La regulación emocional es la habilidad de manejar nuestras emociones y de ser capaces de recuperarnos después de una actividad emocional intensa. Hay personas que infrarregulan y otras que sobrerregulan sus emociones. La infrarregulación tiene que ver con no sentirse capaz de hacer nada, y la sobrerregulación, con querer tapar lo que sentimos. La ventana de tolerancia explica que las personas tenemos un margen en el que somos capaces de procesar información sobre lo que nos sucede. Por encima nos hiperactivamos y por debajo nos hipoactivamos. Necesitamos mantenernos en equilibrio entre la autorregulación y la corregulación. La autorregulación es la capacidad para regular nuestras emociones, mientras que con la corregulación, nos regulamos a través del vínculo con las demás personas. Hay estrategias de regulación emocional adaptativas, desadaptativas, ocultas o manifiestas.

SEGUNDA PARTE

LOS ORÍGENES Y EL DESARROLLO DE LA (IN)VALIDACIÓN

«Lo mejor que te puede pasar es tener una familia que te deje que te expreses como realmente eres.»

RONALD REAGAN

Nos adentramos en la segunda parte de nuestro viaje. Puede que en esta primera travesía que hemos recorrido se te haya hecho un mundo identificar lo que sientes, que esto de validar las emociones siga resultándote muy complicado o que regularlas te parezca inalcanzable. No te alarmes, es normal. La realidad es que integrar toda esta información no es tarea fácil, ni es una cosa que se consiga de un día para otro. Aprender y hablar con soltura el lenguaje de las emociones requiere de tiempo, de autoconocerse, de paciencia y de mucha práctica.

Igual te habrás preguntado: «¿Por qué a ciertas personas nos cuesta más identificar, validar o regular nuestras emociones?». No es que hayamos nacido así, y unos hayan tenido suerte y otros simplemente tengamos que apechugar con lo que nos ha tocado. El universo emocional está ligado de forma indiscutible a nuestras primeras experiencias relacionales. Es decir, al vínculo que creamos con nuestras figuras de referencia, que normalmente son nuestros padres, cuando somos niños. De ello hablaremos en esta segunda parte.

Todo lo relativo a las emociones tiene que ver directamente con nuestras relaciones más significativas. La manera en la que hemos aprendido a identificar, a validar o a regular, dependerá de esas primeras experiencias. Tener esta asociación presente nos lleva a dos grandes interrogantes que debemos hacernos: ¿qué hacían mis padres con lo que yo sentía? y, en segundo lugar, pero no por ello menos importante: ¿qué hacían con lo que ellos mismos sentían?

Como si del mismísimo ojo de la tormenta se tratara, revisaremos en detalle las formas de invalidación emocional más comunes de los entornos que tienden a juzgar y criticar las experiencias internas. Sin olvidarnos de que a veces somos nosotros mismos quienes nos convertimos en nuestro peor enemigo y minimizamos o nos comparamos con los demás, creyendo que no tenemos derecho a sentirnos mal.

Ahondaremos en las terribles consecuencias que tiene en nuestra persona y en nuestros vínculos que la invalidación emocional sea la tónica de nuestra vida. Pero no solo convivimos a diario con experiencias de rechazo sobre nuestros sentimientos. En muchas situaciones también experimentamos desaprobación hacia quienes somos, hacia nuestra esencia, nuestros gustos, necesidades o preferencias. De la mano del niño interior —que es una versión de nosotros de cuando fuimos pequeños que habita en nuestro interior—, comprenderemos por qué, aunque hayamos alcanzado la adultez, hay ciertas reacciones intensas y desproporcionadas, que nos hacen sentir que perdemos el control llevándonos, de repente, a la inmadurez emocional. Acabaremos reflexionando sobre por qué nos encontramos tanto rechazo, crítica y desaprobación. De qué forma toda esta energía negativa genera terribles estragos, causando indigestiones emocionales, desconexiones relacionales, hasta la destrucción de la propia autoestima. No hay que olvidar que la tendencia del ser humano es repetir patrones de forma automática debido a nuestros primeros aprendizajes. Por eso mismo, cambiar la relación que tenemos con nuestras emociones y sentimientos es una tarea ardua y costosa. Sin embargo, no tengas ninguna duda de que el logro es exponencial. Vivir en armonía con tus estados emocionales es un placer y un regalo increíble que puedes hacerte. Puedes pasar de ser tu propio enemigo a ser tu más fiel aliado, y esto, en un mundo en constante cambio, es una enorme ventaja.

Los siguientes capítulos pueden resonar con tu historia personal y, como consecuencia, remover mucho. Quizás necesites hacer pausas para ir asimilando todo lo que lees, permítetelo si es así. Algunos de los recursos de los que puedes ayudarte si sientes que tu ventana de tolerancia asciende son tales como: coge una libreta y escribe cómo te sientes, pinta un mandala y céntrate en cómo los colores rozan el papel, enciende una vela con tu aroma favorito y date una ducha relajante o extiende tu esterilla en un lugar tranquilo y dedícate una sesión de tus posturas de yoga preferidas. Es vital que escuches a tu cuerpo, que puedas captar esas señales interoceptivas de las que hablábamos antes para darte lo que necesites. Sea lo que sea, estará bien. Así que ponte el cinturón y cógeme de la mano porque, ahora sí, ¡se vienen curvas!

4

LA HISTORIA DE MIS EMOCIONES ES LA HISTORIA DE MIS VÍNCULOS

La historia de mis emociones es la historia de mis relaciones significativas. Y siempre que hablamos de relaciones significativas hablamos indiscutiblemente del concepto de «apego». Si hoy estás leyendo este libro es gracias a que pudiste apegarte a tus cuidadores.

Todos desarrollamos apego, ya que es esencial para nuestra supervivencia aferrarnos a mamá y a papá para garantizar nuestros cuidados.

El **apego** es un vínculo afectivo con otra persona que no se puede sustituir.

El apego son los cimientos de una casa. Si estos no se construyeron bien, con unos materiales fuertes, resistentes y estratégicamente utilizados para sostener la estructura de la vivienda, todo lo demás se verá comprometido. Es decir, que, ante los contratiempos de la vida, la estructura puede ser débil o endeble, temblar y sufrir daños.

Entender cómo es nuestro apego es sumamente importante, ya que nos proporcionará muchas de las respuestas a interrogantes como por qué hoy en día somos como somos, nos relacionamos con los demás como lo hacemos o gestionamos nuestras emociones de una forma u otra.

Este vínculo especial se desarrolla desde que nacemos y se cuece a fuego lento hasta los 8-9 meses de edad. A partir de los 9 meses y hasta los 24 se pueden observar las conductas de apego de los niños.

La *conducta de apego* es toda conducta que hace el niño para conseguir, precisamente, apegarse a su cuidador, para buscar la proximidad con él. ¿Por qué? Porque necesita de sus cuidados para sobrevivir y desarrollarnos. ¿Te han contado qué hacías tú cuando tus padres te dejaban en la escuela? Quizás llorabas, gritabas, te agarrabas fuertemente a la falda de mamá, protestabas, te quejabas... Estas serían conductas de apego. Otras conductas de apego también pueden ser sonreír, seguir, gatear, andar, llamar, etc. Porque recuerda que estas acciones tienen la intención de conseguir que mamá y papá se queden conmigo. Por lo tanto, estos comportamientos se activan exclusivamente y de forma específica ante la separación de mis figuras de apego. Si tus papás te llevaban a las revisiones con el pediatra, estoy segura de que, una vez realizada la visita, no llorabas por separarte del médico para volver de nuevo a casa. Puede que lloraras al entrar porque te daba miedo, pero no con la separación, porque no creamos vínculos de apego con personas que tienen un papel minoritario en nuestras vidas.

¿Y por qué aparecen estos comportamientos a partir de los 9 meses de vida? Porque a esa edad se produce un cambio que nos lleva a la «intersubjetividad secundaria». De repente, el bebé empieza a interesarse por cómo los demás utilizan los objetos y realiza movimientos con la intención de interactuar con su alrededor ya sea para jugar, para pedir algo que quiere, para que le presten atención...[12] Este viraje es trascendental en el apego, porque, si antes solo tenía en su cabeza a su mamá, ahora se da cuenta de que existen otros, como, por ejemplo, los peluches, la comida, su primo...

Antes de llegar a esa edad, desde los 4 hasta los 9 meses, el bebé vive en una «intersubjetividad primaria» en la que se relaciona exclusivamente con la madre. Sin duda, esta permuta hace que el bebé se vuelva un agente activo y promueve y transforma el modo en que los padres le hablan y se comunican con él.

En todo momento hablamos de la *intersubjetividad*, que significa que el aprendizaje emocional se realiza en relación con el otro, es decir, que son indivisibles las lecciones que aprendamos sobre las emociones del maestro o guía que tengamos los primeros años de vida.

¿Qué sucede a partir de los 24 meses? También observamos conductas de apego, pero a partir de los 2 años el bebé puede pensar qué hacer de forma consciente para que el cuidador no se vaya, es decir, que ya se ha desarrollado el espacio simbólico. En otras palabras, tiene a la mamá en la cabeza, y sabe que cuando se va no desaparece, sino que está en otro lugar. De manera complementaria, otro hito fundamental es que comienza a desplegarse el lenguaje, y el hemisferio izquierdo, que hasta el momento había quedado en desventaja respecto al hemisferio derecho, experimenta un crecimiento acelerado.

La palabra «apego» incluye el concepto de libertad, porque, de alguna forma, estoy ligado al otro, necesito de un cuidador que justamente me tenga presente y me cuide. En otras palabras, el apego tiene un papel sobre nuestra libertad, nos la da y nos la limita porque estamos ligados a una persona que no se puede sustituir.

No solo creamos vínculos de apego con nuestras figuras de referencia en la infancia, sino que también establecemos vínculos de apego con amigos importantes y con parejas significativas. Y llegados a este punto igual te preguntes, pero ¿si la condición de apego es que es un vínculo que no se puede sustituir, un amigo o una pareja se pueden sustituir, no es así? La verdad es que nuestra vida se vería bastante reducida si solo pudiéramos conectarnos y encajar con una persona a nivel romántico o a nivel social. Cuando se alude a que no se pueden sustituir las figuras de apego, nos referimos a que, por mucho que remplacemos a una persona por otra, esa otra persona será diferente y, por tanto, el vínculo se transformará.

Nadie nunca puede ocupar el mismo lugar emocional que otra persona. Pero sí podemos establecer distintas relaciones de apego con personas significativas e importantes, empezando por el que se forma principalmente entre los 12-18 meses de edad con nuestros principales cuidadores. Más adelante, con los profesores o maestras del colegio, con familiares cercanos, con las amistades y finalmente con nuestras parejas.

¿Cómo se estudió el apego? John Bowlby fue la primera persona en darle importancia al apego. Antes de que se descubriera que las separaciones eran dañinas, había una creencia general de que los bebés ni sentían ni padecían, que eran demasiado pequeños como para notar la ausencia de la madre o el padre y que eso pudiera repercutir en su desarrollo.

Por lo que Bowlby, el padre de la teoría del apego, teorizó y empezó a observar que incluso las separaciones más breves, si sucedían en un periodo crítico entre los 0 y los 2 años de edad, tendrían consecuencias irreversibles en el apego del niño y, consecuentemente, en su futura salud mental. La principal investigación que se realizó sobre el apego fue llevada a cabo por su alumna Mary Ainsworth en la década de 1970. Llamó a su experimento «La situación extraña» y tenía como principal objetivo observar cómo estas separaciones influían en el comportamiento y la actitud del niño.

Este experimento se realizó en un laboratorio en el que acomodaron una sala para niños en la que había un ambiente propicio para el juego y la interacción madre-hijo con la intención de observar el comportamiento de apego y así poder clasificarlo.

El experimento constaba de las siguientes fases:

Fases
Entrada al laboratorio
El niño juega con la madre
Entra un desconocido a la sala y empieza a interactuar con el niño jugando
La madre se va y el niño se queda solo con el desconocido
Reencuentro: la madre vuelve

Esta es la fase más importante y la que nos da información sobre el tipo de apego del bebé.

El foco de los investigadores no estaba puesto en lo que el niño hacía cuando la mamá se iba, porque en todos los bebés se activa el apego y se observan distintas conductas de apego. Para ellos, era de vital importancia observar lo que hacía el niño cuando la mamá volvía a reunirse con él. ¿El niño logra calmarse rápido o tarda un tiempo? ¿Se acerca a la madre o se queda donde está? ¿Quiere abrazarla, tocarla y permite ser abrazado y tocado? ¿Busca el contacto visual o rehúye la mirada?

A partir de las reacciones en el reencuentro, Mary Ainsworth observó tres respuestas distintas y realizó tres clasificaciones sobre el tipo de apego:

Fases	Observaciones
Entrada al laboratorio	
El niño juega con la madre	
Entra un desconocido a la sala y empieza a interactuar con el niño jugando	
La madre se va y el niño se queda solo con el desconocido	**Conducta de apego**: llorar, gritar, llamar, patalear, quejarse, esperar detrás de la puerta…
Reencuentro: la madre vuelve	El bebé busca su proximidad y mantiene el contacto visual. Puede volver con facilidad a la calma y volver a disfrutar del juego → APEGO SEGURO
	El bebé evita la proximidad (alejándose, girándose, inclinándose hacia fuera cuando lo cogen en brazos) y se resiste a establecer contacto visual con ella. Sin embargo, los investigadores descubrieron que por dentro la frecuencia cardiaca se elevaba y que el cortisol, la hormona del estrés, aumentaba → APEGO EVITATIVO
	El bebé muestra una alta resistencia a ser calmado y tarda en tranquilizarse, busca su cercanía, pero al mismo tiempo siente enfado, de ahí la ambivalencia → APEGO AMBIVALENTE

Es decir, la conclusión principal es que el sistema de apego se activa en los tres estilos de apego, pero lo que cambia es la forma en la que buscan la proximidad con la madre. Todos los bebés se sienten mejor a nivel fisiológico cuando sus cuidadores están con ellos, aunque no todos lo expresan de la misma manera. Como hemos visto, algunos manifiestan agrado y aceptación, y otros expresan cierto rechazo en forma de evitación o resistencia.

Sin ir más lejos, ¿de qué estamos hablando en todo momento? De cómo el niño reacciona emocionalmente a lo que le sucede a él y a lo que ve que sucede en el entorno. Es decir, que es necesario tener en cuenta que no todas las madres que entraban de nuevo a la sala después de la separación tenían la misma actitud. No se les daba ninguna pauta acerca de qué hacer cuando volvieran a la habitación junto a su hijo. No se les indicaba si debían abrazar o si debían acercarse. Simplemente se realizaba una observación libre y orgánica de las interacciones. Por lo que, como intuirás, cada mamá también actuaba distinto y esas diferencias actitudinales y comportamentales iban a tener una resonancia distinta en los niños.

Sin lugar a dudas, este experimento proporcionó las claves con las que logró discernir entre estos tres tipos de apego. Sin embargo, había algunos niños a los que posteriormente clasificarían como «apego desorganizado», que manifestaban conductas y comportamientos que no acababan de encajar ni en el apego evitativo ni en el apego ambivalente. Lo que inscribieron en sus notas fue: «No se puede clasificar».

Posteriormente, en una revisión de doscientas grabaciones de la situación extraña en 1999, los psicólogos Main y Solomon, encontraron que la gran mayoría de bebés no clasificables tenían en común la desorganización o la desorientación, que veían que se manifestaba cuando tenían delante a sus cuidadores.

Según esta información, ¿cómo crees que reaccionaban los bebés que no pudieron clasificar?
Cuando la madre volvía a entrar para reunirse con su hijo, el niño con apego desorganizado iba hacia ella, pero se quedaba a medio camino, como paralizado, o la evitaba fuertemente, pero luego quería abrazarla. Es decir, que la conducta era impredecible y contradictoria.

A continuación, se describirán con detalle los cuatro estilos de apego y, sobre todo, tratándose de un libro de emociones, el punto sobre el que vamos a poner la lupa será en el manejo de las emociones. Cuando miramos con detalle las diferentes características que tiene en la edad adulta el haber desarrollado un tipo de apego u otro, debemos tener presente que la evolución de nuestras emociones va a ir en tres direcciones:

- La primera dirección es cómo yo mismo me relaciono con mi mundo interno. Está relacionada con las emociones corporales o sensaciones.
- La segunda dirección es cómo construyo lazos y me vinculo con otras personas. Se relaciona con las emociones morales.
- La tercera vertiente es la que guarda relación con las emociones estéticas. Tiene que ver con todo el mundo del hacer, de nuestras destrezas, de la expresión emocional canalizada a través del arte, la escultura, la narración o la música.

Estas tres maneras de clasificar las emociones se refleja de forma simplificada en el siguiente esquema:[13]

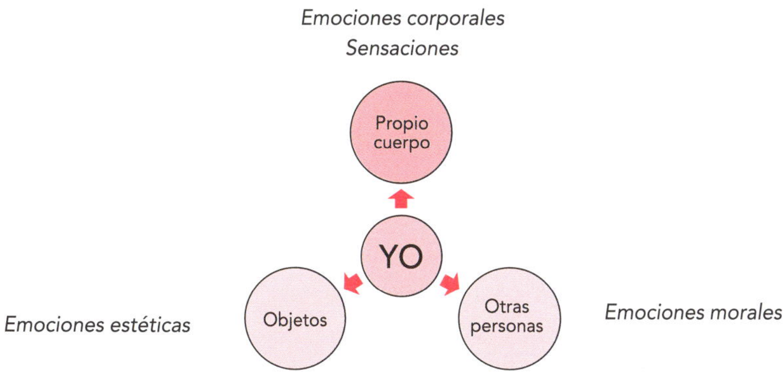

El apego se desarrolla en la infancia e impregna nuestra existencia a lo largo de toda nuestra vida. Hay una relación directa entre el apego que tenemos en la infancia y el que tendremos de adultos y también existe una relación directa entre el tipo de apego de los adultos y de los hijos o niños a su cargo.[14] Sin embargo, hay esperanza. Porque el apego, aunque perdurable, es maleable. Si coincidimos y nos encontramos con otros adultos que nos ayudan a sentirnos seguros y aceptados incondicionalmente con la suficiente consistencia, equilibrio y estabilidad, nuestro patrón de apego puede repararse.

Cabe destacar que no necesitamos madres perfectas para que el apego seguro prolifere. En palabras del psicoanalista Winnicott, necesitamos «madres suficientemente buenas», que puedan crear con su bebé episodios de sincronía afectiva en los que ambos experimentan un estado de resonancia que es el que producirá una amplificación de las emociones agradables y un estado de bienestar pleno.[15] En otras palabras, si la mamá logra sintonizarse con el bebé, puede calmar sus emociones desagradables y lograr de nuevo el equilibrio emocional. En añadido, se ha visto que esta reciprocidad aumenta la resiliencia ante el estrés.[16]

De hecho, el sistema límbico, que es el centro neural de nuestras emociones, se mieliniza ampliamente durante el primer año y medio de vida. Por lo tanto, las experiencias de apego influyen específicamente en los circuitos cortical y límbico del hemisferio cerebral derecho.[17]

En la década de 1980, la teoría del apego se amplió para abarcar el apego en adultos. Llegados a este punto quiero mandar un aviso para navegantes: hay dos modos de medir apego en adultos, por un lado, tenemos la entrevista de apego adulto (Adult Attachment Interview, AAI, de George, Kaplan y Main, 1985), y, por otro lado, los cuestionarios autoadministrados. Además, los patrones de apego están basados en experiencias preverbales tempranas que ocurren mucho antes de la edad de inicio de la memoria autobiográfica. Por lo que intuirás, sería muy aventurado hacer un diagnóstico de tu apego por la lectura de este capítulo o de cualquier otro. Hay muchas lecturas sobre el apego en diversidad de libros porque en realidad estamos hablando de los cimientos de una casa, de nuestra casa emocional y afectiva. Es una parte fundamental de los seres humanos. Por eso, mi intención al proporcionarte esta información es que puedas sentir si te reconoces en ciertos aspectos, pero sabiendo que tu estilo de apego solo puede ser identificado con seguridad en terapia.

EL APEGO SEGURO O ME PUEDO FIAR DE LO QUE SIENTO

El *apego seguro* o *apego autónomo* es el mejor de los apegos. En salud mental, como en la salud física y las enfermedades, hablamos también de factores de protección y factores de riesgo. El apego seguro es, sin duda, un factor de protección. Es como un bálsamo suave, pero a la vez sólido, que amortigua el impacto de las posibles futuras vivencias estresantes y las experiencias dolorosas. En el patrón de apego seguro, el niño ha aprendido que las separaciones forman parte de la vida, que sus papás no pueden estar todo el tiempo con él, pero, aunque no pueda pegarse con pegamento a ellos, sabe que volverán.

Las interrupciones forman parte de la experiencia humana y si son bien gestionadas por los cuidadores, enseñan al niño a confiar en los demás y en sí mismos y que sus emociones son recogidas y contenidas. No obstante, si estas interrupciones son prolongadas, o bien, si los padres se van sin despedirse o se enfadan con él por sus conductas de apego y le invalidan, el niño no consigue regularse de forma sana y provocará consecuencias en su forma de regularse emocionalmente.

En las familias saludables, el bebé forma un vínculo seguro con sus padres con la misma naturalidad con la que respira, come, sonríe y llora.[18]

Los padres que fomentan el apego seguro se sincronizan con el bebé, «bailan» con él. Esto significa que los cuidadores son sensibles a los estados fisiológicos, pero también reconocen que tiene unas necesidades afectivas, como ser abrazado, acariciado, mecido, y querido. Son ávidos captando y percibiendo sus señales y, de esta manera, en sus interacciones, responden de forma sensible haciendo que el bebé se sienta seguro y tranquilo a su lado.

Es decir, los padres, en esencia, hacen de reflejo coherente. El concepto de «reflejo», o en inglés «*mirroring*», hace referencia a que el cuidador percibe de forma precisa el estado mental del niño, y refleja este estado al niño. Cuando predomina un reflejo incoherente, se rompe el vínculo entre el estado interno del niño y la realidad externa, por lo que el niño no desarrolla la capacidad simbólica, que, como decía, es la capacidad de tener a los otros en su cabeza sabiendo que todo lo que no se ve no desaparece. Parece ser que los cuidadores que no son coherentes al hacer de espejo o que no proporcionan suficiente reflejo, pueden promover estados de vacío y nihilistas cuando sean adultos.

Al ofrecer un apego seguro, el cuidador suficientemente bueno puede ver con mirada mental, o lo que es lo mismo, el término original anglosajón de «*mindsight*», no solo al niño actual, sino el auténtico potencial, posibilidades y particularidades de la mujer o al hombre que será ese niño cuando se convierta en adulto. Esta mirada mental limpia también implica tener expectativas realistas sobre lo que el niño puede hacer en un momento específico y le pide que haga cosas ajustadas al nivel de capacidad y responsabilidad apropiado para cada etapa evolutiva.[19]

A su vez, el cuidador obviamente ve los errores que el niño comete y en vez de negar, castigar o moralizar, es capaz de depositar en él la confianza que quizás el niño aún no tenga.

¿Cuál es el resultado? La imagen del adulto que ha desarrollado un apego seguro es la de una persona que confía en sí misma, en los demás y en sus emociones. Es consciente de su mundo interno, es responsable y autónomo y sabe que sus señales internas son válidas. El adulto seguro ha podido desarrollar estrategias sanas de regulación emocional, y aunque haya situaciones que le desborden o que le resulten difíciles, debido a su sensación de seguridad, sabe que estos momentos son pasajeros. «Después de la tormenta, siempre llega la calma», podría ser su lema. En definitiva, el adulto se ve a sí mismo de esta forma porque se ve a sí mismo a través de los ojos de sus padres.

¿Cuáles pueden ser las creencias inconscientes de una persona con un patrón de apego seguro?
«Mis emociones son válidas.» «Soy válido.» «Puedo confiar en los demás.» «Las emociones son guías fiables.» «Puedo prestar atención a lo que siento.» «Sé que puedo manejar lo que siento, aunque me cueste.» «Puedo encontrar ayuda si lo necesito.» «Sentir emociones desagradables es normal.»

Los padres de personas con apego seguro han sido cuidadores que han respondido de forma adecuada, coherente y sintónica a los estados emocionales del niño. Han sabido dar la cantidad de atención, de confianza, de seguridad y de estabilidad justa y necesaria.

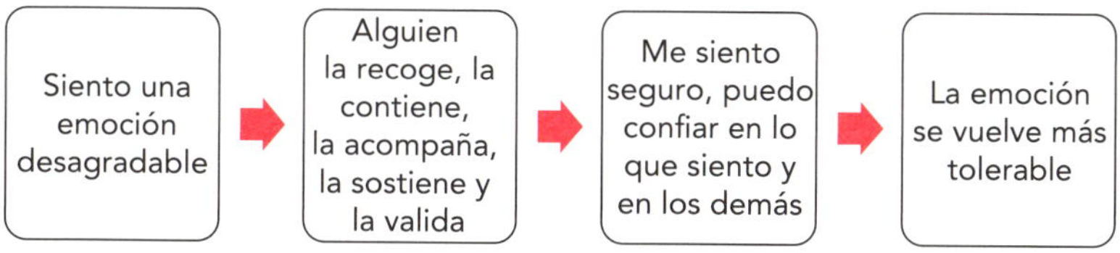

Por lo tanto, en el patrón de apego seguro la seguridad y la confianza van en uno mismo y también en los demás:

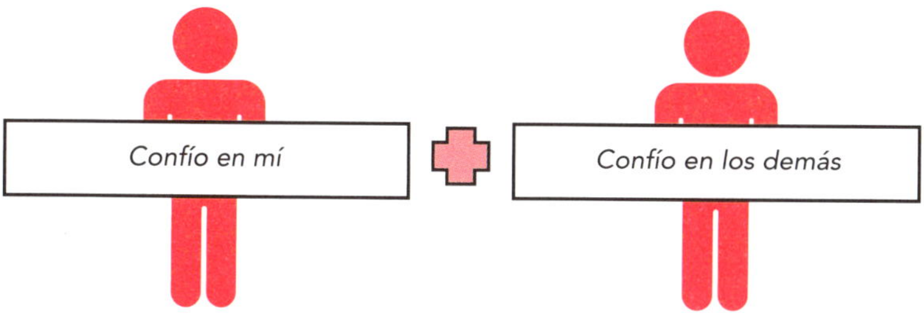

En cuanto a la relación entre la regulación emocional y el apego, se ha descubierto que, dependiendo del patrón de apego, las personas utilizarán unas respuestas u otras ante situaciones de estrés.[20] Se ha planteado que las personas con apego seguro activan la denominada «estrategia primaria», caracterizada por la búsqueda de proximidad de la figura de apego como forma de obtener confianza y protección. Sin embargo, en el caso de quienes poseen estilos de apego inseguros, se ponen en marcha mecanismos que tienden hacia la hiperactivación, en el caso del apego ambivalente, o la desactivación de las necesidades de apego, en el caso del apego evitativo. Ambas se denominan «estrategias secundarias».

Como conclusión, el adulto con apego seguro puede desestabilizarse, como persona humana que es, pero gracias a que sus experiencias emocionales han sido recogidas y validadas, tiene más herramientas para volver a regularse debido al equilibro y la armonía entre la autorregulación y la corregulación.

En resumen, en las personas con apego seguro se dan estas características:

- Sincronización, se adaptan a sus estados fisiológicos y emocionales.
- Sensibilidad, captan las señales de lo que necesita el niño.
- Reconocimiento de que hay unas necesidades afectivas. Los padres son sensibles a ellas y las cubren.
- *Mirroring* o hacer de reflejo. Reflejo coherente.
- *Mindsight* o mirada mental. Pueden ver el niño que es ahora y el futuro adulto.
- Confían en ellos y confían en los demás.
- Estrategia primaria de regulación emocional. Buscan la figura de apego para obtener seguridad y protección.
- Equilibrio entre la corregulación y la autorregulación.

EL APEGO INSEGURO-ANSIOSO O CASI TODO ME SUPERA

El estilo de *apego inseguro-ansioso*, también llamado *apego ambivalente*, *apego preocupado* o *apego inseguro-resistente*, lleva precisamente a un estado de inseguridad con tendencia a la preocupación y a relacionarse con el mundo desde el peligro y la amenaza.

Los adultos que desarrollan este patrón de apego han crecido con cuidadores seguramente también preocupados y temerosos. Los mensajes que ha recibido con mayor ocurrencia han sido mensajes sobre lo peligroso que es el mundo, y han visto esa preocupación en las expresiones faciales de sus progenitores. Cuando somos bebés no podemos protegernos por nosotros mismos, pero el adulto debe reconocer cuándo el entorno sí cumple con unas características favorables que hacen que sea posible, gradualmente, la exploración y la satisfacción de curiosidad por parte de ese bebé.

En este punto, me gustaría introducir otro concepto que es el «círculo de seguridad parental», con el que podrás entender mejor de lo que te hablo. El círculo de seguridad parental se basa en que los padres debemos estar emocionalmente disponibles para acompañar a nuestros hijos en todas sus emociones. Acompañar, reflejar, sostener y atender sus necesidades, les ayuda a sentirse menos abrumados y más seguros. Y esto no es nada fácil. En adultos que han desarrollado un apego inseguro-ansioso, sus padres no han podido acompañar de forma coherente sus emociones, y puede que se abrumaran con ellos y se preocuparan en exceso magnificando en vez de reduciendo su intensidad.

¿Por qué sucede esto? Porque precisamente ellos mismos, de pequeños, tuvieron las mismas experiencias: son también adultos que no saben cómo gestionar sus propias emociones. ¿Cómo entonces saber cómo gestionar y acompañar las de sus hijos? Seguramente, aquellas emociones que le cuesten más acompañar y validar sean las mismas emociones que sus propios padres no podían sostener, ya que sienten la misma música de fondo al ver esa emoción en sus descendientes. Veámoslo en este testimonio:

> Raúl está en el parque con su hija Olivia, pero ve que se ha hecho tarde y le dice a Olivia que es hora de volver a casa. Olivia quiere quedarse más tiempo jugando con sus amigos en el parque y empieza a manifestar frustración y queja. Raúl, al ver la reacción de Olivia de rabia, de forma totalmente inconsciente empieza un proceso interno en el que se activan sus recuerdos y memorias de la infancia. Cuando Raúl era pequeño, su madre le decía que no se enfadara, que pedía demasiado, por lo que Raúl no tuvo una madre sensible a sus necesidades, que le acompañara a gestionar esa emoción. Ahora, en una situación parecida, pero con los roles invertidos, Raúl se incomoda ante la emoción de rabia de su hija: «No soporto su desobediencia», «Se comporta así para salirse con la suya».
>
> En este caso, Olivia, al encontrarse con el rechazo y la desaprobación a sus emociones por parte de su padre, tendría dificultades para conseguir que la intensidad de lo que siente disminuyera, provocándole una sensación de inseguridad abrumadora.

Los padres de personas con apego inseguro-ansioso han sido cuidadores que han respondido de forma inadecuada a los estados emocionales del niño. En este caso, la inseguridad la han trasladado a través de reaccionar de forma desmedida, hipervigilante y maximizadora. Ante la tristeza, el miedo o la rabia del niño proporcionaban demasiada atención y preocupación transmitiéndole falta confianza hacia sí mismo. Como consecuencia, recibe el mensaje de que necesita a los demás para que le ayuden a transitar sus estados emocionales.

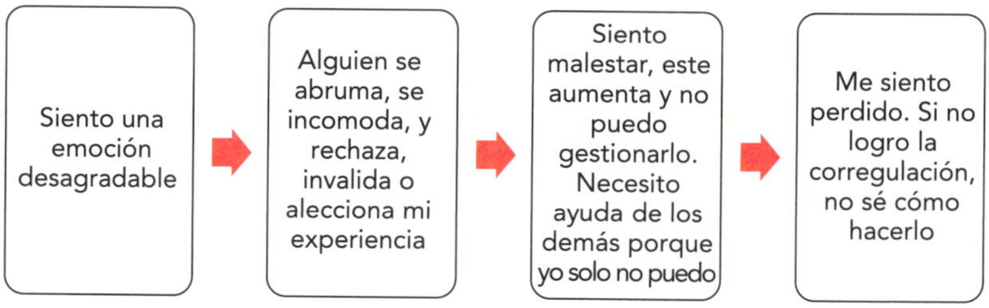

Es lo que veíamos antes de la corregulación emocional. La corregulación, o lo que es lo mismo, la regulación interactiva, es típica de este patrón de apego. Las personas adultas con este patrón creen que necesitan a los demás para volver a un estado de calma y tranquilidad. La corregulación los lleva a depender en exceso de los demás y eso puede ser un problema grave porque los demás no pueden estar disponibles para nosotros en todo momento.

¿Cuáles pueden ser las creencias inconscientes de una persona con un patrón de apego inseguro-ambivalente?

- «El mundo es peligroso.»
- «Yo solo no puedo.»
- «Soy débil.»
- «No soy capaz.»
- «Necesito a los demás.»
- «Mis emociones me desbordan.»
- «No me siento seguro si estoy solo.»
- «No sé cómo manejar mis emociones.»
- «No puedo confiar en mí mismo.»

Por eso, el esquema principal de las personas con apego inseguro-ansioso es, por una parte, la desconfianza en sí mismos, y, al mismo tiempo, un exceso de confianza en los demás.

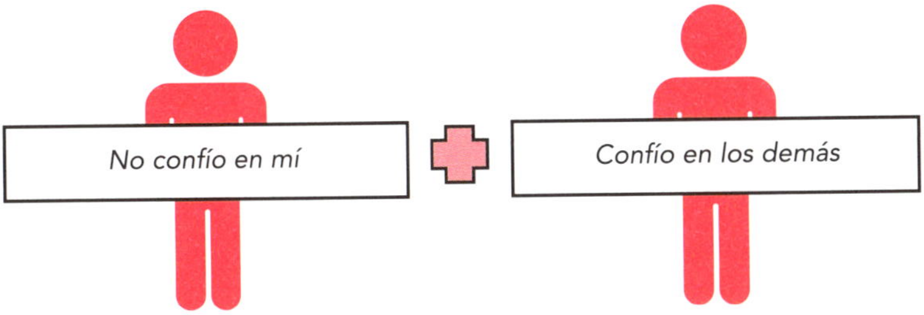

Conviene señalar que, lejos de necesitar a alguien que le confirme sus creencias irracionales negativas o que decida tener un rol de salvador con él, lo mejor que puede sucederle es encontrar a otro que le dé el valor que esa persona no se da, que le acompañe a descubrir que todo eso de su cabeza son mensajes fruto de sus experiencias tempranas. Ahora, de adulta, es una persona capaz, fuerte y tenaz.

EL APEGO INSEGURO-EVITATIVO O DESCONECTO DE MIS EMOCIONES

El *apego inseguro-evitativo*, *apego inseguro-evasivo* o *apego distanciante* es otro patrón de apego que tiene como característica principal la inseguridad en los vínculos. Pero al contrario de lo que sucede en el apego ansioso, la desconfianza no acontece en uno mismo, sino en los demás.

Los padres de personas con apego inseguro-evasivo también han sido cuidadores que han respondido de forma inadecuada a los estados emocionales del niño. En este caso, la inseguridad la han trasladado a través de no reaccionar. Dicho de otra forma, el niño ha crecido con padres que no recogían sus emociones, que no les daban importancia o que estaban demasiado ocupados como para atender a sus necesidades. ¿Qué es lo que aprende? Que los demás no ayudan, que no hay espacio para sus emociones. Es más, parece que las emociones estorban y que no sirven para nada. Debido a estas experiencias de abandono, crecen con tendencia a evitarlas, a suprimirlas o a menospreciarlas.

¿Cuáles pueden ser las creencias inconscientes de una persona con un patrón de apego inseguro-evitativo?

- «No hay cabida para mis emociones.»
- «Las emociones no son importantes.»
- «Es mejor evitar que sentir.»
- «Es mejor no confiar en los demás.»
- «Las emociones estorban.»
- «Hay que tener cuidado con los demás.»
- «La proximidad es peligrosa y hace daño.»
- «Necesito mi espacio.»
- «Solo mejor que mal acompañado.»
- «Desconecto de mis emociones, me cuesta identificar qué siento y dónde lo siento en el cuerpo.»

Entonces, ¿a qué tipo de regulación crees que tienden las personas con este estilo de apego? Exactamente, a la autorregulación excesiva. Aprenden que el otro no es un lugar seguro al que volver cuando estás mal, sino que te las tienes que apañar tú mismo porque los demás no van a ayudarte. La autorregulación excesiva se desarrolla paralelamente a la hiperindependencia. No es que crean que no necesitan a nadie para ser felices ni para vivir con éxito su vida, sino que se intentan convencer de ello, que es algo muy diferente.

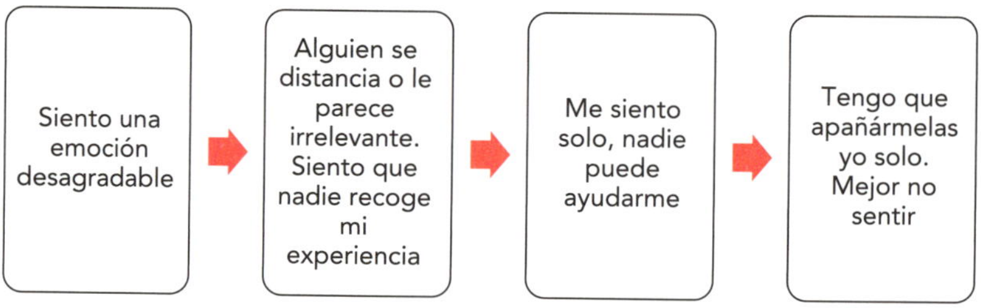

Por lo tanto, las personas con apego evitativo han aprendido que la cercanía es dolorosa, porque cuando necesitaban y buscaban la proximidad de sus cuidadores no la encontraron. En su lugar, hallaron muestras de desprecio, de ignorancia o de humillación hacia lo que sentían. Y de esta forma, aprenden a desconectarse de sus emociones: ¿para qué voy a sentir si parece que esto no es importante?, ¿si se supone que las personas que más tienen que darle un sentido a lo que siento no lo hacen?

Estas personas perdieron la esperanza de que comunicar sus emociones desagradables sirviese para obtener unos cuidados con los que poder regularlas, por lo que, además de no poder comunicar cómo se sienten, es posible que no sepan experimentar la propia emoción.[21] Como veíamos antes en la diferenciación de los patrones de apego según el experimento de Mary Ainsworth, estas personas por fuera pueden mostrar una imagen de total confianza y seguridad, incluso de personas narcisistas. Sin embargo, por dentro, sienten malestar y a nivel psicofisiológico hay una activación del sistema simpático, que es el que se activa como respuesta al miedo.

La única opción a la que tuvieron que acogerse debido a su historia fue la de confiar únicamente en ellos mismos. No fue que no quisieran el amor, la protección y la calidez de sus padres, sino que no la obtuvieron. Cansados de esperar algo que nunca llegaba, se construyeron una armadura emocional. Así pues, esta especie de muro defensivo o de pantalla de cristal les protege del daño y hace que los demás difícilmente puedan acceder y penetrar para vislumbrar su bella esencia.

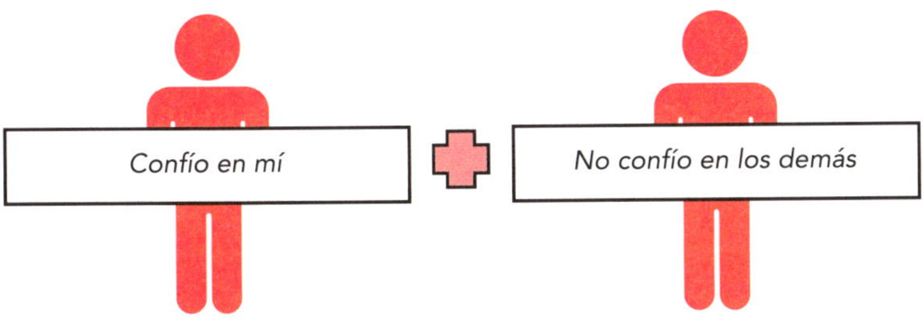

EL APEGO INSEGURO-DESORGANIZADO O VIVO EN UN CAOS PERMANENTE

Por último, el patrón de *apego inseguro-desorganizado* o *apego no resuelto* puede entenderse como vivir en un caos permanente a nivel emocional. Es el tipo de apego con el que es más difícil lidiar porque proviene de experiencias traumáticas y de relaciones familiares caóticas, desestructuradas. En el peor de los casos, con un clima presente de maltrato y violencia.

En la infancia de las personas con apego desorganizado, los principales cuidadores fueron inaccesibles y reaccionaron a las expresiones emocionales y de estrés del bebé de forma inadecuada o con rechazo. En lugar de modular sus emociones, de alguna forma, añadieron más leña al fuego. Y las emociones aumentaban y se activaban aún más, tanto hacia la hiperactivación en los malos tratos, como hacia la desactivación en el abandono. Es decir, que el cuidador no proporcionaba reparación interactiva y, como consecuencia, los estados afectivos negativos del bebé tardaban más en resolverse.[22]

En palabras de Ogden, las personas con apego desorganizado pueden sentir que viven en un caos permanente e infinito en el que experimentan desde cambios rápidos, drásticos, agotadores y confusos de estados emocionales intensos a desesperación, impotencia o un afecto plano.[23] Es decir, el caos externo se traduce en un caos interno emocional.

Con un cuidador negligente, el niño permanece de modo recurrente en un estado de hiperactivación del sistema de apego, que trata de estimular una respuesta del cuidador que nunca llega. Cuando más tarde el cuidador se acerca, más está produciendo una experiencia de abandono.[24]

El apego desorganizado va unido a un tipo de trauma que llamamos «trauma relacional». A veces, cuando hablamos del trauma parece que las únicas vivencias que asociamos con esta palabra sean experiencias de agresividad física, en la que los progenitores pegaban, abofeteaban y daban golpes generando moratones o lesiones. O de abusos sexuales o conducta sexual inapropiada, como tocar alguna parte del cuerpo de forma sexual o intentar cualquier tipo de acercamiento de contenido sexual. Pero se nos olvida que ciertas circunstancias presentes en ambientes en los que el clima ha propiciado el desarrollo de un trauma instaurado en el vínculo, también pueden haber sido las de un abandono emocional.

El *abandono emocional* pudo venir de situaciones como: no haber sentido nunca el cariño por parte de nuestros progenitores, no haberte sentido escuchado, respetado o protegido. De haber sentido que te ridiculizaban cuando expresabas tus ideas o emociones o de que hicieras lo que hicieras nunca fuese suficiente para obtener el cariño y el amor de tus padres. En casas donde la relación conyugal de los padres es muy disfuncional, y se viven situaciones en las que se presencian agresiones o palizas entre los padres, puedes haber sentido que eras tú quien, paradójicamente, tenías que cuidar a tus padres o de tu familia. A esto lo llamamos «jerarquía invertida» o «inversión de roles». El niño entonces no puede ser niño porque los adultos no están siendo funcionales y, en vez de atender las necesidades de su hijo, lo que le piden es que sea él quien atienda las suyas.

Por lo tanto, como su propio nombre indica, una persona desarrolla trauma relacional cuando el lazo afectivo que construyó con sus progenitores generó fuertes impactos negativos y desestabilizantes que nuestro cerebro no pudo asimilar, procesar ni integrar:

> La reacción psicobiológica del bebé ante el estrés traumático se basa en dos patrones de respuesta diferentes: la hiperactivación y la disociación. En la fase inicial de hiperactivación, el refugio materno de seguridad de repente se convierte en una fuente de amenaza, desencadenando una reacción de alarma o de alerta en el hemisferio derecho del bebé, el centro tanto del sistema de apego como del sistema motivacional del miedo [...]. Una segunda reacción que se forma más tarde ante el trauma relacional es la disociación, en la que el niño se desconecta de los estímulos del mundo externo [...] e intenta evitar llamar la atención para «no ser visto».[25]

Conectando esta información con la ventana de tolerancia que veíamos antes, los adultos con apego desorganizado van a tener enormes dificultades para regular sus emociones de manera adaptativa, pero también, en muchas ocasiones, para identificar y validar lo que están sintiendo. La única forma que han conocido para lidiar con su caos emocional ha sido la de tener que bajar al rincón más oscuro y recóndito de un sótano sucio y lleno de polvo y desconectar inconscientemente de su doloroso mundo interno y externo para poder sobrevivir.

Como consecuencia, no han podido desarrollar una confianza ni en uno mismo ni en los demás y pueden sentir que están en tierra de nadie, que ni ellos mismos ni los otros pueden sostenerle.

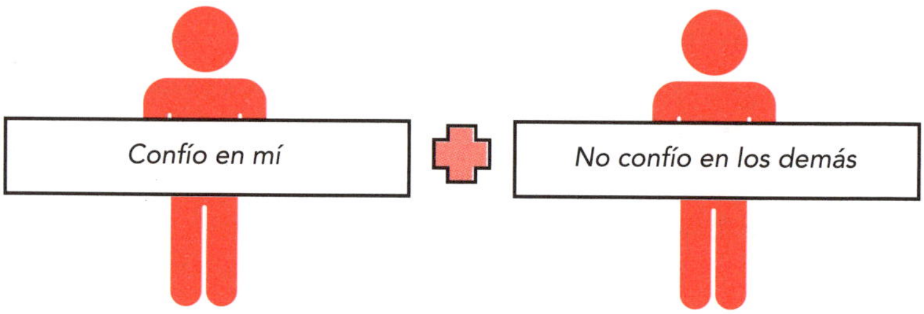

Cuando el sistema de apego se activa, la persona busca la proximidad y la interacción, pero durante su proximidad, se percibe la amenaza y, por lo tanto, se activan sistemas para defenderse como huir, luchar o incluso la activación de comportamientos sumisos.[26]

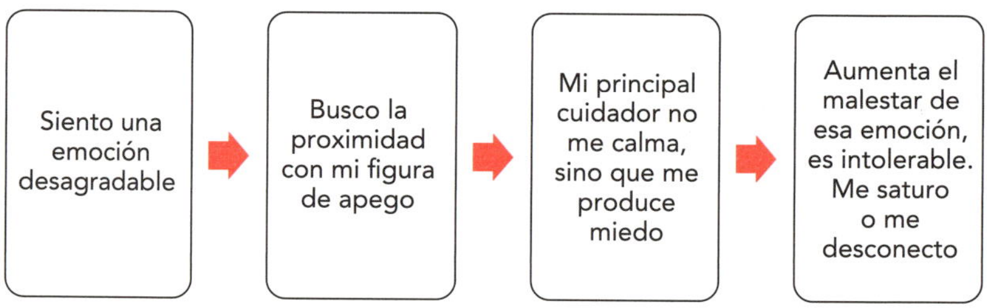

¿Cuáles pueden ser las creencias inconscientes de una persona con un patrón de apego inseguro-desorganizado?

- «A veces lo vivo todo con mucha intensidad y otras veces tengo la sensación de vivir desconectado.»
- «Siento como si estuviera apagado por dentro.»
- «No siento nada la mayor parte del tiempo.»
- «Vivo en alerta.»
- «No me siento segura en ningún sitio.»
- «En ocasiones siento como si mi cuerpo no me perteneciera.»
- «No entiendo mis emociones ni sé qué hacer con ellas.»
- «Me siento en tierra de nadie.»

Sin embargo, no todo es malo. Se ha demostrado con creces que el espacio terapéutico puede ofrecer un lugar favorable, donde el terapeuta suficientemente empático y sensible permita crear un contexto de entorno seguro para que la persona pueda compartir de manera progresiva y tolerable sus experiencias traumáticas y abrumadoras con el objetivo de que al fin puedan ser reguladas e integradas.

De esta forma, el terapeuta permite que el paciente pueda ir transitando de la suspicacia y el recelo a la confianza y que la díada deje de resultar amenazante y peligrosa para él. Porque lo cierto es que, en cierta manera, a lo largo de toda nuestra vida necesitamos a los demás para regularnos. La autorregulación o la independencia extremas son una utopía. Por eso, encontrar un espacio donde pueda vivir que la díada no es peligrosa, sino reparadora y cuidadosa, puede ayudarle a reconciliarse con las experiencias traumáticas y encontrar la tan ansiada paz mental.

5

EL ENTORNO INVALIDANTE: LA INVALIDACIÓN EXTERNA

Puede parecer que las siguientes imágenes no tienen nada que ver con la (in)validación emocional, pero, por un momento, quiero que contestes a las siguientes preguntas:

¿Qué es esto?

Es una silla, ¿verdad?

Y este animal, ¿cuál es?

Pues una vaca, me dirás.

Y el resultado de esta operación matemática, ¿cuál es?

1 + 1

Y una vez, más con total confianza, pero poniendo cara de extrañeza, afirmarás que 1+ 1 es igual a 2.

Comprendo que estas preguntas te hagan sentir un poco de confusión. ¿Adónde quiero llegar con ellas? No, no es que de repente haya perdido de vista de qué va este libro. La principal reflexión que quiero compartir contigo es que, si te das cuenta, con los objetos, con las operaciones matemáticas o con todo lo que tiene una única respuesta o solución en la vida, todos estamos de acuerdo. Pero en el campo de la psicología, en pocas ocasiones contamos con elementos que solo tienen una verdad. En el terreno de las emociones, de los pensamientos, de los valores, de las relaciones, no existe LA VERDAD, sino que el conocimiento es construido según la subjetividad de cada persona, por lo que pueden existir tantas verdades como personas en el mundo. Lo que quiero decir es que a las emociones que sentimos nosotros o que sienten los demás muchas veces las intentamos poner a prueba, las retamos y las cuestionamos. Como si quisiéramos demostrarnos y justificarnos a nosotros o al mundo que tenemos derecho a sentirnos como lo hacemos. Sin embargo, no es así, porque todo lo que sentimos es válido y lícito y merecemos compasión y empatía incondicional.

Para comprenderlo un poco mejor, en mis sesiones de terapia me gusta poner la siguiente imagen, que estoy segura de que mis compañeras de profesión reconocerán:

¿Dirías que uno de los dos tiene razón? ¿O son los dos quienes están acertados? Ambas perspectivas son válidas, porque cada uno interpreta lo que ve desde su propia experiencia. Si los dos intentaran esforzarse al máximo en hacerle entender el otro qué es lo que ve, podríamos acabar en una batalla sin final.

Otro recurso que considero igualmente ilustrativo es una parábola proveniente de la India que se titula *Los seis sabios ciegos y el elefante*:

Érase una vez seis hombres sabios que vivían en una pequeña aldea. Los seis eran ciegos. Un día, alguien llevó un elefante a la aldea. Ante tal situación, los seis hombres buscaron la manera de saber cómo era un elefante, ya que no lo podían ver.

—Ya lo sé —dijo uno de ellos—. ¡Palpémoslo!

—Buena idea —dijeron los demás—. Así sabremos cómo es un elefante.

Dicho y hecho. El primero palpó una de las grandes orejas del elefante. La tocaba lentamente hacia delante y hacia atrás.

—El elefante es como un gran abanico —dijo el primer sabio.

El segundo, tanteando las patas del elefante, exclamó:

—¡Es como un árbol!

—Ambos estáis equivocados —dijo el tercer sabio. Y tras examinar la cola del elefante, exclamó—. ¡El elefante es como una soga!

Justamente entonces, el cuarto sabio, que estaba palpando los colmillos, bramó:

—El elefante es como una lanza.

—¡No!, ¡no! —gritó el quinto—. Es como un alto muro.

El quinto sabio había estado palpando el costado del elefante.

El sexto sabio esperó hasta el final y, cogiendo con la mano la trompa del elefante, dijo:

—Estáis todos equivocados. El elefante es como una serpiente.

—No, no. Como una soga.

—Serpiente.

—Un muro.

—Estáis equivocados.

—Estoy en lo cierto…

—¡Que no!

Estarás de acuerdo conmigo en que todos los sabios tenían razón, cada uno tenía su verdad en función de su experiencia con el elefante. Recordemos esta frase que se le atribuye a Confucio en el siglo v a. C. y que en el siglo XVIII fue enunciada también por Immanuel Kant, que dice: «No vemos las cosas como son, sino como somos».

¿Qué sucede con nuestra experiencia interna emocional cuando la compartimos? Que en un entorno invalidante recibimos el duro mensaje de que estamos equivocados, de que estamos exagerando o magnificando una situación que no es para tanto. Tenemos padres que, sin darse cuenta, niegan con frecuencia las emociones de sus hijos: «No cariño, no estás triste porque no vamos a ir al parque, lo que pasa es que estás cansado» o «¿Qué sabrás tú? Lo sabré yo que soy tu madre»; amigos que son poco hábiles en recogernos cuando estamos pasando por una mala época y nos dicen: «Mira el lado bueno, tienes muchas cosas, eres muy afortunada», o nos encontramos con parejas que provocan que se tambaleen los cimientos de nuestra autoestima porque responden: «Eres demasiado sensible». Aunque como sabemos, los mensajes de rechazo que enjuician o minimizan nuestra experiencia emocional pueden provenir de cualquier persona y a cualquier edad.

En este apartado quiero centrarme en la invalidación que proviene sobre todo del contexto familiar. Pero, antes de empezar, quiero hacer un recordatorio importante: en ningún momento, mi intención a la hora de escribir este libro es la de ejercer otro papel que el de una psicóloga que comparte y divulga sobre el campo de las emociones y la validación emocional. No soy jueza ni quiero serlo; nadie nos enseña a ser padres y, muchas veces, lo único que podemos hacer es repetir modelos e ir sobre la marcha. Además, si invalidamos a nuestros hijos es porque no sabemos cómo hacerlo mejor porque en ningún momento hay una intención de hacer daño, todo lo contrario, queremos lo mejor para ellos.

Mi mayor deseo para con este apartado es que puedas dejar a un lado tu parte crítica y culpabilizadora, si es que sale muy a menudo. Quizás podemos mandarla de vacaciones a un sitio que le guste mucho y que no vuelva, creo que eso estaría muy bien. Quiero que los párrafos que leas a continuación se hagan bajo el manto de la autocompasión y que puedan resultarte de utilidad para revisar tu comunicación y reflexionar sobre la crianza y así transformarla en un modelo más respetuoso y consciente.

Como todo en la vida, no nacemos con la lección memorizada lista para poner en práctica cuando se presenta cada situación, sino que, más bien, vamos haciendo según lo que observamos en los demás. Qué difícil aprender a identificar nuestras emociones cuando somos niños y hay un adulto que nos está diciendo que lo que sentimos no es lo que estamos percibiendo internamente. Que lo que pasa es que no sabemos y estamos equivocados. Esta es una de las principales características de los entornos invalidantes.

El entorno invalidante es un término acuñado por Marsha Linehan, creadora de la Terapia Dialéctica Conductual (TDC). Esta terapia se enfoca principalmente en el tratamiento de los síntomas característicos del Trastorno Límite de la Personalidad (TLP): inestabilidad afectiva, impulsividad, sensación de vacío o dificultad en las relaciones sociales.

Aunque Linehan describió que el ambiente invalidante era un factor de vulnerabilidad para desarrollar dificultades que con frecuencia conducían a dicho trastorno de personalidad, lo cierto es que los hogares en los que predomina la invalidación hoy en día son muchos. Y no tiene por qué conducir directamente a la persona a desarrollar sintomatología límite.

> El **entorno invalidante** se refiere a crecer en un ambiente familiar que constantemente se juzga y se critica la experiencia emocional interna.

La presencia de un clima en casa que responde de forma errática o exagerada ante las respuestas emocionales del niño, negando sus emociones o etiquetándolo con rasgos negativos es, desgraciadamente, aún muy habitual. Hay familias en las que no todas las emociones son invalidadas, pudiendo existir algunas que sean aceptadas, deseadas y promovidas y otras rechazadas, bloqueadas y prohibidas.

Como si pasaran por una especie de filtro familiar. Si siento una emoción y se aprueba por la familia, la emoción es permitida y la puedo reconocer y expresar. En cambio, si expreso una emoción y al pasar por el filtro familiar la emoción es desaprobada, el resultado es una emoción prohibida que, o bien la bloqueo, o bien la sustituyo por otra emoción. Al sustituirla por otra que sí que puede ser aceptada, esta emoción que tiene la función de encubrir u ocultar otra emoción se convierte en una emoción tapadera.

Emoción → filtro familiar → emoción validada o aprobada → emoción permitida.
Emoción → filtro familiar → emoción invalidada o desaprobada → emoción prohibida → la bloqueo o la sustituyo por otra (emoción tapadera)

Veámoslo ejemplificado en la siguiente situación:

Juan es un niño de 6 años y su juguete favorito es una camioneta con remolque de color azul y verde con la que juega todos los días. Un día, Juan rompe sin querer la camioneta y el remolque no se puede volver a unir. Juan llora desconsoladamente, acude a sus papás y se lo enseña.

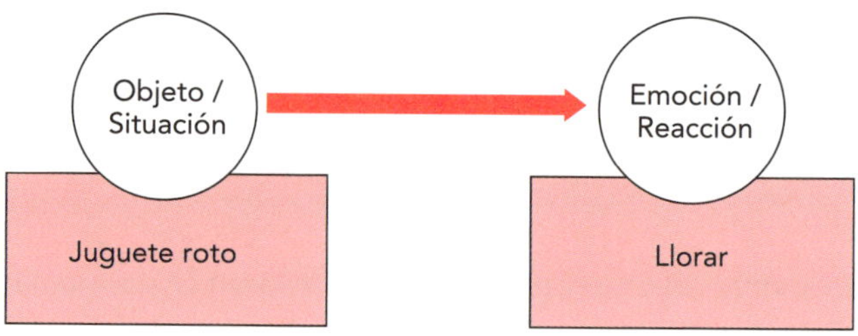

¿Dónde pongo el foco?

Lee las siguientes preguntas e intenta responderlas y recuerda que no hay respuestas buenas o malas, simplemente estamos realizando un ejercicio para tomar conciencia:

- ¿Qué le dirías tú si fueras el papá o la mamá de Juan?
- ¿Dónde y cómo pondrías el foco? ¿En la reacción de Juan de llorar o en el objeto que es la camioneta rota?
- ¿Qué te decían tus padres si viviste una situación parecida, en la que rompiste, manchaste o perdiste un juguete?
- ¿En qué ponían el foco tus cuidadores? ¿Te decían: «Esto papá te lo arregla» o te decían: «Eso te pasa por tratar así a tus juguetes, ¡es que no cuidas nada! Deja de llorar que tú te lo has buscado».
- ¿Qué te dices a ti mismo cuando rompes o estropeas algo?

Con este ejercicio quiero mostrarte una de las particularidades más significativas de los ambientes invalidantes que es que el foco se pone en la emoción del niño, pero la connotación con la que se señala esa emoción es una connotación negativa, errónea o crítica, como vemos en el siguiente esquema:

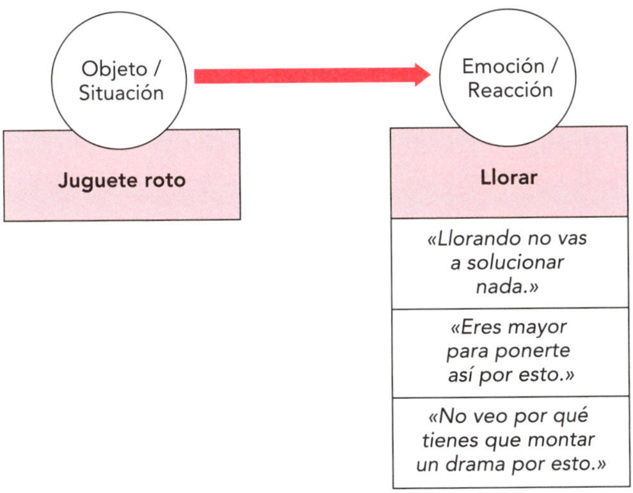

Algo menos frecuente, pero que también puede que hayas respondido, es que se haga referencia al juguete roto, pero lo vean como una consecuencia de tu falta de cuidado, de tacto. Es decir, que lo señalen de forma culpabilizadora porque no sabes apreciar ni cuidar lo que tienes, te amenacen con quitártelo o te comparen con cómo cuidan sus juguetes otras personas:

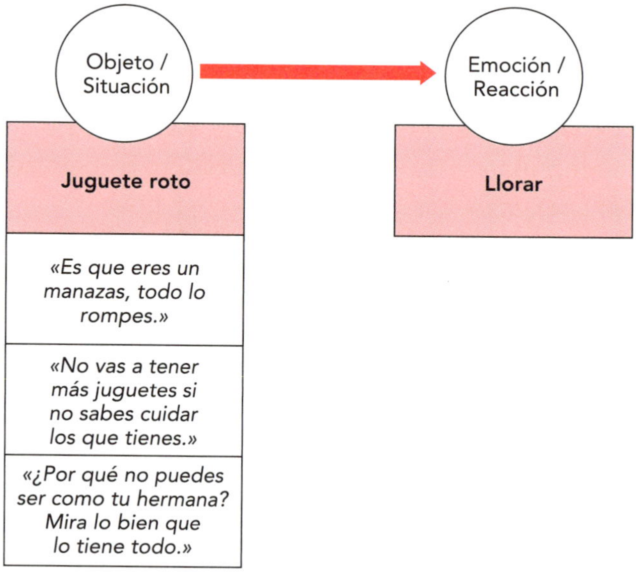

- ¿Estás de acuerdo con esta perspectiva?
- ¿Cómo crees que se puede sentir Juan al oír esas palabras sobre su reacción o sobre la situación?
- ¿Cómo te sentirías tú si fueras Juan?
- ¿Qué crees que es lo que Juan necesitaría oír en esta situación? ¿Tú harías lo mismo o le dirías otra cosa a Juan para que se sintiese mejor?

Algunas ideas del acompañamiento emocional que puede necesitar Juan son las que se reflejan en este último esquema:

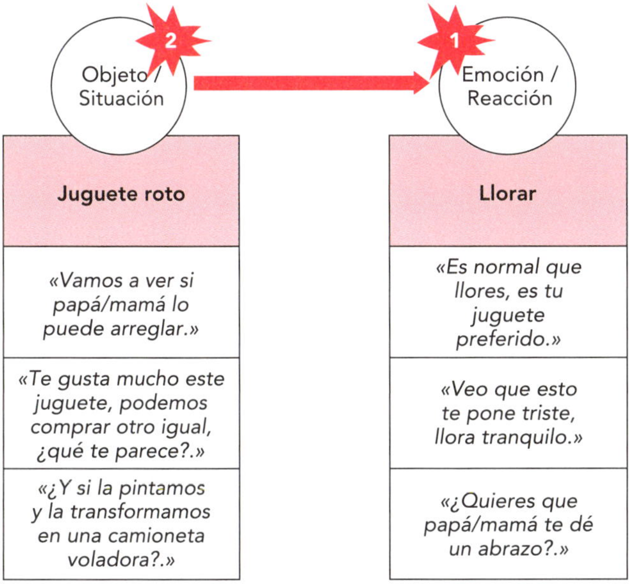

Empezaríamos primero por validar su emoción y luego pondríamos atención a la situación: «Es normal que llores, es tu juguete preferido. Vamos a ver si papá/mamá lo puede arreglar».

De esta forma, lo que hacemos es una doble intervención: primero validamos y recogemos su llanto y su preocupación. Como consecuencia, el niño siente que percibimos su malestar, que entendemos por qué se siente así y que tiene espacio para sentir como lo hace. Y, en segundo lugar, le ofrecemos una solución con respecto al juguete.

Si quieres practicar, puedes hacerlo basándote en la siguiente situación.

> Paula, como todos los domingos, está leyendo en su cama un rato antes de ir a dormir cuando, de repente, ve una sombra y su reacción es esconderse debajo de las sábanas por el miedo que le despierta que pueda haber algo o alguien. Paula llama corriendo a su mamá.

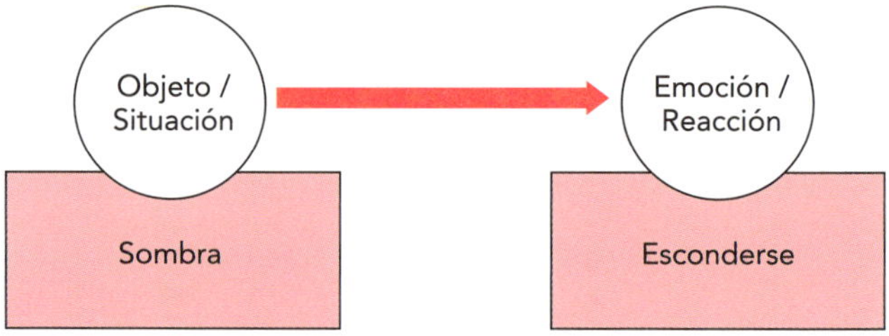

¿Dónde pongo el foco?

- ¿Qué le dirías tú si fueras el papá o la mamá de Paula?
- ¿Dónde y cómo pondrías el foco?
- ¿Cómo reaccionaban tus padres y qué te decían cuando tenías miedo?
- ¿En qué ponían el foco tus cuidadores?
- ¿Qué te dices a ti mismo cuando tienes miedo? ¿Se parece a lo que te decían ellos?
- ¿Cómo crees que se sentirá Paula si le dicen «¡Si tú eres muy valiente! No debes tener miedo».

Completa el siguiente esquema con mensajes de un entorno invalidante a la izquierda y con mensajes validantes a la derecha:

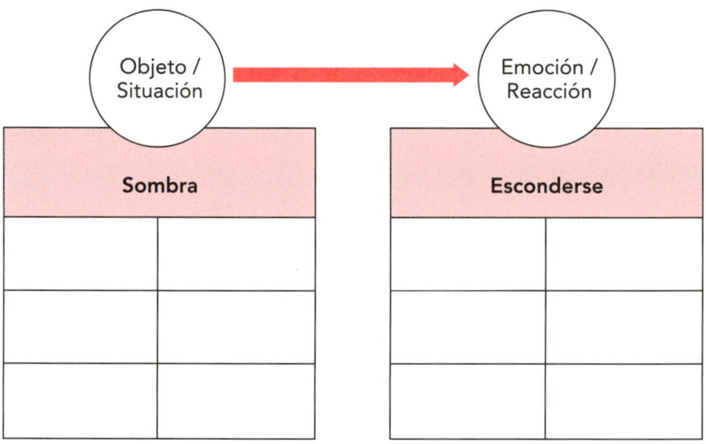

Sin embargo, como apuntaba, la invalidación emocional no proviene únicamente de nuestras experiencias familiares. El colegio, por ejemplo, es otro de los entornos en el que los niños y los adolescentes pasan muchas horas a lo largo de su crecimiento evolutivo.

El otro día leía en un libro una reflexión sobre por qué en las escuelas cuesta hablar sobre las emociones. No me estoy refiriendo a hablar o, mejor dicho, enseñar las emociones en un sentido psicoeducativo. Es cierto que ahora y cada vez más, se están empezando a implementar a nivel curricular algunos módulos de enseñanza sobre las principales emociones primarias. Me refiero a por qué cuesta expresar cómo nos sentimos, compartir y hablar de ello en las aulas. El autor contaba que necesitamos como condición *sine qua non* para abrirnos y expresar nuestras emociones, que encontremos climas y ambientes que propicien esa apertura. Cuando leí esta aportación, no pude estar más de acuerdo con él. De lo contrario, hablaríamos de nuestros días grises con todo el mundo y en todos los ámbitos: en el metro cuando un desconocido nos pregunta la hora, en el baño de nuestra oficina cuando nos cruzamos con el compañero del departamento de *marketing*, en la plaza del pueblo cuando la vecina de nuestro antiguo piso nos saluda... Pero esto no sucede así. Porque estas situaciones no generan ambientes cálidos y confortables en los que articular y compartir nuestros problemas y dificultades.

Yo misma recuerdo mis días en la escuela: el mobiliario es blanco, gris o negro, desde que entras hasta que sales lo más importante es entender cómo se resuelve una ecuación, cuántos versos tiene un poema o cómo conjugar el verbo «*to be*» en inglés. El patio es un espacio de juego y de diversión, en el que lo más habitual es relacionarte con tu círculo más cercano de amigos, pero no tengo ningún recuerdo de hablar sobre cómo nos sentíamos en clase, poder compartir y generar debate.

En pleno siglo XXI, el *bullying* sigue siendo uno de los problemas de violencia más frecuentes. Según la UNESCO, afecta a uno de cada tres jóvenes. Y el informe más reciente, perteneciente al año 2019, refiere que más del 30 % de los alumnos han sido víctimas de acoso.[27] A mi parecer, es una barbaridad. Este es un problema global, en el que la víctima es el niño agredido, pero en el que la solución está en atender también al niño que ejerce la violencia, a los otros niños que miran impasibles, a las familias, a los profesores y a todo el claustro y trabajadores del ámbito educativo.

Tengo esperanza en que, después de estos años, haya habido una evolución hacia mejor. Sin embargo, creo que el ámbito educativo aún dista mucho de convertirse en un espacio en el que no tengamos miedo a hablar de cómo nos sentimos sin ser juzgados o invalidados, o de algo aún más básico: de que de verdad haya un espacio en el que simplemente hablar de nuestro malestar o nuestras inquietudes sin llevar la prisa en el cuerpo porque hay que estudiar, hacer exámenes y pasar de curso.

Ya sea en la familia o en el colegio, lo que está claro es que la invalidación proviene de las relaciones con otras personas: de nuestros padres, abuelos, tíos, amigos, compañeros, profesores... Y algo que es importante es que la invalidación resuena más cuando, en primer lugar, proviene de personas que son significativas para nosotros, y en segundo lugar, cuando esas experiencias de rechazo, incomodidad o bloqueo las sentimos en repetidas ocasiones cuando somos pequeños.

La necesidad de compresión, de aceptación y de legitimación es una necesidad básica en los seres humanos. Castanyer ya mencionaba la necesidad de reconocimiento y afecto y la situaba a la misma altura de importancia que la necesidad de supervivencia física y la necesidad de seguridad-pertenencia.[28] Los niños necesitan orientación, reglas y consecuencias, pero estas son compatibles con la validación cariñosa cuando el padre maneja esas consecuencias por el bien del niño, no cuando está funcionando desde su rabia descontrolada, o está más centrado en sí mismo y en sus propias necesidades que en las del niño. Si el entorno no es sensible a las necesidades del niño, esto puede hacer creer al niño que «una parte de mí es aceptable» y «una parte de mí no es aceptable».[29]

Al igual que el aire que respiramos, necesitamos sentirnos importantes, valorados y respetados en nuestra esencia y en la forma en la que aprendemos a regular las emociones que nos desbordan por las personas que nos rodean.[30] Porque, de esta forma, nos podemos sentir plenamente queridos. Y el amor incondicional mueve el mundo.

CUANDO EL «NO LLORES» ES SOLO LA PUNTA DEL ICEBERG: LAS FORMAS DE INVALIDACIÓN EMOCIONAL AL DESTAPE

Estoy segura y pondría la mano en el fuego por que muchas de las expresiones que vas a leer a continuación van a resonar con tu historia y pueden hacerte sentir triste, avergonzado o molesto. Es posible que hayas oído estos mensajes a las personas más importantes de tu vida o que te reconozcas a ti mismo como portavoz de los mismos.

Y es que, si queremos cambiar algo, el reconocimiento es básico. En la introducción, ya hacía referencia a la trampa de la invalidación. Este término hace alusión a una serie de mensajes que lanzamos a los demás con nuestra más sincera y buena intención, pero que, sin que nos demos cuenta, hacen que provoquemos que el otro sienta que no estamos dando un espacio para su aflicción o dolor emocional. Como veíamos, es posible que hayamos crecido en ambientes invalidantes, ya sea en el hogar o en el colegio, y que en algún momento nos hayamos sentido invalidados.

A continuación, vamos a poner nombre a las formas de invalidación más frecuentes. Se describirán un total de nueve principales formas de invalidación:

- El rechazo indiscriminado (que engloba tanto el rechazo directo como el rechazo indirecto).
- El castigo emocional.
- La sobresimplificación.
- La imprecisión.
- La mala atribución.
- Desalentar emociones desagradables.
- Ridiculizar.
- Proponer soluciones.
- La omisión.

Ten en cuenta en todo momento que lo que tienes entre manos es un libro, y, como tal, no puede extenderse hasta el infinito. Por ello, hay una limitación importante a la hora de dar información sobre toda la comunicación no verbal que acompaña a los mensajes invalidantes. Intentaré, por tanto, resumir lo esencial de cada una de estas nueve formas de invalidación

Cuando hablamos de rechazo, negación o bloqueo de las emociones, nos referimos al tono de voz crítico, duro, castigador y acusante que acompaña a ciertas expresiones. No es simplemente un «No llores» ocasional dicho con voz dulce, tranquila y amable, sino la indiferencia que captas con ese «No es para tanto» lo que puede doler más que la frase en sí misma.

A veces, sí que hay mensajes invalidantes que no son dichos de forma verbalmente agresiva, pero en la mayoría de las ocasiones podemos recibir invalidación emocional por varios frentes:

- **Por el contenido verbal:** «Mejor no hables de ello» y por las pequeñas expresiones que pueden acompañar, como un resoplido mostrando fastidio.
- **Por el tono de voz** que puede ser más agresivo, seco, arisco: «¡Es que siempre estás con lo mismo!», o más dulce, suave o meloso: «Va, tranquilo, es mejor que lo dejes estar».
- **Por la expresión facial** o cómo te miran: la mirada en sí misma puede denotar incomodidad, al igual que puedes observar si fruncen el ceño con desaprobación, te miran de reojo con desprecio o elevan las cejas con asombro o extrañeza.
- **Por el gesto** o los gestos que acompañen la expresión: sin duda la postura del cuerpo y cómo utilizamos las manos cuando nos expresamos es muy significativo a la hora de relacionarnos. No es lo mismo estar de brazos cruzados que enseñar la palma de la mano. Mientras lo primero indica que la persona está cerrada, lo segundo revela apertura y escucha.
- **Por la emoción que contiene ese mismo contenido verbal.** Si me dicen «¿Por eso te vas a poner así?», esta expresión invalidante puede contener de manera implícita la emoción de sorpresa, de incredulidad o de suspicacia, con lo que puede añadir más rechazo a la propia expresión en sí misma.

Cualquier mensaje, aunque sea con la mejor intención del mundo, puede ser invalidante si uno de los aspectos mencionados expresa rechazo sobre lo que sientes.

Rechazo indiscriminado: del «No es para tanto» al «Pásame la sal»

Ya hemos visto que una de las principales características de los entornos invalidantes es el rechazo indiscriminado sobre las emociones. Cualquier tipo de emoción puede ser rechazada, tanto las agradables como las desagradables.

Este rechazo puede suceder de dos maneras distintas.

Por un lado, encontramos el *rechazo directo*. Este consiste en la expresión directa de rechazo a través de lo que le decimos al otro. Aquí hablamos del contenido, de la comunicación verbal o digital que se había mencionado con anterioridad.

Algunas expresiones invalidantes de rechazo directo son las siguientes:

- «No llores».
- «No estés triste, no quiero verte así».
- «No es para tanto».
- «Déjalo estar».
- «No te pongas así y menos por una tontería».
- «No merece la pena que llores por esto».
- «Mejor no hables de ello. Piensa en otra cosa».
- «No hagas un mundo de esto».
- «No montes un drama».
- «Esto no es nada, solo era una broma».
- «¿Por eso te vas a poner así?».
- «No seas tan negativo».
- «No entiendo por qué te pones así, si estabas bien hace un momento».
- «Eso no es motivo para ponerse así».
- «¡Siempre estás con lo mismo!».
- «Todos los días igual, a ver si te centras».

La lista es prácticamente infinita. A fin de cuentas, cualquier expresión que te diga que rechaces, evites, niegues, minimices, bloquees u obstaculices tus emociones es rechazo directo.

Pero no solo recibimos rechazo con expresiones directas. Los vínculos implican un cuidado especial. Todos tenemos amistades que hemos perdido con el tiempo porque nos hemos mudado a estudiar a otra ciudad o conocimos al amor de nuestra vida, que era de otro país, y nos aventuramos a cambiar nuestro lugar de residencia para construir nuestra propia familia.

Algunas de estas relaciones se traspapelan y ya no se recuperan y otras se logran salvar. Estas que se salvan lo hacen porque hay una proactividad por ambas partes, una intención de volverse a reencontrar, de volverse a ver. Hoy en día puedes verte más a menudo gracias al avance de las tecnologías, que con las videollamadas nos facilitan el contacto visual. Ese es el quid de la cuestión: necesitamos ser vistos, oírnos con la mirada.

Y esto es algo que no acontece en el rechazo indirecto. En el *rechazo indirecto* no hay una verbalización explícita hacia que rechaces, apartes, bloquees o evites tus emociones, pero la invalidación emocional indirecta llega por otro lado. Puede ser con un cambio de tema o una pregunta sobre otra cosa que no es la que ahora nos ocupa. Este cambio normalmente suele ser hacia algo irrelevante. Es esa situación en la que llegas a casa para la hora de comer con muchas ganas de contar y compartir algo que te ha pasado. Os sentáis a la mesa y ponéis la televisión. A la que abres la boca y cuentas que quieres explicar algo que te pasó esa mañana en clase de yoga, alguien dice: «¡Qué noticia tan curiosa!», por lo que tu iniciativa de compartir tu experiencia pasa a un segundo plano y se hace caso omiso de lo que ibas a comentar.

Otro escenario puede ser, por ejemplo, el de que vuelves a casa preocupado por una reunión que has tenido con tu jefe que no ha ido muy bien. Vas a cenar con tu pareja a un restaurante y cuando le expresas tu preocupación, te pide que le pases la sal.

Sea cual sea el contexto o la situación, cualquier cambio de tema, independientemente de si es irrelevante o significativo, es invalidación emocional. Porque siento que, si yo acudo a ti con un estado emocional intenso, que me cuesta gestionar y regular, y el otro salta a otra cosa, siento que no está habiendo una resonancia emocional, que no estás captando como me siento. Y como humanos que somos, necesitamos percibir que lo que compartimos provoca un efecto en el otro para sentirnos escuchados, acompañados, apoyados y validados. Es muy bonito sentir que no estamos solos con nuestro sufrimiento, sino que alguien nos pasa el brazo por el hombro, sentir que nos acaricia el alma con sus palabras y que deshace el nudo que sentía en el estómago o la presión que sentía en el pecho.

Como apunte final, déjame decirte que en muchas ocasiones es peor el rechazo indirecto que directo y los psicólogos formados en trauma sabemos a ciencia cierta que la omisión duele más que la comisión. La falta de algo que tendría que haber pasado y no pasa es más dolorosa, terrible y devastadora que el que haya sucedido algo que no tendría que haber pasado.

El rechazo o la invalidación emocional directa duele, pero al menos el otro se está dirigiendo a ti. Lo que te devuelve puede no estar acertado y puede no ayudarte, pero al menos la atención de la otra persona está enfocada y dirigida a responder algo a lo que tú dices o sientes. En cambio, fíjate en que en el rechazo o la invalidación emocional indirecta no hay respuesta, el emisor se queda sin receptor porque nadie recoge ni el mensaje verbal ni cómo estás físicamente.

Castigo emocional: «No seas cobarde» y las dichosas etiquetas

> Ismael decide pedir una primera sesión de terapia porque le cuesta llorar. Está pasando por una mala época debido al fallecimiento de Yago, su querido *border collie*. Debido a este suceso, se ha dado cuenta de que casi no se acuerda de la última vez que lloró. Dice que le gustaría desahogarse, pero que se siente bloqueado y, por más que lo ha intentado, no puede. Revisando la historia de su tristeza, encontramos que en su familia una de las sentencias más importantes era: «Los hombres no lloran porque llorar es de débiles, y un hombre debe ser fuerte». Nunca vio a su padre llorar, ni cuando lo despidieron del trabajo y se quedó en el paro ni cuando se lesionó gravemente la pierna. Cada vez que Ismael lloraba de pequeño veía la cara larga de su padre y un gesto de desaprobación que le dejaba un enorme malestar. Ismael aprendió a bloquear la emoción de la tristeza y así «ser un hombre igual de fuerte que su padre».

Tras leer este testimonio podrás suponer que en el hogar de Ismael la tristeza, y todo lo que tuviera que ver con ella, no estaba permitida. Habían asociado una emoción a un adjetivo negativo y, como consecuencia, Ismael, con muchos esfuerzos, reprimió cada vez más su pena y desdicha y cada vez le parecía más fácil no notar esa emoción. Esta es otra de las formas de invalidación más habituales: el castigo que se hace de la expresión de las emociones. Castigar, en este caso, significa que a la manifestación de una emoción se le atribuye un *adjetivo negativo* o una *etiqueta peyorativa*. Algunos de estos adjetivos y etiquetas se camuflan bajo frases como:

- «Llorar es de *débiles*» o «Solo los *débiles* lloran».
- «Eres muy *cobarde*».
- «Ay, qué *sensible* eres, siempre llorando por todo».
- «No te enfades que estás muy *feo*».
- «No seas *gallina*».
- «Tú siempre tan *dramática*».
- «Es que eres un *peliculero*».
- «Qué *exagerada* eres. Todo te sienta mal».
- «Es que eres muy celosa, no lo puedes tener todo. No seas *tóxica*».
- «No seas tan *quejica*».
- «Deja de ser tan *negativo*».
- «¡No seas *malo* y comparte!».

El gran problema de las etiquetas es que, una vez que calan en nuestra mente, es muy difícil deshacerse de ellas. Las etiquetas psicológicas son como las etiquetas de los frascos de conserva: muy fáciles de poner, pero muy difíciles de quitar. ¿Has intentado quitar una alguna vez? Puedes rascar y rascar con toda la fuerza del mundo, sudar la gota gorda, que cuesta una barbaridad. Además, aunque se logre, en muchas ocasiones quedan resquicios de papel pegados que solo se quitan poniéndolos bajo el agua ardiente de un grifo. Las etiquetas que son más difíciles y resistentes de borrar, quitar o anular son aquellas que han puesto en nuestro frasco en la infancia. Recuerda que no nacemos con una personalidad definida, sino con un temperamento. Son los progenitores quienes, observando al niño, van interpretando sus conductas y comportamientos y se las van devolviendo. Pero es que el problema reside precisamente en eso, en que lo que debemos etiquetar de un niño son sus acciones y no su personalidad. Por ejemplo, si un niño acaba de tirar la comida al sueño, señalamos la conducta diciendo: «Esto que acabas de hacer no se hace, está mal tirar la comida al suelo», en vez de: «¡Mira que eres malo!».

Cuando somos pequeños, todo lo que dicen nuestros padres sobre cómo funciona el mundo y sobre nosotros va a misa. La información que recibimos no solo la integramos a partir de lo que nos dicen a nosotros directamente, sino de lo que oímos de las conversaciones que tienen los adultos entre ellos, de sus expresiones faciales, de la postura de su cuerpo, del tono de su voz, etc. Por tanto, puede que el adjetivo negativo lo haya oído porque me lo han dicho directamente a mí «Mira que eres sensible, todo te molesta» o porque en alguna situación os hayáis encontrado a la vecina del quinto o en una reunión de fin de curso con la tutora y les haya dicho «Es que esta niña tiene la piel muy fina, es demasiado sensible», refiriéndose a ti. Sea como sea, la etiqueta queda pegada y adherida fuertemente por todas partes. A este proceso se le llama «interiorización»; vamos interiorizando las voces que oímos de nuestros mayores y las vamos haciendo nuestras. Desde ahí, voy construyendo la narrativa sobre quién soy y cómo soy.

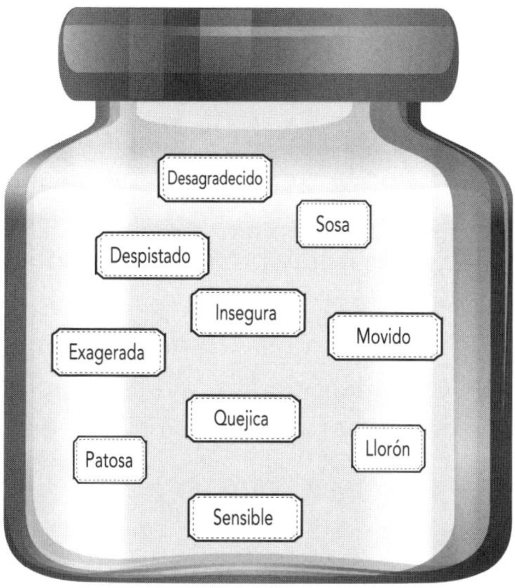

Es más adelante, en la adolescencia, cuando llega un momento en el que empezamos a cuestionarnos todo lo que nos han explicado. Yo siempre digo en consulta que nos enseñan a preguntarnos de qué equipo de fútbol somos, si somos más de ciencias o de letras, qué queremos ser de mayores, etc., pero no nos explican que también tenemos derecho a decidir quiénes queremos creer que somos. Además de empezar a indagar en los valores que quiero que rijan mi vida, en la profesión que quiero ejercer en un futuro, en la ideología política que encaja conmigo, el periodo adolescente es el seno del desarrollo de nuestra identidad: ¿quién soy?, ¿quién quiero ser?, ¿soy como me han dicho toda la vida que soy?

Créeme si te digo que, con paciencia y trabajo personal, podemos revisar quién nos han dicho qué somos y deconstruir cada adjetivo para empezar a vernos y a ser como nosotros queremos.

Puedes empezar por realizar el siguiente ejercicio.

Revisando etiquetas

A continuación, vas a encontrar cuatro columnas. En la primera columna, escribirás etiquetas que te hayan colocado de pequeño. En la segunda columna, descríbete a ti mismo, cómo crees que eres. En la tercera columna, cómo te gustaría ser y por qué. Por último, en la cuarta columna, describe acciones o proponte retos que puedas llevar a cabo para extrapolarlo a la realidad. El objetivo es reflexionar sobre las etiquetas impuestas y en qué medida afectan a la representación o imagen que tenemos de nosotros mismos. No necesariamente deben ser adjetivos negativos relacionados con las emociones, también puedes aprovechar el ejercicio para indagar en otros aspectos personales.

¿Cómo me han dicho que soy?	¿Cómo me veo yo actualmente?	¿Cómo me gustaría ser? ¿Por qué? ¿En quién puedo fijarme?	¿Qué puedo hacer para cambiar esto de mí?
1. 2. 3. 4. 5. 6. 7. 8. 9. 10.			

Sobresimplificación: «Querer es poder» y el positivismo tóxico

Otra de las características de los entornos invalidantes es la sobresimplificación, que tiene lugar cuando se lanzan mensajes que no se corresponden ni se adecúan a la realidad. Estas expresiones tienen como consecuencia que nos propongamos metas y objetivos no realistas y que nuestras expectativas sean, cuanto menos, fantasiosas. El problema de que estos mensajes fomenten expectativas irreales es que podemos frustrarnos a las primeras de cambio porque lo que creíamos conseguir tal y como nos habían prometido no es alcanzable.

- «Querer es poder.»
- «Cree en ti y todo será posible.»
- «Si puedes soñarlo, puedes hacerlo.»
- «Deja de darle vueltas a todo y sonríe.»
- «Conseguir lo que quieres solo depende de ti.»
- «Hoy nada puede salir mal.»
- «Sonríe, que la vida vuela.»

- «Si pones todo tu empeño, lo conseguirás.»
- «No llores porque terminó, sonríe porque sucedió.»
- «Si te esfuerzas, no habrá sueño que se te resista.»
- «Los sueños solo son imposibles si no lo intentas.»
- «La vida está hecha de momentos felices.»
- «Es simple: ríe, sonríe y sé feliz.»
- «Nunca te olvides de sonreír, porque el día que no sonrías será un día perdido.»
- «Por cada minuto de enfado, pierdes sesenta segundos de felicidad.»

La no consecución en lo prometido en estos mensajes de sobresimplificación nos lleva a la frustración, y con ella suelen suceder dos cosas opuestas: puede ser que pongamos la causa de este fracaso fuera o que la pongamos dentro. Poner la causa fuera es lo que en psicología llamamos «locus de control externo». Esta tendencia significa que ante todo lo que nos pasa, señalamos como ajenos a nosotros los motivos de estas situaciones y vivencias: Dios, el azar, otra persona, la casualidad, el destino, la suerte…

Por decirlo de otra forma, echamos las culpas fuera y podemos señalar al otro como fraude o como culpable de habernos tomado el pelo. Este locus no es demasiado favorable, pero yo creo que es aún peor que suceda lo contrario: que nos frustremos y nos echemos la culpa a nosotros de una manera machacona y fustigadora bajo el llamado «locus de control interno», según el cual yo atribuyo la causa de todo lo que me sucede únicamente a mi persona. El locus de control interno es muy beneficioso cuando lo hacemos en un sentido positivo. Por ejemplo, si estoy enferma, tener un locus de control interno hará que piense que yo puedo hacer cosas para cambiar esa situación. Puedo pedir ayuda, cuidarme bajando el ritmo de trabajo, revisándome la fiebre cada cierto tiempo o preparándome un te calentito. Pero un locus de control externo hará que crea que será la suerte quien decida si voy a estar más o menos tiempo enferma. El locus externo me invita a ser pasiva, y el locus interno, a ser activa. Sin embargo, si la sobresimplificación va ligada a un locus interno castigador, el resultado es desastroso.

La felicidad simplista o la hipervalidación de la alegría

Qué necesario es ser conscientes de que los siguientes mensajes están justamente hechos para que creas que, si no consigues lo que te propones y no eres feliz, es porque no le estás poniendo suficientes ganas y empeño a la vida. O para que creas que la única emoción que debes sentir es la alegría. Estos mensajes de felicidad simplista o hipervalidación de la alegría se empeñan en hacerte creer que tienes que estar feliz todo el tiempo, si no, algo estás haciendo mal y estás desaprovechando tu vida. Cuando la vida en ningún sentido es superflua, sino más bien todo lo contrario.

La felicidad no es un destino, la alegría no se puede volver nuestro objetivo porque:

- Ser feliz todos los días y todo el tiempo es imposible.
- Si tienes momentos en los que no eres feliz, eso significa que eres una persona humana.
- Ser feliz no es fácil. A veces, la vida se complica y es normal pasar por épocas en las que podemos sentirnos más confundidos o perdidos.
- Paradójicamente, si no logramos validar y permitirnos sentir nuestras emociones desagradables, precisamente no lograremos estar en paz y mantenernos en el equilibrio emocional. La felicidad no se consigue a costa de bloquear o desterrar las demás emociones.
- La rabia u otras emociones no son una pérdida de tiempo, son una señal que se activa para que prestemos atención a cambios que están ocurriendo.
- Nadie, por difícil que parezca, tiene una vida perfecta en la que siempre es feliz. No te creas todo lo que ves en las redes sociales, ya que estas son un escaparate. Cada persona elige lo que quiere compartir. Algunas se mostrarán más seguras y compartirán también sus días tristes o sus inquietudes y otras solo sus buenaventuras. Procuremos no ser osados e imaginar que los demás tienen vidas ideales.
- El día que no sonríes no es un día perdido, es un día de exploración de tus necesidades a través de otras emociones.

- Ponerte la expectativa de intentar ser feliz todo el tiempo es invalidarte y puede llevar a frustrarte constantemente por querer lograr algo que es utópico.
- Cuesta mucho mirar nuestro malestar y a veces optamos por tratar de hacer como si nada pasara y sonreír. Pero ponernos una máscara no aligerará el peso que cargamos sobre nuestros hombros, sino que lo agravará.

Todos los mensajes de sobresimplificación transmiten ideas erróneas como las siguientes:

- Es fácil resolver problemas y conseguir objetivos.
- Hay que ser feliz todo el tiempo y eso es lo normal.
- Si no puedes es porque no lo quieres suficiente.
- Si no consigues lo que te propones es que no lo has intentado con todas tus fuerzas.
- No hay emociones desagradables, solo alegría.
- La vida es siempre genial y perfecta.
- Si algo no sale como esperabas, tan solo bórralo de tu mente y todo estará bien de nuevo.
- No hay que esforzarse, solo creer en uno mismo.
- Es fácil dejar de preocuparse, tan solo tienes que decirte que no te preocupes más.
- Si no eres feliz es porque no quieres.

Pero la realidad es más parecida a:

- No es nada fácil conseguir objetivos ni solo depende de uno mismo.
- Es imposible ser feliz todo el tiempo ni tampoco debe ser nuestro objetivo.
- No podemos con todo porque somos humanos; ni tenemos que poder.
- Puedes haberte esforzado al máximo y aun así no haber conseguido lo que querías.
- No todo depende de ti; hay factores externos que no podemos controlar.

- En la vida coexisten emociones agradables y desagradables, y todas son necesarias.
- La vida perfecta no existe para nadie.
- Si algo no sale como esperabas, es normal que te sientas decaído o te preocupes.
- El pensamiento sin acción no lleva a nada, solo creer en algo no hará que suceda.
- La felicidad no es una meta ni un estado permanente. No es fácil ser feliz cuando atraviesas momentos difíciles.

Es difícil ignorar todos estos mensajes cuando son lanzados de forma indiscriminada por nuestra sociedad y se hace uso de ellos en servilletas de bares, en material escolar para niños y hasta en carteles que se cuelgan en la pared del comedor de cualquier hogar. Seguramente, no vayamos a conseguir que dejen de producirlos; sin embargo, a partir de ahora sí que podemos identificarlos, cuestionarlos y transformarlos internamente en mensajes más respetuosos y realistas.

Imprecisión: «Tú no estás triste, estás cansado», cuando le quitamos al otro su brújula interior

La de veces que habremos oído esta expresión. Ya fuese cuando éramos pequeños o ahora que somos adultos. Esta frase encarna un tipo de invalidación emocional llamada «imprecisión».

El mensaje que recibes es que no sabes identificar bien tus emociones, por lo que, en una etapa tan importante como la de tener a un adulto que sepa leer bien tu estado emocional para que te haga de espejo (*mirroring*), lo que recibes es una negación y la brújula interior detectora de sentimientos con cada corrección se va resquebrajando cada vez más.

Por otro lado, también hay imprecisión cuando te dicen que no está pasando nada tan grave como para que te sientas así. Por lo que la imprecisión encierra a su vez la minimización y desvalorización de tus sentimientos.

La imagen de la imprecisión es el niño que está llorando desesperado y los padres que, en vez de tratar de averiguar desde la curiosidad el porqué de ese llanto, siguen haciendo lo suyo y dicen que es mejor acostarlo, que está cansado. Date cuenta de cómo aparece una doble invalidación.

Por un lado, el famoso: «Quita, que tú no sabes, ya lo hago yo», pero en el terreno emocional. «Tú no estás triste, yo te conozco y sé que estás cansado. Y no hay más, es lo que yo digo y punto».

Pero, por otro lado, si te fijas, este tipo de verbalizaciones suelen ir acompañadas de un tono de voz de menosprecio y una actitud de infravaloración. Porque si yo admito que ha pasado algo y que tú estás triste, y que por eso lloras, entonces, como principal cuidador que soy, tendré que atender a tus necesidades. Me veré obligado a prestarte atención, a contener, a sostener y a calmar tu pena y, en según qué ocasiones, no me apetecerá o no sabré cómo hacerlo. Es más, si tú estás triste, significará que puede que yo haya hecho algo mal como adulto y me puedo sentir culpable, por lo que es mejor creer o convencerme de que estás cansado y así una buena cabezada lo arregla todo.

Otras frases que invalidan mediante la imprecisión son las siguientes:

- «Lloras porque estás agotado».
- «Realmente no creo que te sientas así».
- «Lo que pasa es que estás demasiado acostumbrado».
- «¿Y tú crees que esto justifica ponerse de esa manera?».
- «Lloras por llorar, porque no sabes lo que te pasa».
- «Esto no es un motivo para ponerse así, yo te daré motivos».

Mala atribución: «Estás llorando a propósito»

Seguro que somos muchos los que recordamos haber sido acusados de estar mal a propósito, para fastidiar. Como si estar decaído no fuera lo suficientemente doloroso como para que tus seres queridos te digan que si estás mal es porque quieres y porque intentas hacer una especie de chantaje emocional. El *chantaje emocional* es una práctica manipulativa de los mayores, ya que los niños pequeños no nacen con maldad ni con intención de que sus estados emocionales causen estragos en sus cuidadores.

A veces creo que nos faltan herramientas para comprender los estados emocionales de nuestros pequeños y delante de esa incertidumbre o vacío de información caemos en el error de asociar la maldad o una intencionalidad negativa y manipulativa a los niños. Puede que recuerdes una situación del pasado de tu hijo o en estos momentos tengas un niño o una niña de 4 años que cuando se pelea con su hermana llora porque quiere conseguir que le dé su juguete y pienses que llora de forma intencionada. En este caso, la niña llora porque ha aprendido que hay una asociación: llorar y que vengan la mamá o el papá a quitarle el juguete a su hermana y dárselo a ella. Los niños pequeños son grandes observadores y rápidos aprendices; si tu hijo o hija llora y ve que consigue llamar tu atención, que te acerques, que le quites el juguete a su hermana y que se lo des, establece una poderosa asociación. Llorar es igual a conseguir lo que desea. Es un aprendizaje asociativo, pero no hay un pensamiento detrás de «Voy a llorar y a fingir que estoy triste para hacer daño». En primer lugar, porque seguramente aún no sepa identificar bien sus emociones y, en segundo lugar, porque no sabe que puede dialogar con su hermana o que puede tolerar la frustración

Hay que saber diferenciar estas situaciones de las vivencias emocionales reales. Porque si a cada llanto, a cada queja, a cada rabieta, a cada sobresalto, lo que nos despierta es una mala intención por su parte, lo que sucede es que el niño o la niña acaban viendo que no pueden tener otros sentimientos que no sean la alegría y el bienestar, ya que, de lo contrario, los adultos se enfadan con ellos. Y como consecuencia, aprenden que los demás no quieren verlos mal y que es algo que deben evitar, porque si no, verán comprometido el amor que reciban. Por ello, no debemos chantajear sus emociones con expresiones del tipo:

- «Esto lo haces adrede, ¿verdad?».
- «Estás llorando a propósito».
- «Ya puedes patalear y lloriquear todo lo que quieras que mamá/papá se va a ir igual».
- «Por más que llores no vas a conseguir lo que quieres».

Por lo tanto, para lograr un legado sano en cuanto a su educación emocional, será importante dejar a un lado la interpretación negativa y malintencionada a las emociones de nuestros infantes. Ellos simplemente se están iniciando en el universo emocional y aprenden que lo que sienten a veces tiene un nombre, que puede ser rabia, tristeza, sorpresa, asco, miedo..., pero en ningún caso las emociones son malas ni deben ser utilizadas como vehículos que nos permitan conseguir lo que queremos a costa del bienestar de los demás.

Desalentar emociones desagradables: el famoso «No te preocupes» que «tanto» ayuda

Reconocer qué es validación y qué es invalidación emocional puede parecer sencillo, pero a efectos prácticos para nada lo es. Muchas frases que utilizamos hoy en día con la intención de ayudar a los demás nos hacen caer en la trampa de la invalidación. Algunas de esas trampas invalidantes son frases que seguro que hemos pronunciado o escuchado en alguna ocasión: «No te preocupes», «Venga, anímate, no ganas nada poniéndote así» o «Tienes que pasar página».

A veces, lo que sucede cuando expresamos estas palabras es que nos duele en el alma el malestar de nuestro ser querido. Queremos distraerle de ese sufrimiento, decirle que todo pasará y que pronto se encontrará mejor. Otras veces, le hablamos de nuestro propio malestar y el suyo se pierde de vista. Y en otras ocasiones, lo que hacemos es darle soluciones: abrimos nuestro manual de instrucciones y le decimos qué puede hacer para estar mejor. Y qué peligroso es este punto. Porque nos anticipamos y adelantamos a lo que el otro necesita. Nos situamos en un plano racional, y en vez de sentir le decimos qué hacer. Sin darnos cuenta, estamos saltándonos la etapa de la validación emocional y empujando a que el otro dé un salto al vacío hacia la siguiente fase: la regulación emocional. Todas estas situaciones se dan desde el desconocimiento y desde la buena fe, pero es importante aprender a cambiar la creencia que tenemos de que todo esto ayuda.

Lo que necesitamos cuando estamos mal es poder ver cómo el otro no se abruma ante tal situación y puede ayudarnos a contener ese malestar. Necesitamos que arrime el hombro en vez de apartarlo.

Percibir el sostén emocional del otro, en vez de la prisa por borrar mi malestar del mapa, nos ayuda a nosotros mismos a transitar esas emociones desagradables. El mensaje que recibimos entonces es el de que podemos lidiar con eso que nos sucede, que no necesitamos taparlo, borrarlo, distraernos, reprimirlo o evitarlo a toda costa.

Vivimos en una sociedad en la que nos cuesta mucho mirar nuestras emociones. Vivimos en una sociedad donde la supremacía de lo racional impide sentarnos con nuestras emociones a charlar. En la mayoría de las ocasiones no sabemos contemplar ni sostener nuestros estados internos, cómo no va a ser difícil entonces acompañar los de los demás. Cómo no vamos a asustarnos ante la maraña emocional del de al lado. No cabe duda alguna de que desalentar emociones desagradables, de entre todas las formas de invalidación, es la que puede nacer más desde el querer aliviar que desde el querer tapar.

Aun así, es importante que sepas que tampoco ayuda. Piensa en una situación en la que sufriste y te dijeron: «Va, no le des tanta importancia». Si para ti es importante, ¿cómo no se la vas a dar? Si te dicen: «No te preocupes» y tú te estás preocupando, ¿por qué no tengo que preocuparme y cómo consigo no hacerlo? Si necesitas quejarte y te dicen: «Quejándote no vas a solucionar nada», ¿cómo vas a poder reconciliarte con lo que te sucede si antes no puedes expresar tu desacuerdo con la situación que estás viviendo?

Es como si quisieran que llegaras a tu destino antes de haber partido. No pueden quitarte el derecho de sentirte como lo haces, de que encuentres la calma antes de haber pasado por la tempestad. Al contrario, si me dejas tiempo y me cedes espacio, seguramente yo mismo vea que quizás es mejor soltar, que quizás puedo pasar página, que quizás sea capaz de ver que puedo salir adelante.

Algunas de las formas de desalentar emociones desagradables son:

- «Venga, no te preocupes, ya vendrán tiempos mejores».
- «Mejor no te preocupes más, tómatelo con calma».
- «Va, tranquilo, es mejor que lo dejes estar».
- «Tienes que ser fuerte».
- «Cuando menos te lo esperes, ya habrá pasado».
- «Míralo de otra forma».

- «Es mejor que no le des tanta importancia, no se lo merece».
- «Por más que llores, no va a volver. Venga, déjalo estar».
- «Anímate».

Quizás estés pensando: «Ya sé que no tengo que decir "No te preocupes", pero entonces, ¿qué digo?». Es muy común darse cuenta de que tenemos una tendencia a llenar los espacios con palabras automáticas porque no disponemos de comodines. El silencio puede ser inquietante si no estamos acostumbrados a disfrutar del regalo que nos brinda. Y, a la vez, desconocemos alternativas con las que rellenar el vacío que dejan estas expresiones si las dejamos de utilizar. Por este motivo quiero mostrarte algunas alternativas que validan la experiencia del otro y que te ayudarán a respetar las emociones de tus seres queridos:

En vez de decir...	Prueba a decir...
• «Venga, no te preocupes, ya vendrán tiempos mejores». • «Mejor no te preocupes más, tómatelo con calma». • «Va, tranquilo, es mejor que lo dejes estar». • «Tienes que ser fuerte». • «Cuando menos te lo esperes, ya habrá pasado». • «Míralo de otra forma». • «Es mejor que no le des tanta importancia, no se lo merece». • «Por más que llores, no va a volver. Venga, déjalo estar». • «Anímate».	• «Es normal que te preocupes dada la situación que estás viviendo». • «Entiendo que estés angustiado». • «Debe ser difícil dejar de pensar en esto, ¿puedo hacer algo por ti?». • «Cuando nos sucede algo que nos inquieta, es normal que el tiempo pase más lento. ¿Quieres que hagamos algo para llenarlo?». • «Entiendo que lo veas así, todos necesitamos tiempo para verlo con perspectiva». • «Es un rollo lo que te ha sucedido, llora lo que necesites y luego, si te parece bien, pensamos en alternativas». • «Permítete estar triste si es lo que necesitas».

Frenar estos automatismos verbales es una tarea que debemos proponernos a medio o largo plazo si no queremos frustrarnos. En el Capítulo 10, aprenderemos el lenguaje del amor seguro a través de los seis niveles de validación emocional, con los que podrás recoger más ideas con las que validar el sufrimiento y el dolor ajeno.

Ridiculizar: «Si solo era una broma, no te pongas así» o el humor como camuflaje

Con las bromas nos reímos todos. Y no hay debate que valga. Pero utilizar la excusa de «era una broma» para justificar los mensajes invalidantes es cosa muy seria y no tiene nada de risa. En este tipo de mensajes la persona utiliza la ironía, el sarcasmo, la sorna o la burla:

- «Qué poco aguante tienes, hay que ver».
- «Es que te pones así por nada, si lo estamos pasando bien».
- «Ay, hija, qué sosa eres».
- «Tienes la piel muy fina».
- «No se te puede decir nada».
- «Pero ¿por qué te enfadas? Era una broma».
- «Solo es un chiste».
- «Si no lo quieres entender y tomártelo así, es tu problema, no el mío».
- «¿No crees que te lo estás tomando demasiado a pecho?».

Porque la realidad es que si tu «broma» lastima al otro, no es graciosa. En la ridiculización, lo que sucede es que se aprovecha el tono irónico para camuflar la agresión verbal y hacer que pase desapercibida bajo los comentarios que nos dé la gana hacer. En otras ocasiones estos mensajes vienen amparados bajo la bandera de la sinceridad. Sin embargo, la validación necesita del respeto por encima de la sinceridad, porque la sinceridad que se salta el respeto del otro es violencia. La sinceridad no es lo mismo que el sincericidio.

Sinceridad vs. sincericidio

El sincericidio es el empleo de una sinceridad excesiva caracterizada por una falta de límites que hiere gravemente la persona que recibe el mensaje. Supone hacer un uso equívoco del valor de la honestidad sin tener en cuenta los sentimientos del otro, ni el momento ni el contexto en el que se encuentra. El sincericidio viola tanto el contenido como la forma en la que se dicen las cosas, ya sea utilizando el humor o un tono directo, frío y sin tacto. La sinceridad forma parte de la comunicación asertiva, en la que respetamos la expresión de nuestra opinión y, a la vez, respetamos al otro. Sin embargo, el sincericidio se engloba bajo el paraguas de la comunicación agresiva, en la que creo que tengo derecho a expresar mi opinión y pienso que puedo decir lo que me plazca, aunque eso suponga que el otro se sienta humillado.

Proponer soluciones: «Mira, tú lo que tienes que hacer es [insertar aquí una solución que no has pedido]»

El malestar emocional no es como el malestar físico. A veces, creo que hacemos una equivalencia errónea y tendemos a utilizar las mismas soluciones cuando tenemos dolor de cabeza que cuando estamos afligidos por una pérdida.

¿Qué necesitamos cuando tenemos dolor de estómago? Obviamente, validación, pero solicitamos remedios. Cuando alguien nos dice: «Tengo migraña, he pasado muy mala noche», inmediatamente en nuestra cabeza hacemos un repaso de lo que llevamos en el bolso y podemos decirle: «Lo siento, no llevo ningún ibuprofeno». Buscamos así inmediatamente una solución para esa persona. En este caso, ofrecer un analgésico puede ser proporcional a darle al otro un reconocimiento o validación de su dolor: «Como sé que lo estás pasando mal, quiero darte una solución».

Pero en el terreno de la salud mental, no funciona así. Tu mejor amiga no te dice «Me siento insegura» y tú chequeas con tus manos los bolsillos de tus pantalones por si llevas pastillas antinseguridad. Para las emociones, no hay pastillas que valgan. Si estás pensando en los antidepresivos o los ansiolíticos, no estamos hablando en este momento de trastornos o cuadros de sintomatología grave en los que los psicofármacos deben estar únicamente recomendados y pautados por un especialista en psiquiatría después de una evaluación clínica y siempre en combinación con psicoterapia.

Por lo que ayudar a una persona a sentirse mejor pasa por que haya otra persona que pueda mirar su dolor, respetarlo y validarlo. En cambio, lo que a veces sucede es que queremos decirle: «Haz esto o haz esto otro». Y la terminamos de fastidiar cuando le añadimos la coletilla: «que a mí me fue muy bien». Aquí es cuando, como veíamos antes, entramos en terreno pantanoso porque puede sonar a egopatía.

Hay varios problemas en ofrecer soluciones a la otra persona. Uno de los más importantes es que le quitamos el sentido de agencia. Es decir, que privamos a los demás la experiencia de uno mismo como agente de sus propias acciones y, por lo tanto, la capacidad de decidir y de generar por sí mismo soluciones a sus problemas.[31] Una situación muy común es la de cuando te empiezas a hacer mayor y tienes una madre muy complaciente y un poco sobreprotectora que durante años se ha acostumbrado a hacer demasiadas cosas por ti. Entonces comienzan a molestarte conductas que antes no lo hacían. De repente te molesta que te haya lavado la ropa que tenías encima de la silla, o te irrita que haya ordenado tu habituación cuando tú no estabas. Y esto puede ser porque ya no te gusta que te haga la vida más cómoda o fácil, porque quieres ser independiente y que ella lo haga todo por ti da como resultado que no puedas demostrarte a ti mismo que puedes hacerlo solo. Y es una pena, porque hacer cosas por ti mismo te puede conectar con el valioso sentimiento de orgullo y con la poderosa sensación de ser una persona autónoma y válida. Veamos un ejemplo de ello en el siguiente testimonio:

> Miguel, un chico de treinta años, acudió a consulta con un estado de ánimo bastante bajo. Uno de los aspectos que estaba influyendo en la depresión de Miguel eran las situaciones diádicas padre-hijo. Su padre era un hombre muy hábil con todo lo relacionado con máquinas, coches, aparatos, apaños eléctricos… Un manitas, vaya. Miguel había

crecido admirando las habilidades y destrezas de su padre y eso le había hecho aprender sobre ese mundo. Si había un coche que reparar, se colocaba a su lado y le pasaba las herramientas. Si había una luz que cambiar, le sujetaba la escalera. Y su padre le explicaba paso a paso lo que haría, de una forma realmente constructiva. Sin embargo, Miguel ya no era un pupilo que miraba, se había convertido en un hombre que pensaba y tenía sus propias ideas. Cuando acudió a mí, habían sucedido varias situaciones en las que su padre no se dejaba ayudar y, por mucho que Miguel tratara de aportar su visión sobre las cosas, su padre seguía con la relación que tenían en un pasado. Miguel ya no vivía con su padre, pero, de vez en cuando, le pedía que lo acompañara en arreglar una moto vieja que se había encontrado en un desguace porque su deseo era seguir haciendo cosas con él. No quería perder esos momentos especiales. Sin embargo, le estaba costando mucho que su padre le diera espacio para hacer él también en vez de corregirle y decirle que lo hiciera de otra forma, intentando darle soluciones todo el tiempo.

Este es otro ejemplo, que no tiene tanto que ver con las emociones, pero en el que puede entenderse perfectamente la sensación de impotencia y de sentirse insuficiente de Miguel. Por lo tanto, cuando otra persona me dice lo que tengo que hacer, aunque sea con buena intención, puede estar enviándome un mensaje de: «Como tú no lo sabes, te lo digo yo». Como consecuencia, coloco al otro en una posición de indefensión y de incapacidad.

Otras expresiones que pueden poner al otro en esta posición de indefensión y de incapacidad son tales como:

- «Mejor pasa de él / Bloquéalo / Déjalo en visto».
- «No le demuestres que te importa».
- «Tú lo que tienes que hacer es olvidarle y pasar página ya».
- «Déjalo todo y vete, a mí me fue muy bien irme a Australia».
- «Yo en estos casos lo que hago es…».
- «No seas tonta, lo que te convendría sería…».
- «A mi amiga le pasó lo mismo y lo que hizo fue…».

- «Mira, a mí lo que me sirvió cuando estaba en tu situación fue…».
- «Yo estuve tres meses llorando y no me sirvió de nada. Lo que me fue bien fue…».
- «Tú lo que tienes que hacer es pensar en positivo».
- «Tienes que aprender a controlar tus pensamientos».

Puede que tras leer estas sentencias te estés preguntando: «¿Cómo puedo dar con la manera de seguir ayudando al otro sin invalidarle?». Es muy sencillo: preguntando. Siempre que no sepas qué decir, pregunta. Es normal que no sepas cómo hacerlo, pues los humanos no tenemos la habilidad de la telepatía, no leemos mentes. Por eso, en vez de proponer soluciones, prueba a preguntar:

- «¿Quieres que te dé mi opinión al respecto?».
- «¿Quieres que comparta contigo algo que a mí me fue bien?».
- «¿Te apetece que te cuente mi punto de vista?».
- «Entiendo cómo te sientes, yo pasé por una situación parecida, ¿quieres oír lo que a mí me fue bien?».
- «Es una situación muy difícil, te comprendo perfectamente. Luego entendí por qué lo hacía, ¿quieres oír mi reflexión?».

Lo sé. Llegados a este punto quizás pienses: «Pero, Ana, hay personas que sí quieren mi opinión o que les dé una solución». Puede ser así en el contexto de: «Tía, tenemos que quedar, no sé qué hacer con Javi». Entonces, sí, es posible que el otro te esté dando el permiso para que tú compartas tu punto de vista o tus herramientas. Pero piensa, sobre todo, que el otro no acude a ti porque seas increíblemente bueno dando consejos, sino porque tú escuchas asintiendo con la cabeza y dejándole hablar, tú empatizas verbalizando que lo entiendes, tú acompañas cuando le dejas tu hombro para llorar, tú le das importancia cuando cancelas un plan que tenías a esa hora para veros.

Sin lugar a dudas, el esquema es: primero, validar, y segundo, preguntar. Primero las emociones, luego los razonamientos. Porque el otro hándicap de dar soluciones es que nos pasamos directamente al lado racional, el lado del hacer, del ejecutar, del tomar decisiones.

A esto le llaman la «ayuda fría» en el contexto pedagógico. Y si nos pasamos la información emocional por alto, o la llamada «ayuda cálida», perdemos directamente lo más importante y valioso que tiene una emoción: el mensaje que nos trae. Y, en segundo lugar, perdemos de vista lo más importante y valioso que tiene una relación: la conexión emocional.

La omisión: cuando mi dolor es invisible

Es imposible no comunicar. El primer axioma de la comunicación humana deja claro que aun cuando no dices nada, lo dices todo. Por mucho que uno lo intente, no puede dejar de comunicar. Actividad o inactividad, palabras o silencio, tienen siempre valor de mensaje.[32] Sin duda, la omisión es la invalidación emocional más devastadora y catastrófica de todas. La omisión es caer en un vacío profundo e infinito. En ese vacío, nadie se percata de tu existencia, estás solo, como si te encontraras desterrado en una isla desierta. Ser invisible a los ojos de quienes se suponen que tienen que cuidarte forma una herida desgarradora en el alma. Con toda certeza, recibir una invalidación directa mediante un mensaje crítico y negativo ni se asoma al dolor que podemos sentir con el no ser vistos ni oídos ni percibidos.

Hoy en día, con las tecnologías, somos muchos los que hemos experimentado el dolor de la omisión cuando hemos enviado un mensaje de WhatsApp a alguien y no nos ha contestado. El famoso: «Me ha dejado en visto». No tiene lógica querer que el otro esté pendiente del móvil las 24 horas del día. Y es evidente que hay una diferencia entre no responder a un mensaje trivial que no hacerlo ante un mensaje de preocupación. No hace falta contestar al momento, simplemente un: «Ahora no puedo atenderte, pero te tengo presente» es suficiente para no rallarnos o comernos la cabeza. Cuesta bien poco, estamos siendo responsables afectivamente y así los dos nos quedamos tranquilos.

¿En qué se diferencia el rechazo indirecto («Pásame la sal») de la omisión? La diferencia es sutil, pero muy significativa. Es la diferencia que marca la diferencia, como decía Iolanda D'Ascenzo, una querida profesora que tuve durante las prácticas sobre Terapia Sistémica del primer año del Máster de Terapia Familiar. En el rechazo indirecto la persona al menos se está dirigiendo hacia nosotros, aunque no esté atendiendo a lo que le estamos comunicando; el otro confirma mi existencia, aunque rechace mi experiencia. En cambio, en la omisión pura quizás no haya ni tan siquiera una mirada, sino una total y absoluta indiferencia.

Los psicólogos sistémicos llamamos a los mensajes de rechazo «descalificación» y a las omisiones «desconfirmación». La *desconfirmación* es la nada, como si fueras un fantasma que vaga por el mundo. Una sola experiencia de desconfirmación no perjudica nuestro bienestar, pero la experiencia de desconfirmación continua, frecuente y permanente es una bomba que destruye nuestra salud mental.

Es muy probable que no supieras de la existencia de la desconfirmación hasta ahora, pero quizás la «ley del hielo» te suene más. En el terreno de las relaciones de pareja, se habla mucho de la ley del hielo, que es una forma de castigar con el silencio, sobre todo tras un conflicto. Vendría a ser lo mismo, pero la desconfirmación no siempre sucede como consecuencia de un conflicto en el que te sientes herido y recurres a la ley del hielo. La desconfirmación puede ser una forma de relacionarse de una familia con su hijo en todos los aspectos.

Si estás leyendo esto y te sientes identificado porque has experimentado por ti mismo la omisión de tus emociones, la desconfirmación o la ley del hielo, sabrás lo hiriente y violenta que es y te mando un fuerte abrazo. Hicieras lo que hicieras, te sintieras como te sintieras o dijeras lo que dijeras, no merecías nada de lo que te sucedió. Nunca, nunca, nunca merecemos la indiferencia.

La solución a la omisión es la comunicación. Más específicamente, la *metacomunicación*. El prefijo «meta-» significa «acerca de», por lo que hacemos referencia a aquella comunicación que habla sobre la comunicación en sí misma. Cuando en la comunicación entre dos personas existen mensajes implícitos, es importante que se hagan explícitos metacomunicándolos para señalar lo que está pasando.

La metacomunicación es una herramienta ampliamente utilizada por los terapeutas familiares y de pareja porque es una estrategia que nos permite poner encima de la mesa aspectos que pueden quedar ocultos por los miembros que están inmersos en ese sistema relacional. La veremos con más detalle en el Capítulo 8 de este libro, cuando hablemos de cómo protegernos ante la invalidación externa.

Si el otro me invalida con la...	Yo puedo optar por la...
OMISIÓN	METACOMUNICACIÓN • «Siento que te hablo y no estás escuchando lo que estoy diciendo.» • «Hemos discutido y siento que estás dolido, pero creo que no hablarnos no es la solución.» • «Necesito que dejes a un lado lo que haces y estés a mi lado cuando estoy mal.» • «En estos momentos me gustaría que me prestaras atención.» • «Mírame a la cara cuando te hablo porque, si no, siento que no me escuchas.» • «¿Cómo crees que me hace sentir que te esté explicando algo que es importante para mí y que no me digas nada?»

Para acabar este capítulo he decidido incluir un invalidómetro creado por mí, un recurso visual y práctico basado en las formas de invalidación que acabamos de ver.

INVALIDÓMETRO

Como has podido comprobar, hay muchísimas formas de invalidación emocional y algunas resonarán más con tu historia que otras. Algunas te transportarán a momentos concretos de tus recuerdos y quizás puedes comprender mejor por qué te dolían tanto estas expresiones, ya que eran mensajes implícitos que rechazaban y juzgaban tus emociones. Al mismo tiempo y seguramente como ya intuirás, la invalidación emocional es tremendamente dañina porque va más allá de sentir una expresión de negación o evitación hacia lo que sientes. Cuando recibimos invalidación emocional, indirectamente lo que recogemos de forma inconsciente es invalidación hacia nuestro ser.

6

CUANDO SOMOS NUESTRO PEOR ENEMIGO: LA INVALIDACIÓN INTERNA

Uno de los hábitos adquiridos con el que nos hacemos más daño es la constante autocrítica. A veces, me sorprende la facilidad que tenemos para machacarnos, para fustigarnos, para rechazarnos o para abandonarnos a nuestra suerte. Se ha demostrado que una actitud crítica activa zonas cerebrales que promueven estados ansiosos y depresivos.[33] Una cosa está clara: no nacemos con un genoma que nos mueve a ser autodestructivos, sino que esta autodestrucción es fruto de un entorno invalidante, en el que desarrollamos una relación con nosotros mismos basada en el castigo, la culpa moral y la punición. ¿Cómo entonces concedernos el derecho a quejarnos y a protestar por la invalidación que recibimos de nuestro entorno, si somos nosotros nuestro peor enemigo? ¿Cómo entonces querer que nos traten bien sin antes ser para nosotros lo que necesitamos de los demás? Resulta paradójico.

Ya sabes que identificar y poner palabras a nuestras vivencias es clave para poder decidir qué hacer con ellas, y en este capítulo se mencionarán las formas de invalidación interna más comunes a la hora de relacionarnos con nuestro universo emocional.

En cierta manera, puede ser que invalides algunas emociones y otras no. Es decir, una *invalidación parcial*. Por ejemplo, valido mucho mi rabia porque me conecta con el valor de la justicia, pero invalido ferozmente mi tristeza porque creo que no puedo permitirme llorar. O, por el contrario, puede que hagas una *invalidación total* de todas tus emociones desagradables. Al final de este capítulo, te mostraré un ejercicio en el que podrás marcar si validas o invalidas algunos de los afectos más significativos de tu vida.

LA RACIONALIZACIÓN O CÓMO ANULO EL VALOR DE MIS EMOCIONES

Cuando racionalizamos las emociones les quitamos precisamente todo lo que son. Lo emocional y lo racional son dos aspectos distintos, aunque no contrarios. Las emociones se sienten, y después se piensan. Porque si no se piensan o, lo que es lo mismo, se mentalizan, sí que corremos el riesgo de dejarnos llevar por ellas. Pero racionalizar una emoción es otra cosa muy diferente a pensar una emoción. Cuando yo pienso en una emoción, la dejo ser. Lo que hago es reflexionar acerca de ella. Cuando mentalizo un afecto, me pregunto el porqué y activo el hemisferio izquierdo. En cambio, racionalizar una emoción es quitarle el alma. Es dejar una emoción sin vida para no sentirla. La racionalización es un tipo de invalidación emocional que cobra forma mediante las siguientes expresiones:

- «La vida es así, no puedo estar triste, estas cosas pasan».
- «Cosas mejores vendrán. No tiene sentido estar mal».
- «Ya pasé por esto otras veces. ¿Para qué estar mal otra vez?».

LA NEGACIÓN O CÓMO NO QUIERO SENTIR NADA

Negar lo que sentimos es otra forma de invalidación emocional. Sería el equivalente al rechazo directo que hemos visto antes en la invalidación externa. Cuando negamos lo que sentimos nos prohibimos sentir nuestras emociones en su totalidad. Esperando que se queden por siempre allí sin ser vistas, impasibles ante el paso del tiempo. La negación es un tipo de invalidación emocional que cobra forma mediante las siguientes expresiones:

- «No debo enfadarme, enfadarse es de débiles».
- «No tengo derecho a sentirme triste porque mi pareja prefiera quedar con sus amigos que conmigo».
- «Ahora no me puedo permitir estar de bajón».
- «No merezco quejarme si no hago nada para solucionarlo».
- «No debo llorar».
- «Llorando no lo solucionaré, no tiene sentido hacerlo».

Ante una situación inesperada, la negación es una de las primeras reacciones que tiene nuestro cuerpo para protegernos del impacto emocional. Si es una fase transitoria, que deja paso a otras emociones, como la tristeza, la pena, la aflicción o la rabia, no tiene por qué causar estragos en nosotros. Sin embargo, quedarnos fijos en la etapa de negación provoca un atascamiento emocional. La negación es, por tanto, una defensa que nos protege de asumir una dolorosa realidad. Se activa en procesos de duelo o pérdida, como cuando nuestra pareja nos deja y queremos que sea una pesadilla de la que despertar.

LA MINIMIZACIÓN O CÓMO ME COMPARO Y MENOSPRECIO LO QUE SIENTO

Cuando minimizamos lo que sentimos, nos privamos del derecho a sentirnos como lo hacemos y comparamos nuestra experiencia con experiencias pasadas o con vivencias ajenas. Esta falacia ocurre tan solo en salud mental.

Imagina que solo fueras al médico cuando percibieras que tu dolor es más grave que el de otra persona. Por ejemplo, me acabo de torcer el tobillo, seguramente me haya hecho un esguince. Pero como no tengo un tumor en el pulmón, no merezco quejarme de mi circunstancia ni que me atienda un médico. Suena ridículo, ¿verdad? Igual de ridículo es que minimicemos, menospreciemos y desvaloricemos nuestros sentimientos. Porque, sí, hay personas que quizás estén viviendo circunstancias más difíciles, pero no por ello debemos desatender las nuestras ni compararlas.

Todo dolor merece ser visto y atendido. Todo dolor es válido. No dejes que tu dolor se desdibuje bajo sentencias de minimización de tus emociones tales como:

- «Hay gente a la que le suceden cosas peores y no se pone tan triste como yo».
- «No es para tanto, te agobias por todo».
- «¿Estaré exagerando y creando un conflicto donde no hay nada?».

- «Hay personas que tienen la mitad de lo que yo tengo y son felices».
- «Soy la única que no sabe qué hacer cuando está mal».

EL SIGNIFICADO PERSONAL NEGATIVO O CÓMO ME MACHACO

Hemos visto con detalle que una de las formas de invalidación emocional externa es la del castigo a través del etiquetaje negativo o peyorativo. Si en nuestra infancia escuchamos ese tipo de mensajes de forma repetida, en la edad adulta serán frases que retumbarán en nuestros oídos.

Bajo esa atribución negativa, tendemos a relacionar una determinada emoción con algo negativo sobre nosotros. Y, como sabes, esto es erróneo porque las emociones no son ni positivas ni negativas, sino que algunas conllevan sensaciones en el cuerpo más incómodas o desagradables.

Una de las consecuencias que tiene tachar las emociones que no nos gustan como malas es que caemos en asociarlas con adjetivos personales negativos. Si siento tristeza y creo que la tristeza es negativa o una emoción mala, es que yo soy mala persona. Las emociones nunca deben de servir como pretexto para señalar despectivamente a una persona. Una emoción no es mi identidad. Aquí te dejo algunos ejemplos de atribuir un significado personal negativo a tus emociones:

- «Qué mala persona soy enfadándome por esto».
- «Qué tonto soy por llorar después de tres meses por mi pareja».
- «Qué inmadura soy».
- «Qué inútil soy».
- «Soy una exagerada, a lo mejor no es para tanto».
- «¿Cómo pude ser tan tonto de no haber visto antes las señales de que me estaba siendo infiel?».

EL HIPERCONTROL O CÓMO EMPUJO A MIS EMOCIONES AL FONDO DEL MAR

La necesidad de controlarlo todo, incluso nuestras emociones, es un enorme problema. El control también puede ser un mecanismo de defensa mediante el que necesito sentir que nada puede salir mal y que todo está perfectamente ordenado y colocado como yo quiero. Este mecanismo se activa ante todo cuando la ansiedad se adueña de nuestra vida y está muy relacionado con la emoción del miedo. El control nos aporta seguridad, tranquilidad, pero en realidad es una falsa sensación. Es imposible tenerlo todo controlado. Pero ¿a qué se agarran las personas que necesitan tenerlo todo bajo control?: a la anticipación.

Una forma de poner a prueba tu necesidad de controlarlo todo es dejar de planear y organizar toda tu vida. Exponerse a los imprevistos, a los contratiempos y a la variabilidad. El hipercontrol como forma de invalidación sucede cuando intento frenar el cauce de mis emociones y quiero controlar el tiempo que hace en mi interior. Este tipo de invalidación está relacionada con la sobrerregulación de la que hablábamos antes y vendría a ser lo mismo: un intento por hundir nuestras emociones para controlarlas y no notarlas. Si te sientes identificado con algunas de las siguientes expresiones, es probable que estés ejerciendo un hipercontrol de tus emociones:

- «Debería ser capaz de no sentir vergüenza cuando quiero hablar en público».
- «Si no lo hubiera hecho, no me sentiría así de mal».
- «Tienes que seguir rindiendo, aunque te encuentres mal».
- «Ahora no me puedo permitir sentir, tengo que seguir estudiando/trabajando».
- «Voy a llamar a mis amigas para distraerme, no quiero pensar en lo mal que lo estoy pasando».

Como puedes observar, la forma en la que nos hablamos es muy significativa. Las palabras «debería» y «tendría» surgen de una voz interior crítica, derivada de un progenitor estricto y autoritario.

Puede que hayamos crecido en un ambiente rígido en el que solo había un camino correcto para hacer bien las cosas. Piensa en si hay momentos en el día en que te dices: «Tendría que poner una lavadora», «Debería llamar a mi abuela», «Tendría que ir a comprarme un vestido para Fin de Año». Sin darnos cuenta, estamos habituados a utilizar estos dos verbos para acciones del día a día. También se le llama a esto la «deberización».

Yo te invito a hacer un cambio: prueba a sustituir cada «tendría» y cada «debería» por un «me gustaría» o «desearía» y fíjate en si notas alguna diferencia. Ya te adelanto que estas dos alternativas no denotan tanta autoexigencia y despiertan más amabilidad y más flexibilidad. Si no cumplo un «debería», debido a mi autoexigencia me siento culpable. En cambio, si no cumplo con un «me gustaría», puedo sentir que no es tan terrible.

¿Acepto o rechazo mis emociones?

Ahora que conoces las formas de invalidación interna más comunes, te invito a realizar el siguiente ejercicio. El objetivo es reflexionar sobre las siguientes emociones, marcando una casilla dependiendo de si aceptas y te permites sentirla o si, por el contrario, rechazas, te juzgas o intentas apartarla. En la última columna, escribe dónde y con qué persona de tu vida crees que has aprendido que tienes que hacer eso con esa emoción.

Emoción	Creo que la valido	Creo que la invalido					¿Dónde y con quién he aprendido a hacer esto con lo que siento?
		Con la racionalización	Con la negación	Con la minimización	Atribuyendo un significado negativo	Con el hipercontrol	
Alegría							
Tristeza							

Rabia							
Miedo							
Sorpresa							
Asco							
Vergüenza							
Culpa							
Calma							
Celos							
Envidia							
Deseo							
Ilusión							

¿Cómo te has sentido realizando este ejercicio? ¿Te ha resultado fácil o difícil completar la tabla? ¿Te has percatado de algo interesante? ¿Crees que tu invalidación interna es parcial o total? ¿Invalidas también tus emociones agradables? Recuerda que puede llevarte un tiempo de autoobservación ser consciente de cómo tratas a tus emociones. De hecho, es normal si no sabes realmente qué haces con ellas desde el primer momento.

En el Capítulo 9, situado en la tercera parte de este libro, te proporciono dos herramientas, así como varios ejemplos, para desarrollar la habilidad de la validación interna. A la capacidad para aceptar con compasión y cuidado nuestras emociones la he llamado «autovalidación consciente». Si quieres ejemplos de mensajes validantes hacia tus emociones, es allí donde los encontrarás. Te sugiero que leas todo el capítulo entero, ya que la validación no es solo la repetición mecánica de mensajes alternativos. La autovalidación consciente es un modo concreto de percibir y de mirar tus emociones. Es una manera diferente de ver la vida y de vivirla.

¿Alguna vez te ha sucedido que dando una vuelta por tu barrio, de repente, te das cuenta de algo que siempre había estado allí pero que nunca antes habías visto? Eso es a lo que me refiero. Podemos ver sin mirar, oír sin escuchar y tocar sin sentir. Es como pasar por encima de algo o experimentarlo con todos los poros de nuestra piel. Está claro que el diálogo interno —cómo me hablo internamente acerca de lo que siento— es importante, pero este debe ir acompañado de una mirada y una escucha plena, atenta y amorosa.

7

MÁS ALLÁ DE LA INVALIDACIÓN EMOCIONAL: LA INVALIDACIÓN DE NUESTRA PERSONA

«Así nadie te va a querer», «Es que mira que eres raro», «Las niñas buenas no se quejan», «¿Este del dibujo soy yo? No me parezco en nada, yo no soy así», «¿Vas a estar llorando toda la tarde?»... Todas estas frases tienen en común que son invalidaciones dirigidas hacia nuestra persona.

Lo que sucede con la invalidación emocional es que no viene sola, sino que suele traer de la mano una especie de *invalidación supra*, que engloba el rechazo hacia nuestras emociones y sentimientos. Una no puede existir sin la otra, porque al juzgar o querer apartar una parte, juzgas o apartas el todo.

La identidad de una persona está formada por:

- Sus gustos o preferencias
- Su personalidad o carácter
- Su forma de expresarse o comunicarse
- Su capacidad intelectual
- Sus vivencias
- Sus acciones
- Sus emociones
- Sus actitudes
- Sus valores
- Sus creencias

Por lo tanto, solo con que esa persona tenga experiencias repetidas de rechazo hacia uno de los diferentes aspectos que forman su esencia —esto significa que le hacen ser quien es y no otra persona— se genera un sentimiento de invalidación global y general. ¿Si mis emociones no son correctas, yo no soy correcto? ¿Si sentir rabia no está bien es que yo no estoy bien? ¿Si mi tristeza incomoda es que yo incomodo? ¿Si los demás se avergüenzan de mi comportamiento es que yo soy vergonzoso?

Veamos un ejemplo de ello en los siguientes testimonios:

Sara viene a consulta porque quiere trabajar en su autoestima. Quiere dejar de ponerse en último lugar; siempre accede a todo lo que quieren sus amistades. No sabe decir que no, quiere responder todos los mensajes al momento porque, si no lo hace, cree que se van a enfadar con ella y a dejarla de lado.

Cuando exploramos su infancia y las relaciones familiares, sale a la luz la relación con su abuela materna. Su abuela era una mujer de armas tomar y con mucho carácter. Sara pasó mucho tiempo de su infancia con ella porque sus padres trabajaban. Recuerda que su abuela le decía: «Una buena niña es una niña que no se queja y hace todo lo que le mandan, y tú quieres ser una niña buena, ¿no? Si eres buena, la yaya estará contenta, pero si te portas mal, la yaya se enfadará». Sara no quería decepcionar a su abuela, así que intentaba complacerla y hacer todo lo que ella le pedía. Ella creció creyendo y comprobando que si se portaba como los demás querían, recibía su amor y así aprendió a no atender a sus necesidades, a no poner límites y que priorizarse está mal. Sara no abandonó a su abuela, pero se abandonó a sí misma.

Marcos acude a terapia debido a una época de mucha tristeza; siente que no tiene motivación para hacer nada. Hace tiempo que no va a jugar al fútbol porque las últimas veces no disfrutó nada, le cuesta dormir y se despierta muy pronto por las mañanas con la sensación de no haber descansado bien. Marcos siente que no se le da bien nada y ve su futuro con desesperanza. Solo encuentra cosas negativas en él, dice que es muy torpe, que molesta a los demás y que es un cobarde. Si nos adentramos en el pasado de Marcos, encontramos a un niño al que, desde muy pequeño, le apasionaba todo lo relacionado con la cocina. Prácticamente nació con un cucharón en la mano. El padre de Marcos es un reputado chef y trabaja en uno de los restaurantes más reconocidos de su localidad. Para Marcos, su padre marca un ideal bastante inalcanzable debido a su destreza innata para elaborar platos exquisitos, y él se esforzaba en buscar su aprobación intentando llegar a su nivel. Pero siempre recibía críticas en vez de alabanzas: «Fíjate bien, así no se corta la zanahoria», «¡Sé más ordenado y limpio!», «¿No te das cuenta de que así no se hace? Mírame a mí», «Déjame, que tú no sabes». Incluso cuando quería ayudar a su padre, a veces este le decía: «Ahora no, que tiene que estar perfecto». Marcos creció con el sentimiento de no ser suficiente ni capaz.

Andrea quería ser actriz de cine. Donde había una cámara, detrás estaba ella para posar. Donde sonara una canción, ahí estaba ella para tararearla y cantarla mientras bailaba. Andrea consiguió entrar en la academia de teatro y así empezar su andadura hacia su carrera profesional, pero decidió iniciar un proceso psicológico porque a veces se quedaba afónica cuando ensayaban para un musical. En su mochila emocional tenía varios recuerdos, algunos positivos, en los que le decían: «Qué graciosa es esta niña, siempre sonriendo a la cámara», pero también muchos otros en los que escuchaba hablar a los adultos entre ellos y oía: «Quiere ser actriz, pero le va a costar mucho porque tiene una memoria de pez», «Escucharla cantar un rato está bien, pero todo el día ya cansa. Encima bien bien…, no canta», «Tiene pájaros en la cabeza» o «Es que no deja de dar la tabarra todo el día». Aunque esos mensajes no fueron dirigidos a ella, los escuchó de fondo, y, hoy en día, Andrea es muy insegura y le cuesta confiar en sí misma y en sus capacidades.

¿Te suenan estos relatos? Todos ellos tienen en común la crítica, el rechazo, la desaprobación o la censura hacia la identidad de la persona. Las consecuencias son la aparición de sentimientos y pensamientos que merman y destruyen nuestra autoestima.

Cuando ha habido una invalidación hacia nuestra persona, seguramente nos encontraremos con apegos inseguros, en cualquiera de las tres formas que hemos visto con anterioridad. Pero, a su vez, es posible que hallemos en nosotros un niño interior herido.

EL NIÑO INTERIOR HERIDO, CUANDO LAS EMOCIONES NO RESUELTAS APARECEN CON GRAN INTENSIDAD

La invalidación emocional en la infancia y, en esencia, la invalidación de nuestra persona, hace mucho daño y genera heridas que no se ven porque son emocionales, pero que condicionan enormemente nuestra vida cuando crecemos. Esto se traduce en que somos adultos por edad, pero por dentro podemos sentirnos en ocasiones como niños en un mundo de adultos.

El concepto de «niño interior» proviene del Análisis Transaccional (AT), una teoría gestáltica que fundamentó Eric Berne. Esta teoría se basa en que hay tres estados del yo: el Padre, el Adulto y el Niño (PAN). Para el tema que nos ocupa, no nos adentraremos en detalle en cada estado, sino que nos centraremos en el Niño. Berne llamó al estado sano del Niño, «Libre o Natural». Es nuestro estado más puro, auténtico, juguetón, ingenuo, espontáneo, creativo y curioso. Cuando un niño quiere jugar, juega; cuando un niño tiene hambre, come; cuando un niño tiene sueño, duerme; cuando un niño está cansado, descansa; y cuando el niño tiene miedo, llora o se esconde. Me parece tan acertado el adjetivo de Berne porque precisamente el niño anda libre por el mundo, sin importarle el qué dirán, sin exigirse, sin comerse la cabeza, sin compararse con los demás. El niño simplemente *es*, y punto.

Como decía muy acertadamente Aldous Huxley: «El secreto de la genialidad es el de conservar el espíritu del niño hasta la vejez, lo cual quiere decir nunca perder el entusiasmo». Porque Huxley sabía que cuando llegamos a la adultez, muchas veces perdemos de vista a nuestro niño interior. El adulto equilibrado le añade la parte racional, sensata y coherente que necesita el niño para vivir acorde con las normas y reglas de una sociedad. Pero si el adulto ha crecido con un niño interior herido, no sabrá cómo gestionar sus emociones y le desbordarán. Y entonces, si tenemos hambre, contamos calorías; si tenemos sueño, alargamos la noche; si estamos cansados, nos exigimos acabar nuestras tareas, y si sentimos tristeza, bloqueamos el llanto.

Porque que nuestro niño interior esté herido, significa que sus necesidades emocionales no pudieron ser cubiertas ni satisfechas por sus cuidadores. Y esto fue debido a que el clima en el hogar era predominantemente de rechazo, de abandono, de humillación, de menosprecio, de injusticia o de traición. Digo predominantemente porque hay una diferencia crucial entre un *patrón de inmadurez emocional* y una *regresión emocional momentánea* en los adultos.[34] Todos podemos perder el control en determinados momentos o ser impulsivos cuando estamos cansados. Pero cuando la inmadurez emocional es el patrón de personalidad de alguien, ciertos comportamientos se repiten una y otra vez.

Por ello, si estas experiencias han sido por la existencia de un patrón de inmadurez emocional en nuestros padres, eso significa que se repitieron situaciones que formaron heridas que se han instaurado en nuestro niño interior. El eco de un niño interior herido causado por una invalidación de su persona se siente en la edad adulta. Se traslada, se plasma y, en palabras de Bradshaw, contamina la forma en la que nos tratamos y tratamos a los demás.

El quid de la cuestión está en que las necesidades afectivas y emocionales que no han sido cubiertas en la infancia seguirán sin estarlo en nuestra edad adulta. Como no acostumbramos a tener las herramientas para lograr satisfacerlas de forma coherente y equilibrada, sin darnos cuenta lo que haremos será repetir patrones. Así, si en la infancia no pude… [expresar verbalmente mi rabia porque fue invalidada y lo que hacía era irme a otro sitio], de adulto… [reaccionaré de forma exagerada a ella y castigaré a los demás yéndome].

Esto se llama «regresión espontánea». Si en la infancia se han reprimido sentimientos intensos como los de la rabia o el dolor, una persona llega a adulto con un niño enfadado y dolido dentro de él.[35] Cuanto antes se repriman, más destructivas se vuelven, por lo que el trabajo consiste en poder expresar aquello que no puede ser expresado.

¿Puedes traer a la mente una situación que te hizo sentir rabia, tristeza, impotencia, frustración, pena y reaccionaste de manera desproporcionada y magnificada ante la situación? ¿Recuerdas sentirte confundido sobre tu reacción? ¿Quizás sentiste que estabas reaccionando como un niño pequeño? ¿Te juzgaste por no saber manejar la situación? ¿Sentiste que tus emociones te arrastraban a actuar de forma impulsiva?

Yo, por ejemplo, recuerdo una situación en la que estaba jugando a un juego de mesa con unos amigos y, de repente, por la dinámica del juego, la mayoría me hizo robar a mí. No sabéis lo mal que me sentó eso, en ese momento me sentí superrechazada, empecé a notar que se me formaba un nudo en la garganta, me entraron unas ganas de llorar tremendas que intenté reprimir hasta que terminó la partida y traté de mantener mi voz normal para que no se quebrara. Cuando me fui a casa, empecé a sollozar y me invadió una profunda sensación de tristeza, inseguridad y soledad. Más adelante, entendí que esta situación había conectado con una herida de rechazo y mi niña interior herida salió a la luz. En realidad, los demás no me estaban rechazando, pero no lograba ver con objetividad eso que había sucedido porque me había conectado con la sensación de rechazo y la emoción de tristeza no resueltas en mi infancia. La niña interior herida no puede pensar, porque antes necesita sentir todo lo que no pudo ser sentido.

Si has respondido que sí a la mayoría de las preguntas que te hacía, seguramente en esas vivencias salía tu niño interior herido. Aunque parezca raro, todos tenemos una versión interior que todavía vive de nuestro periodo de la infancia. Este niño pequeño saldrá a disfrutar cuando sea adulto y vea un columpio y quiera correr para subirse en él, o cuando vea una heladería y le apetezca comerse un cucurucho de dos bolas, o cuando suene su canción preferida y quiera cantar sin importarle si se sabe la letra o desafina. Porque el niño interior natural no siente vergüenza o remordimientos, esas son emociones que surgen debido a los valores morales de la sociedad.

Las emociones que no se han podido elaborar de una forma sana en nuestra infancia pueden derivarse principalmente en dos caminos: el de la exteriorización o el de la interiorización.

En el camino de la exteriorización, toda la energía emocional que no se ha podido descargar o expresar trata de liberarse por sí misma y de una forma descontrolada.

Vanesa fue educada de una forma muy estricta bajo la máxima de «Las niñas buenas no se quejan, no gritan y no se enfadan». En muchas ocasiones, cuando Vanesa tenía alguna rabieta, sus padres le gritaban y la castigaban. Ella se tapaba los oídos con fuerza y deseaba desaparecer. Por lo que Vanesa aprendió a reprimir la emoción de la rabia volviéndose muy complaciente con sus padres por miedo a que la dejaran de querer.

En la edad adulta, Vanesa trabaja como ingeniera informática y convive con su mujer, con quien recientemente se ha casado. Vanesa es una persona tremendamente formal, tranquila y dulce, pero acudía a terapia porque en algunas situaciones no se reconocía y eso la inquietaba mucho. Decía que a veces salía una parte de ella que le daba miedo, que actuaba de forma agresiva y violenta con los demás y que le asustaba poder estar cambiando su forma de ser.

El testimonio de Vanesa es un ejemplo de cómo está exteriorizando o reactuando la rabia que fue invalidada o desaprobada y esta es una de las formas más demoledoras en la que el niño interior herido se manifiesta.

En el camino de la interiorización se hace visible la otra cara de la moneda cuando ejercemos sobre nosotros mismos el abuso del que fuimos objeto en el pasado. En otras palabras, interiorizamos las emociones no permitidas y se vuelven contra nosotros. Es bien sabido que nos tratamos como fuimos tratados en nuestra infancia. Esas palabras que un día fueron un diálogo externo, de nuestros referentes a nosotros, se interiorizan y se convierten en nuestro propio diálogo interno. Es como una grabadora en la que han grabado un hilo para cada vivencia, y cuando de adultos nos vemos en ese escenario, sin querer, la grabadora se pone a reproducir en modo automático. Si recibí mensajes de rabia, seré duro conmigo mismo. Si recibí mensajes de victimismo, me culparé y me juzgaré severamente. Si recibí mensajes de lástima, me apiadaré como si fuera un pobre niño que se siente inferior e incapaz.

SER PARA TU NIÑO INTERIOR EL ADULTO QUE NECESITASTE Y NO TUVISTE: LA REPARACIÓN Y LA CICATRIZACIÓN DE TUS HERIDAS EMOCIONALES

¿Cómo se reparan las heridas del niño interior? ¿Tengo que hablar con mis padres sobre ello? ¿Y si fallecieron, no tengo contacto con ellos o no creo que vayan a reconocer cómo me siento? Tranquilo. Por suerte, ahora tienes a tu parte adulta para cuidar de tu niño interior. Este es el principal trabajo que debemos realizar, ya que nos cuidamos como nos cuidaron nuestras figuras de referencia, y eso, en algunos casos, no es positivo. El trabajo de tu «yo adulto» consiste en que dejes de mirarte a ti mismo a través de los ojos de la figura de apego que funcionó de forma negligente o no adecuada con lo que necesitabas.[36] Es decir, que dejes de cuidar a tu niño interior como lo hicieron tus padres y empieces a cuidarlo como lo harías tú, trazando tu propio modelo.

El trabajo terapéutico se realiza en gran parte ayudándonos de visualizaciones y de cartas que enviamos a nuestro niño interior, construyendo así un puente emocional-sensorial, que enlaza al «yo adulto» con el «yo niño», y de esta forma logramos que las heridas no sanadas empiecen a cicatrizar. Esas heridas, aunque cicatrizadas, seguirán estando, pero sabremos reconocerlas, validarlas y acompañarlas.

Otra herramienta importante es el diálogo entre el adulto y el niño. En este diálogo, el adulto identifica las necesidades del niño, considerándolas importantes y buscando nuevos modos de satisfacerlas. Es bueno hablar prácticamente todos los días con nuestro niño interior. Deconstruir los mensajes que hemos interiorizado no es fácil y, por puro automatismo, pueden salir a la luz las conductas invalidantes derivadas de cómo me invalidaron cuando era pequeño.

A continuación, comparto algunos ejemplos del nuevo diálogo que podemos establecer con nuestro niño interior:

En la infancia me invalidaron diciéndome...	Así me invalido yo hoy como adulto...	Esto es lo que le puedo decir a mi niño interior para reparar su herida...
«Las niñas buenas no lloran».	Cuando me siento mal no puedo llorar, intento reprimir y tapar mi tristeza. No quiero que los demás me vean triste.	«Tienes derecho a llorar. Puedes estar triste. Llora todo lo que necesites».
«No te quejes, si tienes de todo».	Cuando me pasa algo que me incomoda creo que no es importante. Siento que no tengo derecho a estar mal y creo que el bienestar material significa bienestar emocional. Querer que alguien me comprenda es ser egoísta.	«Tienes derecho a quejarte, nadie tiene una vida en la que todo sale perfecto. Por mucho que hayamos tenido a nuestro alcance un bienestar material, eso no nos protege de las emociones desagradables».
«No interrumpas que molestas, estamos hablando los mayores».	Lo que pienso no es importante. Creo que mi criterio no es correcto, me cuesta defender mi opinión. Mi comunicación es pasiva y dejo que los demás impongan su punto de vista, no sé defenderme.	«Lo que tenemos que decir importa. Nuestro punto de vista merece ser visto y respetado».

«Yo sé que puedes hacerlo mejor. Esfuérzate más».	Me autoexijo constantemente la perfección. Siempre creo que puede estar mejor hecho y que debo lograrlo para ser aceptado.	«No tienes que hacer nada ni demostrarle nada a nadie. Eres suficiente. No debes hacer las cosas siempre al máximo. Hacer no es igual a ser. Lo que te define no es lo que haces, sino quién eres».
«Ya sé que estás cansado, pero, venga, sigue un poco más».	No sé cuándo debo parar. Me cuesta cuidarme y permitirme el descanso. No sé qué hacer con el tiempo libre, no sé aburrirme.	«Mereces descansar y mereces tiempo de ocio. No tienes que ser una persona funcional todo el rato, nadie lo es. Tienes derecho a descansar si lo necesitas».
«¿Qué han sacado los otros niños de la clase?».	Me comparo con los demás, investigo las vidas de los demás para saber si puedo premiarme o debo castigarme. La aprobación que me doy va condicionada según cómo interpreto el éxito en la vida de los demás.	«Es normal que te compares debido a tus experiencias tempranas, en las que te comparaban continuamente. La única persona con la que debes compararte es contigo mismo. Solo uno mismo sabe lo que lleva en su mochila emocional».
«¡No seas infantil! Pórtate como un hombre».	Me cuesta disfrutar, me he vuelto un poco huraño. Cuando algo me hace reír, me avergüenzo de mí.	«Todas tus emociones son válidas y merecen un lugar en nuestro corazón».

«¿Te gustan estos dibujos? Eres más rara que un perro verde».	Creo que mis gustos o preferencias son erráticos o excéntricos. Me cuesta compartir mis intereses con los demás porque creo que los van a criticar.	«Cada uno vive y disfruta de la vida y del placer a su manera. Mi individualidad es válida. Merezco amor por ser como soy».
«Es que tienes memoria de pez».	Dudo de mis capacidades, me siento inferior a los demás y coloco a los demás en una posición superior a la mía.	«Te estás juzgando y criticando. Todos tenemos cualidades y aptitudes. Quizás te cuesta reconocerlas, pero sé que las tienes. Gracias a ella somos el adulto de hoy en día. Te doy un abrazo».

Conversando con mi niño interior

En el siguiente cuadro las columnas están vacías para que puedas practicar tú mismo el ejercicio de activar la voz de tu yo adulto:

En la infancia me invalidaron diciéndome...	Así me invalido yo hoy como adulto...	Esto es lo que le puedo decir a mi niño interior para reparar su herida...

Como apunte final, quiero recalcar que, si te sientes identificado con un niño interior herido, seguramente tus padres han tenido su propio niño interior herido y te hayas criado con dos niños, en vez de con dos adultos. Es importante que veas el hilo transgeneracional de todo lo que estamos hablando para que te abras a no juzgar, a no señalar o a no criticar. Tienes todo el derecho de expresar tu descontento con las formas de crianza de tu infancia, porque todos necesitamos hacer un trabajo de duelo sobre los padres que quisimos tener y los que tuvimos. Conociendo todas las verdades de tu historia, permítete sentir rabia, tristeza, soledad, pena o frustración, si lo necesitas. Y cuando te lo hayas permitido, recuerda que al final se trata de dejar el rencor atrás, empezar a aceptar, a reconciliarte con tus vivencias y a vivir, por fin, en paz contigo mismo.

8

¿QUÉ SUCEDE DESPUÉS?: CONVIVIR CON LA INVALIDACIÓN EMOCIONAL

No te descubro nada nuevo si te digo que la invalidación no deja indiferente. Al contrario, es como si echaran una jarra de agua fría sobre tus emociones y sentimientos. La invalidación emocional es terrible y de modo continuado e intencionado, es una forma de abuso emocional.

Convivir con vínculos en los que no encontramos aceptación, legitimación y permiso hacia lo que sentimos y cómo nos sentimos traerá consigo la creación de vínculos con carencias importantes que afectarán por partida doble. Nuestro bienestar individual se verá resentido, y, a la vez, la invalidación también es altamente destructiva y dañina en la relación con la otra persona. No exagero si digo que el rechazo, el juicio, la represión, la minimización o la ridiculización producen la destrucción de vínculos que pensábamos que eran intocables y perdurables en el tiempo.

Percibir una constante invalidación por parte de un amigo o de un familiar provoca indudablemente que queramos romper los lazos que habíamos estrechado. Por nuestra salud mental, no podemos ni debemos quedarnos en espacios en los que no nos sentimos respetados o en los que nuestras emociones no son toleradas. De hecho, puede que a partir de este libro te des cuenta de lo mucho que las amistades o la compañía de la que te rodeas te invalida constantemente. No es nada fácil reconocer y asumir la dolorosa realidad de que estamos en vínculos tóxicos y de que llevamos años sin darnos cuenta de que los demás tienen un comportamiento abusivo o negligente. Muchas veces, no nos defendemos ante ciertas situaciones porque no hemos crecido pudiendo identificarlas. Es como si lleváramos una venda en los ojos. Si nuestra crianza se desarrolló en un entorno invalidante, vemos con normalidad que los demás tengan esos comportamientos.

Como consecuencia, creemos que la frase «Quien te quiere, te hará llorar» es una realidad y no un cliché. Así como la sentencia «Algo habrás hecho para que el otro haya actuado así», que provoca que la culpa nos reconcoma por dentro. Porque, por desgracia, todavía se tiende a señalar con el dedo a la víctima y a hacer la vista gorda ante el malhechor.

En este capítulo vamos a tratar en profundidad tres aspectos: en primer lugar, entender por qué cuesta encontrar validación emocional en nuestros vínculos. En segundo lugar, cuáles son las terribles consecuencias de la invalidación. Y, por último y lo más importante, cómo puedo cuidarme y protegerme.

Desde mi lugar, puede resultar difícil crear cambios de conciencia en los demás y eso puede desgastarme. Puedo intentarlo una, dos y hasta tres veces si valoro mucho la relación con la otra persona. Pero, al fin y al cabo, las personas cambian si realmente sienten un malestar interior, no porque los demás les pongamos sus errores o las consecuencias de ellos en la frente. Así que, en muchas ocasiones, deberemos considerar tomar la decisión de dejar de malgastar nuestra apreciada energía en el cambio del otro, para invertirla en preservar y salvaguardar nuestra estabilidad emocional.

¿POR QUÉ CUESTA ENCONTRAR VALIDACIÓN EMOCIONAL EN NUESTROS VÍNCULOS?

Llegamos a una gran pregunta para la que no hay una única respuesta. Encontrar validación emocional en esta nuestra sociedad occidental parece ser como descubrir de casualidad un trébol de cuatro hojas, cuando en realidad debería ser como una hoja de romero. Deberíamos de poder encontrarla en cualquier lugar. La supremacía de lo racional sobre lo emocional hace mella a la hora de relacionarnos con nuestro mundo interno. Aún quedan algunas generaciones construidas en la tiranía de lo cognitivo, antes de poder dar paso a un cambio que nos muestre la belleza y el potencial de escucharnos desde las sensaciones y desde los sentimientos. A fin de que los años venideros sean de más corazón y menos cerebro.

Algunas de las causas por las que nos cuesta encontrar validación emocional en nuestros vínculos son las siguientes.

Por desconocimiento

Esta reflexión nos lleva a un primer motivo por el cual nos cuesta encontrar la aceptación hacia lo que sentimos por parte de los otros, y es que lo hacemos como lo hacemos porque no sabemos hacerlo distinto. ¿Por qué mi padre me grita? ¿Por qué mi profesor no tiene paciencia? ¿Por qué mi amiga no me escucha? ¿Por qué mi responsable incumple su palabra? Habrá muchos motivos, pero de uno estoy segura: somos como somos porque la mayoría no sabemos que podemos ser de otra forma. No a todos nos sucede lo mismo, hay algunas personas que logran tener un buen estado de conciencia y son capaces de darse cuenta de sus fallos o de sus malos hábitos y actitudes y tomar el camino del cambio y la evolución. Pero este cambio lo logran desde el propio malestar: por mucho que a veces intentemos hacerle ver al otro que su conducta nos molesta, si no hay una sensación de malestar interna que nace directamente de sus entrañas, la persona se mantiene en un estado precontemplativo. Es una pena, pero es una actitud bastante individualista y egocéntrica saber que puedo estar haciendo daño a otra persona, pero, como yo me siento bien así, me tumbo en el sofá y no hago nada. En este caso el nivel de conciencia es bajo y pobre.

Por lo tanto, una de las causas importantes de que la sociedad sea en gran parte invalidante proviene del desconocimiento: no sé cómo hacerlo distinto y, a la vez, no sé que lo que te digo no te ayuda.

Hay personas que sí tienen intención de rechazar y apartar tus emociones, pero otras, quieren ayudar y, sin querer, erran. La falta de una educación basada en el reconocimiento del valor y la importancia que tienen nuestras emociones en nuestros predecesores han hecho que hoy en día solo podamos hacer lo que sabemos con lo que tuvimos la suerte de aprender.

Sin embargo, sí que entra dentro de la responsabilidad afectiva observar cómo se siente el otro ante mis comentarios. Si lo que me devuelve es que se siente peor de lo que ya estaba o que le estoy haciendo sentir mal, es nuestro deber hacernos cargo de nuestras palabras. Evitemos ponernos a la defensiva: «¡Es que nada de lo que te digo te ayuda!» y tratemos de revisar y reflexionar. No pasa nada si no sabemos hacerlo de otra forma, porque es lo que en nuestra familia se decía, pero sí tenemos la responsabilidad de aprender nuevas lecciones y convertirnos en individuos más sensibles y tolerantes.

Por falta de empatía

La falta de empatía, o también llamada «introspección vicaria», es, sin duda, un *must* en la invalidación. Cuando alguien nos dice «No te pongas así», «Cambia el chip» o «Te lo tomas muy a pecho», ¿qué es lo primero que pensamos? Pues que le falta empatía. Sentimos en nuestro interior que no se está «poniendo en nuestra piel» y que no entiende nuestra situación ni nuestras decisiones ni sentimientos.

La empatía pudo materializarse gracias a uno de los hallazgos neurocientíficos más extraordinarios que revolucionó la manera de estudiarla y de entenderla: el descubrimiento de las neuronas espejo. Como curiosidad, este descubrimiento fue, en cierto sentido, fortuito, porque se debió a un estudio del Departamento de Neurociencias de la Universidad de Parma sobre el sistema motor del cerebro del mono en el año 1966. Las llamadas «neuronas espejo» o «neuronas especulares» son las células nerviosas encargadas de imitar las acciones que nos llaman la atención y se activan cuando ejecutamos una acción, pero también cuando los demás ejecutan esa acción, por eso se llaman así, porque reflejan lo que se ve.

La empatía es la capacidad humana de entrar en la experiencia subjetiva del otro, y este término fue denominado por el psicoanalista Heinz Kohut. La empatía implica adoptar la perspectiva de los que sufren y caminar un poco en sus zapatos, en lugar de realizar juicios rápidos y fáciles. Consiste en mirar las cosas desde dentro en lugar de hacerlo desde fuera.[37] Significa poder decir: «Antes de criticar a alguien, intento imaginar cómo me sentiría yo si estuviese en su lugar», por lo que la empatía nos permite cambiar de una perspectiva individualista a una relacional.

Contesta a la siguiente pregunta: ¿crees que somos una sociedad empática? Recuerda que la empatía no es lo mismo que la simpatía. ¿Somos una sociedad simpática?, eso puede que sí. Cuando coincidimos con el otro en la misma situación, es más fácil validar, entender y no enjuiciar. Porque ciertamente, el reto está en ponernos en la situación del otro cuando no es la misma que la de uno mismo. Una idea que leí en el libro *En la piel del otro*, de Fausto Caruana, y que no me pudo parecer más acertada es la necesidad de «poner en cuarentena», utilizando un argot técnico, nuestra propia perspectiva y conocimientos. Es decir, si yo me pongo en la piel del otro pero no dejo de tenerme a mí en la cabeza, lo único que hago es imaginarme la situación de mi compañero y preguntarme qué haría *yo*. La investigadora Amy Coplan llama a esta especie de pseudoempatía «*self-oriented perspective taking*», o, para que nos entendamos, tomar la perspectiva de uno mismo. En palabras de Caruana, es un error que el observador proyecte sus estados mentales y su conocimiento sobre el otro, porque de esta forma se produce una violación de la cuarentena. Es decir, yo no debo colocarme en su posición y preguntar por mí. Lo correcto sería: «Me coloco en la situación de mi amigo y me pregunto qué podría hacer o sentir él en esa situación con la información de la que él dispone». En este caso pongo en cuarentena a mi «yo» y puedo empatizar plenamente. Es decir, pasar de la *self-oriented perspective taking* a la *other-oriented perspective taking*, a tomar la perspectiva del otro. La violación de la cuarentena podría tener como resultado la invalidación emocional.

Otros investigadores aseguran que es imposible dejar de tener en cuenta la perspectiva de uno mismo, ya que precisamente es desde ese lugar desde donde recogemos información. Más allá del debate que se genera entre los estudiosos de la empatía a nivel neurocientífico, lo que está claro es que la validación implica comprensión, aceptación y respeto hacia lo que la otra persona está sintiendo, aun sabiendo que quizás yo no me sentiría así en su situación.

Para concluir, la empatía entendida solamente como la capacidad de sentir lo que el otro siente es insuficiente. Tener empatía por el otro significa la capacidad de responder de forma sintónica, es decir, de validar su experiencia. No es solo: «Comprendo que te sientas así», sino que, como entiendo que te sientes así, me sintonizo y me adecuo a tu estado emocional.

Por temor a la vulnerabilidad

Sin embargo, aunque caigamos en el tópico de la falta de validación porque falta empatía, uno de los motivos que no podemos perder de vista es la dificultad para lidiar con la vulnerabilidad, ya sea propia o ajena.

La vulnerabilidad tiene muy mala fama. Mientras que el ser fuerte tiene demasiada propaganda. Sin embargo, no nos damos cuenta de que una implica la otra. Si siempre evito aquello que me duele mostrándome fuerte, impermeable e impasible, en realidad me coloco una máscara porque me cuesta conectar con la idea de que no puedo y eso me incomoda. Es como si cogiera una espada de juguete, en realidad sigo siendo vulnerable. Y ese no es el verdadero problema. El problema es que no tolero sentirme así. Porque antes o después, sucederá algo de lo que no podré escaparme ni protegerme más mirando hacia otro lado, y entonces saldrá todo lo que no me he permitido sentir.

La *evitación* es un mecanismo de defensa que se activa inconscientemente ante situaciones que nos abruman y que nos conectan con el miedo. Todos utilizamos mecanismos de defensa, que es un término que estudiaron los psicoanalistas. Estos son barreras que nos permiten tolerar mejor las circunstancias que nos resultan difíciles de asumir. Sin embargo, lo peligroso es quedarse a vivir en la tierra de la evitación, instalarse en ella. Esto sucede con muchas emociones. Por ejemplo: quejarse no es malo, lo malo es instalarse en la queja porque me hace vivir desde el victimismo. Sentir rabia o enfadarse no es malo, lo malo es instalarse en la frustración y vivir enrabiado y volverme obstinado. En muchas ocasiones, la diferencia entre algo que puede ser beneficioso o pernicioso es la duración y el enganche, quedarme a vivir en vez de mudarme.

Los adultos que evitan sus propias emociones desagradables tienden a repetir el mismo patrón evitativo con sus hijos. Estos adultos que son incapaces de identificar, validar o regular sus propias emociones, ¿cómo no van a ser incapaces de poner nombre, recoger o tolerar las de sus hijos? Es decir, que a la hora de dejar a los demás expresar su malestar, si presentamos un patrón de evitación con nuestro propio malestar, será más frecuente que nos salgan mensajes de invalidación hacia el otro. Apártalo, déjalo estar, mira hacia delante, piensa en otra cosa, no le des importancia... cualquier acción que implique apartar, bloquear u ocultar esa emoción.

A fin de cuentas, todo se resume en que no estamos preparados para soportar el dolor ajeno si antes no podemos soportar el nuestro propio. La buena noticia es que en estas situaciones en las que nos abrumamos o nos desbordamos, la compasión hacia uno mismo nos permite sentir el dolor ajeno sin que llegue a abrumarnos. Cuando reconocemos lo difícil que nos resulta estar ahí para las personas que lo están pasando mal, podemos ser más fuertes, más estables y resilientes para acompañar a los demás en su sufrimiento.[38]

Por falta de autocrítica

Otro contexto distinto no es el que sucede desde el no saber cómo hacer las cosas de un modo diferente, como sucede en los tres aspectos que acabamos de ver, sino que es una invalidación hecha a propósito. Por ejemplo, ponte en la situación de que una pareja celebra hoy su sexto aniversario de bodas. A él se le ha olvidado esta fecha tan señalada y ve a su pareja poner la cara larga y los ojos rojos. Su mujer se siente triste y decepcionada. Él no puede tolerar su dolor o no puede asumir que ha tenido un descuido y la invalida mediante el rechazo directo: «No te pongas así que no es para tanto», mediante una minimización: «Es el primer año que se me pasa, tampoco hace falta que montes un drama» o cambiando de tema con una proyección de la culpabilización: «Bueno, a veces tú tampoco te acuerdas de muchas fechas señaladas y no te hago sentir mal».

Algunas personas, cuando les cuesta asumir que se han equivocado, que han errado o que han dicho o hecho algo incorrecto, y no lo asumen ni se responsabilizan, pasan a invalidar lo que el otro siente. En este caso, la persona no acepta que se ha equivocado debido a sus propias inseguridades, a sus propias heridas, a su propia historia y mochila emocional y a la falta de autocrítica deriva en una invalidación emocional. Esta puede ser una de las situaciones más dolorosas y que generan más conflictos. Recuerda que una relación en la que no hay reparación está abocada a su destrucción.

AÑADIR MÁS LEÑA AL FUEGO: LAS TERRIBLES CONSECUENCIAS DE LA INVALIDACIÓN EMOCIONAL

¿A quién no le duele que le juzguen por cómo se siente? Por mucho que intentemos con todas nuestras fuerzas hacer oídos sordos a lo que un familiar importante o un amigo de toda la vida nos diga, tarde o temprano tendremos que hacer frente a esa dura realidad. Desear la validación y la aceptación de los demás es totalmente normal. A veces, relacionamos el querer recibir una respuesta de reconocimiento o de legitimización con ser débiles o inseguros. Todo lo contrario, es una necesidad humana vital.

Las consecuencias de recibir invalidación por parte de nuestros seres queridos dependen de si tenemos herramientas para detectar mensajes de rechazo, de juicio o de no permisión. Cuanto menos desconozcamos qué mensajes implícitos comportan la desaprobación de nuestras emociones, más susceptibles somos de ser dañados con ellos. Por eso es tan importante identificar y poner palabras a cómo nos sentimos y volvernos expertos en validación emocional.

Otro factor destacable es el tipo de relación que tenemos con la persona de la cual recibimos invalidación. Es normal sentirnos más abatidos o sorprendidos si alguien importante para nosotros no recoge nuestro dolor. Aunque si ese rechazo proviene de parte de una autoridad, como un profesor o una persona con un alto cargo, es más fácil que nos bloqueemos y que nos sintamos indefensos y avergonzados. Lo que está claro es que la invalidación duele mucho. Veamos las distintas formas en las que ese dolor se manifiesta.

Doble emocionalidad negativa

La principal consecuencia de recibir un comentario de juicio o un gesto de desaprobación sobre lo que uno siente es que siempre te hará sentir peor de lo que ya estabas. Es decir, que cuando te invalidan, te sientes doblemente mal. En primer lugar, por cómo me siento y, en segundo lugar, porque con lo que me dices percibo que no debería sentirme así.

Como consecuencia, una de las emociones que se puede despertar en nosotros es la rabia. Estaríamos hablando de que ante un rechazo, podemos salirnos de nuestra ventana de tolerancia y entrar en la zona de hiperactivación emocional. Y, quizá, desde ese lugar, caigas en faltarle al respeto al otro como una forma disfuncional de poner límites ante su falta de consideración o empatía. «¡Nunca entiendes cómo me siento!», «¿Y diciéndome esto crees que voy a estar mejor?», «Si no me vas a apoyar, vete, ¡fuera de aquí!». Comprendo lo dolido que estás, pero la rabia no es una buena amiga cuando se trata de comunicarnos con los demás porque nos lleva a la agresividad verbal.

La rabia que nos puede dar que el otro no se ponga en nuestro lugar o que no empatice ni sea capaz de respetar nuestras decisiones, a menudo suele ser una rabia tapadera de la tristeza. Y pasados unos minutos, la tristeza llamará a la puerta. La gran tormenta de ira se transforma en una sensación de abatimiento y de desánimo, y con ellas no es de extrañar que nos entren unas tremendas ganas de llorar. La tristeza suele ir acompañada de la *rumiación*, cuando tus pensamientos entran en modo centrifugado. Empiezas a darle vueltas y vueltas y vueltas, y a repasar todo lo sucedido palabra por palabra: «Quizás no me expresé bien», «Quizás el otro no me entendió», «Quizás tiene razón», «Quizás me esté equivocando», «Quizás no tenía que haber dicho nada»... Está comprobado que los mensajes invalidantes son descalificaciones, y que estos, de forma repetida, llevan al individuo que los recibe a un estado depresivo.

Indigestión emocional

Hay personas que relatan que se quedan bloqueadas, paralizadas o congeladas, que notan que su cuerpo no responde y que se desconectan de las emociones y de las sensaciones corporales que estaban sintiendo. Estaríamos hablando de una reacción de *shock* ante una respuesta emocional inadecuada. Esta forma que tiene el cuerpo de reaccionar es porque siente una amenaza que no sabe cómo procesar y se activa en nosotros el sistema parasimpático dorsovagal. De este sistema hablaremos más adelante, sobre todo en las emociones del miedo y de la vergüenza. El resultado es la *indigestión emocional*. La otra persona, en vez de ayudarnos a procesar y a digerir, provoca que esas emociones se nos atraganten y nos empiece a doler la barriga. Algunas de las sensaciones corporales derivadas de la indigestión emocional son que se nos forme un nudo en la garganta, y notar como si una mano nos presionara fuertemente el pecho dificultando nuestra respiración o como si una persona se apoyara en nuestros hombros empujándolos hacia abajo.

¿Podré contar contigo la próxima vez? Distanciamiento y reducción de la información

¿Cómo de cerca te sientes de las personas que te hacen sentir que lo que sientes está bien y que no te dejan espacio para compartir con ellas cómo estás? ¿Cómo de cerca te sientes de las personas que quieren que tu malestar pase rápido y que vuelvas a estar bien? La validación acerca y la invalidación crea distancia, y cada vez que sucede una invalidación la gente se separa creando un enorme muro de hielo. La próxima vez que necesites pedir ayuda, seguramente te lo pienses dos veces antes de acudir a esa persona. El contacto con el otro pasa a ser una amenaza, y puede darnos miedo que vuelva a reaccionar de la misma forma la próxima vez.

Además, hay personas que demandan mucha atención y que nos suelen llamar para quedar y contarnos sus contratiempos, aventuras o anécdotas. Es verdad que en eso consiste la amistad y seguramente no te importe apoyarlas y cederles tu tiempo. Pero genera una gran sensación de soledad y de desánimo que el otro pueda encontrar en ti un sostén y, en cambio, tú no puedas contar con él. Sería un error entrar en un juego o en un duelo de egos: como tú no me ayudas, no te voy a ayudar. Por eso, en vez de entrar en una batalla, es importante que te tomes el tiempo que consideres necesario y suficiente para reflexionar y valorar cómo te sientes en esa relación.

Destrucción de la autoestima

Cada vez que nos dicen que no estemos tristes o que no nos lo tomemos de la forma en la que lo estamos haciendo, nos hacen sentir pequeños, que no valemos nada, incomprendidos. Cuanta más invalidación hemos sufrido a lo largo de nuestra vida, con más desconfianza miraremos a nuestras emociones. Las trataremos como enemigas y, en vez de agarrarlas del brazo e ir a por todas con ellas, te las cuestionarás y creerás que mereces todo lo malo del mundo: «¿Debería sentirme así?», «¡Qué tonta soy por sentir esto!», «No tengo remedio, merezco sentirme culpable». Sentir que eres incorrecto, defectuoso, que no importas, que no vales nada o que no tienes derecho a sentirte así son algunas de las vivencias y creencias negativas que destruyen la estima que una persona se tiene a sí misma. Si la invalidación es continuada e intencional, es una forma de abuso emocional. Una gota de agua no derrama un vaso, pero una gota cada día, acaba por tirar el vaso abajo.

¿CÓMO PUEDO DEFENDERME?: LA METACOMUNICACIÓN Y EL PONER LÍMITES COMO NUESTRAS PRINCIPALES BARRERAS

Muchas de las veces en las que recibiremos invalidación por parte de los demás van a ser situaciones difícilmente controlables y en las que en pocas ocasiones podremos hacer algo para cambiar esa ocurrencia. También es verdad que cuanta más seguridad tiene una persona en lo que siente y, en definitiva, en quién es, menos le afectará lo que le digan los demás.

Por lo tanto, ¿qué podemos hacer para frenar la invalidación y transmitirle al otro cómo nos sentimos ante sus palabras de rechazo y de juicio? Hay una diferencia que me gusta mucho utilizar en consulta, que es la diferencia entre reaccionar y responder. Aunque parezcan sinónimos, una cosa es reaccionar a lo que sucede y la otra es responder. Cuando reaccionamos, nuestro cuerpo se lanza a la acción sin premeditación. La impulsividad es el elemento clave. En cambio, cuando somos capaces de reconocer lo que sentimos en el momento presente, podemos impedir que esos sentimientos nos lancen a actuar bravamente.

Reaccionas a tus sentimientos cuando...	Respondes a tus sentimientos cuando...
• Atacas a la otra persona. • Es probable que luego te arrepientas de lo que has dicho o cómo te has comportado. • Sientes que pierdes el control. • Te dejas arrastrar por la intensidad de tus emociones. • Puede que luego te cueste acordarte de lo que has dicho, porque estabas tan alterado que no pensabas con claridad. • Alzas la voz, gritas, interrumpes, haces gestos amenazantes con las manos.	• En el mismo momento en el que sientes una emoción, eres capaz de pensar sobre ella, es decir, mentalizarla. • Puedes preguntarte: «¿Por qué me estoy sintiendo así?». • Sientes que la emoción te llevaría a actuar, pero logras contenerla. • Sientes que eres tú la persona que controla la situación, y no tus emociones. • Después, te sientes orgulloso de cómo has gestionado una situación complicada.

Para trabajar el paso de reaccionar a responder, para mordernos la lengua en vez de chillar y atacar, necesitamos espacio mental para poder hacernos algunas preguntas: ¿qué está ocurriendo aquí y ahora? ¿El peligro es real o solo son pensamientos de peligro? ¿Qué sentido tiene atacar al otro si precisamente nos estamos quejando de que es el otro quien lo está haciendo? ¿No estaríamos actuando de la misma forma? ¿No le estaríamos pagando con la misma moneda?

Aunque no seamos capaces de responder, la propia validación y autocompasión nos ayuda a tomar conciencia de la realidad, a reparar el error y a seguir adelante. La reparación es uno de los mayores actos de amor. Reconocer que no he actuado bien y que me he equivocado es necesario para construir vínculos sanos y amorosos. Si yo estaba hablando por teléfono y he reaccionado con: «Tía, ¿crees que puedes decirme esto y quedarte tan ancha?», e inmediatamente he colgado porque mi mejor amiga me había dicho: «Qué exagerada eres, no es para tanto», seguramente me haya sentido incomprendida, insultada o que soy caprichosa. En ese momento, me he sentido dañada y no he sido capaz de echar el freno, por lo que he reaccionado ante su invalidación. Pero lo bueno es que puedo repararlo. ¿Cuándo? Cuando sea capaz de tomar distancia y pensar con claridad lo que ha pasado. Es un grave error pensar «¿Por qué tengo que disculparme yo si es ella la que se ha pasado primero conmigo?». ¿Qué más da quién atacó primero y quién después?

En esta vida no estamos para jugar al juego del rencor, de las batallas y de la alevosía. Lo ideal sería que ambas pudierais pedir perdón, cada una por lo suyo. Sin embargo, no todos tenemos la misma capacidad de tomar conciencia de nuestros errores ni la valentía para reconocer nuestras equivocaciones. Si tú lo haces, benefíciate de ello. ¿Cómo podemos solucionar y mejorar esta situación? Primero, pidiendo disculpas, y segundo, poniendo límites. Porque, como verás a continuación, los límites se ponen desde la respuesta, no desde la reacción. Se marcan desde la firmeza, no desde la ira y la agresividad.

Poner límites y la metacomunicación van a ser dos grandes herramientas que nos permitirán protegernos a nosotros mismos y a nuestros vínculos. Ambas estrategias están intrínsecamente relacionadas, ya que poner límites implica indirectamente comunicar acerca de cómo nos estamos comunicando.

Utilizo el verbo «proteger» porque me gustaría que pensaras en estas dos herramientas como nuestros escudos y no como espadas o armas de ataque. Los escudos sirven para defenderse, pero no implican la ofensiva. No se trata de defenderse atacando al otro, sino de que el otro logre empatizar y comprender que sus palabras de rechazo y de crítica tienen consecuencias negativas en mis estados emocionales.

Veamos estas dos herramientas por separado para comprenderlas mejor y poder usarlas.

La metacomunicación

Fueron los psicólogos sistémicos los que, al trabajar diariamente con familias y parejas, empezaron a hablar de la relevancia de la metacomunicación en los vínculos. Como hemos visto antes, metacomunicar es hablar sobre lo que se está comunicando en sí mismo. Esta es una poderosa herramienta que nos va a permitir sacar a la luz nuestros sentimientos respecto a las palabras juiciosas, las críticas o los menosprecios. En este caso, se trata de exponer tu punto de vista asertivamente diciéndole que con eso te está invalidando y que sí que tienes derecho a sentir como te sientes, ya sea inseguro, sorprendido, mosqueado o celoso.

Algunos ejemplos de cómo puedes metacomunicar la invalidación emocional son los siguientes:

- «Cuando me dices esto, siento que no te estás poniendo en mi lugar».
- «Entiendo que eso es lo que tú harías, aunque necesito que me escuches más y que me des menos soluciones».
- «Es importante para mí contar con tu apoyo; si me dices esto, siento que no tengo derecho a estar mal».
- «Que me digas que estoy montando un drama no me hará sentir mejor».
- «Me sabe fatal que me digas esto».
- «He acudido a ti porque confío en ti, pero si me dices esto, no me siento respetada».
- «Me siento juzgado».
- «Me gustaría que me comprendieras y que me dejaras estar triste porque ahora es lo que necesito».
- «¿Qué es lo que te está dificultando ponerte en mi lugar?».
- «No puedo evitar sentir que te incomodo con mis sentimientos».
- «Yo creo que es normal que me sienta frustrada y decaída con todo lo que me está pasando».
- «Me dices que puedo contar contigo y apoyarme en ti, pero, por otro lado, cuando me oyes pones los ojos en blanco y, sin darte cuenta, resoplas».

- «Si no me miras a la cara, siento que no te importa como estoy».

La habilidad de poner límites

Los límites ayudan tanto a estar separados como conectados con los demás. Poner límites es la acción de decirle al otro qué no estoy dispuesto a tolerar en nuestra relación, dónde están mis líneas rojas. Por lo tanto, ayudan a proteger mis necesidades y a cuidar de mí mismo. Es una demanda muy habitual en terapia, ya que muchas personas buscan aprender a poner límites. A veces, esta solicitud viene seguida de: «Es que veo que a los demás no les cuesta y a mí no me sale, me quedo bloqueado». No sabemos con certeza si a los demás les cuesta o no, pero lo que sí sé es que poner límites no es nada fácil. La dificultad para poner límites depende de distintas variables: a quién le pongo límites, en qué contexto me encuentro, cómo es nuestra relación, qué rol tiene el otro conmigo y cuál tengo yo, qué consecuencias tiene ponerle límites a esa persona…

Si te cuesta decir que no, significa que te cuesta poner límites. Porque para poder pronunciar con contundencia y firmeza un «no» se necesita cierta cantidad de rabia, pero a la vez la capacidad de ser asertivos y de emplear la templanza. No vale establecer estos límites desde cualquier lugar; para ponerlos es necesario situarnos en el terreno de la comunicación asertiva, que significa que respetas al mismo tiempo al otro y a ti mismo. Ser empático pero firme a la vez. Ser respetuoso pero claro.

Es una habilidad progresiva, que se entrena y se desarrolla con el tiempo. Cada vez que le pones un límite a alguien, cumples con tu palabra y ves un cambio en el otro, subes un peldaño más en tu habilidad. Y es que para poder ver resultados resulta imprescindible mantener la línea roja que hemos dibujado. Esa puede ser una de las partes más difíciles de manejar, porque cuando alguien que no está acostumbrado a que le pongan barreras se encuentra con una, lo que hará es quejarse para que las quites. Es lo que en psicología infantil se llama «estallido de extinción», que sucede cuando el niño que antes obtenía lo que quería ya no lo hace, dando lugar a que patalee y lloriquee con más fuerza que nunca. De esta forma, resulta retador para sus cuidadores mantener el límite y no ceder, pero, si logran mantenerlo sin decaer, el día de mañana ganarán un adolescente tolerante y agradecido con lo que tiene.

Quiero mostrarte algunas cuestiones para que puedas reflexionar sobre tu habilidad para poner límites que creo que pueden serte de utilidad:

- ¿Dónde aprendí a no poner límites?
- ¿Qué pensaré sobre mí si pongo límites?
- ¿Qué creo que gano si no pongo límites?
- ¿Qué temo que ocurra si pongo un límite?
- ¿Qué beneficios puedo obtener si pongo límites?
- ¿Cómo puedo sostener el malestar de poner límites y que el otro se enfade o se distancie?

No sé si es tu caso, pero, a veces, no nos vemos con fuerza para comunicarle al otro qué es lo que esperamos de la relación entre ambos porque tenemos ciertas creencias erróneas o distorsionadas sobre lo que realmente significa poner límites sanos.

¿Qué significa poner límites?	¿Qué no significa poner límites?
• Protegerme. • Comunicar mis propios deseos, necesidades y sentimientos. • Respetar mis límites físicos y sexuales. • Respetar mi tiempo y mi espacio. • Validar mis emociones y sentimientos. • Respetar mis decisiones. • Darle a conocer al otro qué tolero y qué no tolero. • Darme valor. • No tolerar el abuso ni las faltas de respeto. • Conservar mis valores personales y mi integridad.	• Ser agresivo. • Amenazar. • No dejar expresar al otro. • Ser egoísta. • Anteponer mis necesidades a las de los demás. • Intentar controlar a los demás.

Absolutamente todos tenemos derecho a poner límites, siempre y cuando lo hagamos desde la asertividad y desde la responsabilidad afectiva. Pero ¿cómo saber si soy una persona a la que le cuesta poner límites? El siguiente recuadro te muestra afirmaciones relacionadas con esta importantísima habilidad relacionada directamente con nuestra autoestima.

¿Cómo sé si me cuesta poner límites?
• No soy capaz de decir que no. • Me siento mal cuando digo que no. • Necesito saber que el otro está bien conmigo, aunque yo no lo esté con él. • Ignoro mis necesidades y priorizo las de los demás. • Comparto demasiada información personal muy pronto en una relación. No sé cómo marcar el ritmo de compartir lo personal. • A menudo siento que abusan de mí y lo dejo pasar. • Tengo problemas para identificar mis necesidades, deseos y sentimientos. • Si soy capaz de identificarlos, suelen ser secundarios respecto a los de los demás. • Me siento responsable de la felicidad y del bienestar de otras personas e ignoro los míos. • Doy más valor a las opiniones de los demás que a las mías. • Traiciono mis valores y creencias para agradar a los demás o evitar un conflicto. • Cuando pongo un límite, cedo si la otra persona presiona un poco.

Si te sientes identificado con la mayoría de las afirmaciones de este recuadro, es que tus límites son laxos o derrotados.[39] Un ejercicio que puedes emplear para poner límites en caso de invalidación emocional es el siguiente:

Practicando los límites

1. Imagina una situación en la que recibes una invalidación.
2. Piensa un mensaje que contenga un límite y una consecuencia para que la otra persona sepa qué sucede si no respeta tus necesidades emocionales.
3. Trata de imaginar las diferentes respuestas de la otra persona.
4. Prepárate para afrontarlas, bien con otros límites o bien puedes utilizar la técnica del disco rayado. Esta técnica asertiva consiste en repetir una y otra vez el mismo mensaje sin alterarlo ni cambiarlo. Como consecuencia, el otro se cansa y desiste.
5. Representa esta situación con un amigo de confianza, con tu pareja o con tu psicólogo.
6. Cierra los ojos y conecta con la sensación de ser capaz de defender, proteger y respetar tus valores, tus deseos y sentimientos.
7. Felicítate por dedicarle tiempo a mejorar la relación contigo mismo y tus relaciones personales.

Finalmente, te muestro algunos ejemplos de límites frente a mensajes de invalidación emocional para que puedas utilizarlos como recurso (aunque espero que no te hagan mucha falta):

- «Si me sigues llamando histérica, voy a colgar la llamada».
- «No me estás dejando sentirme mal y ahora es lo que necesito».
- «¿Te has dado cuenta de que me interrumpes todo el rato? Me gustaría que me escucharas».
- «Necesito que me escuches sin criticar mis decisiones».
- «El otro día no me sentí apoyada, ¿podemos quedar en otro momento?».
- «Aunque me digas que esté tranquila con la mejor intención, no me ayuda».

- «Sé que me dices esto con la mejor de tus intenciones, pero ahora mismo no es lo que necesito».
- «Esto no me ayuda».
- «Te agradecería que no intentaras cambiar de tema».
- «No quiero que me digas lo que hacer, quiero que me apoyes».
- «Me sentiría mejor si me dejas un poco de espacio y hablamos más tarde».
- «Estoy intentando abrirme contigo, pero siento que quieres cambiar de tema todo el rato».

TERCERA PARTE

SER LUGAR SEGURO: LA PRÁCTICA DE LA VALIDACIÓN INTERNA Y EXTERNA

«Las emociones son el modo en que bailamos juntos, y hacerlo forma parte del centro de la iniciativa del ser humano.»

COLWYN TREVARTHEN

¿Cómo estás? ¿Cómo te estás sintiendo con lo que llevas leído? Como habrás descubierto, qué importante es ir haciéndonos esta pregunta para revisar nuestro mundo interno y brindarnos una pausa que nos ayude a integrar.

Llegamos a la última parte, que es mi preferida. Venimos de un segundo bloque que, aunque ilustrativo y clarividente, quizás pueda llegar a ser un poco desalentador o descorazonador. Por ello, este tercer apartado, a mi parecer, es como un soplo de aire fresco. Como cuando no encuentras salida a lo que te sucede y de repente se abre una puerta, se te ilumina la cara y consigues ver el sol brillar de nuevo. Este bloque es como la tercera etapa de una tormenta: la disipación. Al igual que sucede con el curso natural de las emociones, que se inician, se intensifican y, paulatinamente, disminuyen.

Todos buscamos tener recursos, por eso lo central de este bloque son los ejercicios, las herramientas y los ejemplos prácticos. Vamos a aprender a hablar un nuevo idioma, el más importante de todos. El idioma más universal que existe y que impregna y llena de color nuestra existencia. El idioma que no conoce de razas, de culturas, de ideología ni de religión. El lenguaje del amor seguro. El amor está en todas partes, no solo en las relaciones de pareja. El único amor que es seguro para toda la vida es el amor propio. Descubriremos cómo contrarrestar los efectos de nuestra propia autoinvalidación si somos capaces de proporcionarnos y de regalarnos autocompasión y autocuidado. El objetivo es tratarse a uno mismo como si fuéramos nuestro mejor amigo, de conseguir ser igual de bondadosos con nosotros como lo somos con aquellos a los que más queremos. Y esto supone hacerse una promesa personal: la de quererse, respetarse y validarse mucho.

A través de los seis niveles de validación que propone la terapia dialéctico conductual, adquirirás seis poderosas formas de legitimar y acompañar la experiencia emocional de los demás. Porque sostener es algo que no solo hacemos con lo que decimos, sino también con el lenguaje del propio cuerpo. Más en concreto, con el de nuestra mirada y escucha activa. Navegaremos por las islas emocionales más importantes, tanto las de las emociones agradables como las de las emociones desagradables, y veremos qué sucede con algunas emociones o algunas personas que pueden ser un tanto engañosas. Pero, tranquilo, te ayudaré a entenderlas y a saber cómo hacer para sortearlas, para no salir malherido.

Cuando parecerá que todo se torna oscuro de nuevo, llegará la paz. Descansaremos y recuperaremos fuerzas hablando de cómo las relaciones validantes nos conectan, nos cuidan, nos acarician el alma y nos llenan todos los vacíos del corazón.

9

SER TU MEJOR AMIGO: LA AUTOVALIDACIÓN CONSCIENTE

Carmen es una mujer casada con su marido y, en parte, también con su trabajo. Carmen ostenta un alto cargo en una empresa directiva y tiene mucha responsabilidad a sus espaldas. Su marido también trabaja en una multinacional. Hace años que decidieron no tener hijos porque, de manera muy sabia, eran conscientes de que no podrían dedicarles el tiempo que merecen. La labor de Carmen en su posición genera mucho estrés. El otro día en sesión contaba cómo había llegado a casa y le contaba a Carlos que había tomado una decisión que era trascendental para un proyecto que dentro de poco vería la luz. Carmen dudaba de su decisión y quería que Carlos la apoyara y le dijera que había hecho bien. Pero Carlos tenía la cabeza en otra cosa y Carmen no sintió el respaldo que imaginó recibir cuando volvía en el trayecto de la oficina a casa. En sesión indagamos esa situación y vimos que realmente de quien no obtenía validación era de ella misma. Carmen dudaba, se cuestionaba, se decía a sí misma que no estaba preparada para ello, que tendría que saber qué elegir. Es decir, se estaba invalidando y como ella misma no se daba la compasión y la aceptación que necesitaba, buscaba fuera lo que ella misma no encontraba dentro.

¿Te has sentido identificado con Carmen? Si lo has hecho, no te preocupes, es normal. Muchas veces la invalidación no viene de fuera, sino de uno mismo. Es habitual querer hallar la aceptación en lo externo, porque, como se mencionaba antes, la corregulación forma parte de nuestra existencia. Pero no debemos olvidar que, si caemos de forma repetida y automática en demandar siempre el reconocimiento de otro, cuando yo mismo no me doy lo que necesito, caigo en una trampa. Tú mismo necesitas ser tu propio lugar seguro. Tú mismo necesitas darte valor, reconocimiento y aceptación. De hecho, cuanto más autocompasivos somos y más desterramos la crítica, menos necesitamos la aprobación de los demás.

Lo contrario de ser tu peor enemigo cuando rechazas tu tristeza después de un día malo, cuando apartas tu rabia cuando tu jefe te ha corregido en una reunión, cuando bloqueas tu desesperación cuando no encuentras trabajo o cuando te juzgas porque te causa auténtico pavor subir a un avión, es pasar a ser tu mejor amigo. Tratar tus emociones como tus aliadas y lograr permanecer en esa incomodidad diciéndome de forma compasiva: «Está bien lo que siento». De esta forma, la carga emocional se aligera.

He decidido llamar «validación consciente» a la combinación de dos elementos clave que, poniéndolos en práctica, ayudan a transitar internamente de la invalidación a la validación. Uno es la autocompasión, y otro, el autocuidado. Precisamente, la autocompasión consiste en tratarte del mismo modo en que tratarías a un amigo que está atravesando por un momento difícil.

Además, el trabajo con el autocuidado nos lleva a explorar y a desaprender la forma en la que nos cuidamos actualmente y a transformarla en un nuevo modo de relacionarnos con nosotros mismos. Ambas, autocompasión y autocuidado, son dos caras de la misma moneda, la una lleva a la otra, y viceversa. Empezaremos primero por la autocompasión, de la mano de Kristin Neff, pionera en el estudio y la investigación de cómo la amabilidad y la bondad hacia uno mismo pueden llegar a ser una actitud ante la vida que te proteja de los infortunios y las adversidades. En segundo lugar, navegaremos de la mano de Anabel González por el necesario mundo del autocuidado. Anabel es psiquiatra, terapeuta EMDR y ha promovido la importancia del autocuidado como un trabajo transversal en todas las dificultades por las que atraviesa una persona.

El siguiente apartado empieza con una palabra, en concreto un verbo, que quiero enfatizar. El verbo es «cultivar». Cuando cultivamos o sembramos semillas para que germinen plantas, no lo hacemos pensando en que lo que siembre hoy, mañana estará listo para ser recolectado. Sino que lo que siembro hoy, mañana riego, mañana reviso, mañana cuido, mañana presto atención. Cada día persevero hasta que llega una mañana en la que puedo recolectar los frutos de mi esfuerzo diario. Igual que entendemos que no podemos acelerar el proceso de germinación de una suculenta, el florecimiento de un lirio o el crecimiento de un roble, me gustaría que comprendieras que tampoco podemos adelantar ni forzar nuestra evolución personal. Se trata de cultivar, de respetar los tiempos de cada uno de nosotros. Roma no se construyó en un día, pero se ponían ladrillos cada hora.

La autovalidación consciente no se construye en un día, pero se practica a diario. Tenemos la suerte de que las emociones forman parte de nuestra rutina, a cada paso que damos, por lo que cada día es una nueva oportunidad para ejercitar la autovalidación. Si nos ayudamos de la autocompasión y del autocuidado, el camino hacia nuestro destino será más llano.

¿Cómo me imagino este camino? Puedes imaginar que estás subiendo unas escaleras hacia una meta. Pero en vez de poner el foco en el día que serás capaz de validar tus emociones, de respetarlas, de que no te inquiete cómo reacciona tu cuerpo delante de situaciones imprevisibles o desagradables, de ser capaz de quedarte con esas sensaciones hasta que la intensidad disminuya... Quiero que pongas el foco en cada peldaño que subes de esa escalera. De lo contrario, un viaje que haces porque te motiva, por ilusión, ganas y motivación, puede pasar a ser una travesía un tanto desalentadora. Porque quizás no se trata tanto de llegar a la cima o de que cumplas con tu objetivo deseado, sino de ser capaz de afrontar nuevos retos más ligeros de equipaje, lúcidos y entrenados para vivirlos con más armonía y paz emocional.

CULTIVAR EL AUTORRESPETO: LA AUTOCOMPASIÓN

Recuerdo cuando empecé a oír hablar de la autocompasión. Fue cuando me encontraba haciendo el Máster en Psicología Sanitaria, en concreto en una clase que trataba sobre el mindfulness como herramienta terapéutica. Entonces, aún no había pegado el *boom* ni el salto que han dado las prácticas meditativas llegando no solo a personas que practicaban yoga o que habían hecho terapia. Ahora siento que cada vez están más extendidos los valores del mindfulness, en la actualidad hay aplicaciones para el móvil que te permiten hacer meditaciones y visualizaciones guiadas. Hace pocos años, esto no era así.

Jon Kabat-Zinn, maestro mindfulness, dice que «No puedes detener las olas, pero puedes aprender a surfear». Esta es la mentalidad con la que me gustaría que fueran vistas tus emociones y tus sentimientos.

Hay tres elementos que conforman la autocompasión: ser amable con uno mismo, la humanidad compartida y el mindfulness.[40] Vamos a desgranarlos:

- Ser amable con uno mismo implica brindarnos y concedernos protección y alentarnos. Esta actitud facilita un estado de tranquilidad y esperanza cuando las circunstancias son difíciles de soportar.
- La humanidad compartida significa que los seres humanos estamos interconectados y que todo el mundo atraviesa situaciones difíciles, mete la pata, se equivoca y comete erro-

res. También significa que la experiencia de sufrimiento y de dolor que uno mismo tiene en una situación es muy similar a la experiencia de sufrimiento y de dolor que siente otra persona.

- El mindfulness es una práctica meditativa, pero también una forma de concebir la realidad. Significa estar abiertos a la realidad del momento presente, permitiendo que todos nuestros pensamientos, emociones y sensaciones entren en nuestra conciencia sin resistencia ni evitación alguna.

Hay personas que creen que la autocompasión es tener lástima de uno mismo e instalarse en un rol victimista y pasivo. Aquellas personas que practican la autocompasión en sus vidas logran relacionarse de forma más objetiva con sus preocupaciones, y eso no tiene nada que ver con una actitud lastimera y que tu vida gire en torno a todos los males que te suceden.

Para que quede claro qué es y qué no es la autocompasión, he ideado el siguiente cuadro:

Autocompasión es...	Victimismo es...
• Me permito fallar sin juzgarme ni machacarme. El error forma parte de nuestra imperfecta existencia. • Me permito liberarme de mi voz crítica, reconciliarme y estar en paz conmigo mismo. • Me perdono y avanzo hacia mi futuro. En el pasado hiciste lo que pudiste con lo que sabías.	• Me quedo estancado reviviendo mis malas experiencias. • Creo que no puedo hacer nada para mejorar mi estado de ánimo. Pongo todas las causas de mi sufrimiento fuera, culpabilizando al mundo o a los demás de mi situación (locus de control externo). • Me instalo en la queja, convirtiéndome en esclavo de mi sufrimiento.

Otra asociación negativa es la de relacionar una mirada amorosa hacia nuestras emociones con la debilidad y la fragilidad. Sin embargo, la autocompasión es una fuente segura de fortaleza que no solo aumenta nuestra resistencia, sino que proporciona valor para enfrentarnos a las dificultades que la vida nos depara.

Lejos de ser una práctica individualista y egoísta, la autocompasión mejora también los niveles de empatía, de bondad y de amabilidad con los demás.

Evalúa tu nivel de autocompasión

Evalúa tu nivel de autocompasión con la siguiente versión adaptada y breve de la «Escala de Autocompasión», proporcionada por Kristin Neff. Esta escala mide el nivel de autocrítica o bondad con el que las personas se tratan a sí mismas. Las siguientes afirmaciones describen el modo en que nos relacionamos con nosotros en los momentos difíciles.

¿Eres compasivo contigo mismo?

1. Trato de ser comprensivo y paciente con aquellos aspectos de mi personalidad que no me gustan.
2. Cuando algo me molesta, trato dc mantener equilibradas mis emociones.
3. Contemplo mis defectos como parte de la condición humana.
4. Cuando fracaso en algo que me parece importante, siento que no soy suficiente.
5. Cuando fallo en algo, me siento solo en mi fracaso.
6. Desapruebo y critico mis defectos y todo lo que no me gusta de mí.
7. Cuando me siento inadecuado, procuro recordar que la mayoría de la gente también puede sentirse así en algún momento de su vida.
8. Cuando estoy atravesando un momento difícil, me trato con el cuidado y la ternura que preciso.

Seguramente, llegados a este punto comprendas cómo de relacionada está la autocompasión con la validación. De hecho, si la autocompasión no forma parte de nuestras vidas, será difícil encontrar nuestra propia validación. De hecho, cuanto más nos resistimos a las situaciones que nos superan a nivel emocional, más dolor nos causarán. El maestro de meditación Shinzen Young lo resume en la siguiente fórmula:

$$\text{Sufrimiento} = \text{dolor} \times \text{resistencia}$$

Adaptando su fórmula específicamente a la invalidación emocional, obtendríamos:

$$\text{Sufrimiento} = \text{emoción} \times \text{invalidación}$$

Es decir, hay emociones con las que nos resulta difícil lidiar o tolerar, que nos incomodan, nos tensan los músculos o nos entristecen la mirada. Pero el malestar se ve intensificado por qué es lo que hacemos con esa molestia o inquietud emocional. Si en vez de aceptar y recoger, lo que hacemos es luchar, evitar o juzgar, vamos a multiplicar nuestra angustia. En cambio, si somos capaces de atendernos desde el autorrespeto y la legitimación, la cosa cambia:

$$\text{Tolerancia} = \text{emoción} \times \text{validación}$$

La siguiente práctica está dirigida a transformar la invalidación y el sufrimiento en la validación y la tolerancia:[41]

Práctica de validación desde la autocompasión
Validación desde la bondad amorosa

1. Encuentra un lugar tranquilo. Cierra los ojos y comienza apoyando una mano sobre tu corazón o en otra parte del cuerpo que te transmita calma y siente cómo tu cuerpo respira.
2. ¿Qué es lo que necesitas escuchar ahora mismo? ¿Qué palabras quieres escuchar porque, como todo el mundo, tú también las necesitas?
3. Intenta dejar los juicios a un lado. No se trata de decirte la verdad, sino de abrirte con valentía a escuchar lo que necesitas.
4. Toma nota, cuando termines, de lo que hayas escuchado.
5. Procura, si escuchaste muchas palabras, elaborar con ellas una frase corta que te transmita un mensaje importante. Así obtendrás un mantra fácil de recordar que aúne toda la potencia de esas palabras.
6. Dedica unos momentos a memorizar esas palabras o frases.
7. Procura ahora ver cómo te resuenan. Empieza pronunciándolas lenta y amablemente una y otra vez, susurrándolas como si estuvieras pronunciándolas al oído de un ser querido. Deja que resuenen en tu interior y escúchalas también desde dentro.
8. Revisa cómo está tu tiempo interior, esas emociones con las que habías empezado esta práctica.
9. Anota y escribe lo que necesites y agradécete estar cultivando una relación sana con tus emociones.

¿Tal vez advertiste algo mientras llevabas a cabo este ejercicio? ¿Te ha sorprendido algo en concreto? ¿Cómo te sientes con las frases que aparecieron? Encontrar aquellos mensajes que nos ayudan o nos hacen sentir bien puede no ser fácil. Por ello, quiero dejarte algunas ideas de mantras o expresiones autocompasivas y de aprobación hacia lo que sentimos, que puedes tomar como referencia si lo prefieres.

Mensajes para brindarte autovalidación consciente
• Lo que siento está bien. • Merezco sentir ... • Me permito sentir ... • Esto que siento solo es una emoción, no dice nada malo de mí. • Mis emociones necesitan ser escuchadas. • ¿Qué me está queriendo decir esta tristeza? • Tengo derecho a sentirme como lo hago. • La próxima vez, lo gestionaré mejor. • Mis emociones son importantes. • Mis emociones necesitan que les dé un lugar. • Lo que siento es válido. • Sentirse mal de vez en cuando es normal. Todas las emociones son válidas. • Lo hago lo mejor que puedo. • Soy humano y tengo derecho a sentir. • No tengo que pedir perdón por lo que siento, lo que siento está bien. • Cada uno siente a su manera, y mi manera es válida. • Esta sensación es desagradable, pero es temporal. • Estoy aprendiendo a cuidar de mí. • Otros esperan de mí que me sienta diferente, pero yo respeto mis emociones. • Puedo brindarme calma. • Soy capaz de gestionar lo que siento.

EL AUTOCUIDADO COMO PIEDRA ANGULAR DE NUESTRO BIENESTAR EMOCIONAL

El autocuidado es la manera en que cuidamos de nosotros mismos. La gran pregunta que resume el autocuidado es: ¿qué es lo que necesito? Nos cuidamos de manera sana cuando funcionamos desde el respeto, cuando nos hablamos con palabras amables, cuando nos ayudamos intentando encontrar recursos y acudiendo a personas que son como un soplo de aire fresco. Es el antídoto perfecto para revertir los efectos perjudiciales de haber sido tu mejor enemigo en el terreno emocional.

¿Cómo nos cuidamos en la actualidad? Como nos cuidaron cuando éramos pequeños. Así que si ese cuidado no fue adecuado, coherente y tolerante, de adultos tendremos que invertir esfuerzos en transformar un posible autocuidado negativo en un autocuidado positivo. En este sentido, primero hay que validar y mirar de forma compasiva las heridas de nuestro niño interior. Porque solo después de comprender el origen de nuestros patrones y mirarlos de forma comprensiva y afectuosa, podremos trabajar en nuestro autocuidado.[42]

El autocuidado es positivo cuando:
• Estoy mal y hago cosas para sentirme mejor. • Me dejo ayudar y soy capaz de pedir ayuda cuando la necesito. • Sé que mis necesidades son igual de importantes que las de los demás. • Dedico tiempo a actividades agradables o divertidas. • Hago cosas porque me hacen sentir bien y no porque los demás quieren que las haga, para complacer o para aparentar. • A veces necesito que los demás me apoyen, pero entiendo que no siempre es posible, que cada uno tiene sus circunstancias. • No me cuesta compartir mis problemas con los demás. • Acepto las críticas, aunque también me siento bien cuando me hacen un cumplido, lo recojo y doy las gracias.

- Reconozco que cometo errores y me equivoco, pero no me culpo por ello.
- Mis relaciones son satisfactorias.
- Sé poner límites y protegerme para que los demás no abusen de mí.
- Me cuido tanto a nivel mental como en el físico.
- Cuando estoy mal me permito sentir lo que siento, no me juzgo y me trato con respeto.
- Sé disfrutar de mi tiempo libre.
- Cuido de mi alimentación, mi relación con la comida es sana.
- Si recibo un elogio o un cumplido, agradezco que el otro vea en mí lo que yo también veo.

Si has respondido mentalmente que sí a la mayoría de las afirmaciones, es que tu autocuidado es positivo o sano. En cambio, si hay algunos aspectos a los que has respondido negativamente, es que tienes que seguir haciendo un trabajo para potenciar la forma en la que cuidas de ti mismo. En terapia, el proceso para que transformes la relación contigo se estructura en tres vértices con una estructura jerárquica: en primer lugar, el nivel cognitivo (qué te dices a ti mismo, o lo que llamamos el «diálogo interno»); en segundo lugar, el nivel somático (cómo te relacionas con tus sensaciones corporales) y, por último, el nivel simbólico (para reparar las heridas del niño interior).[43]

La validación emocional no solo tendría que ver con un autocuidado más cognitivo, y con qué es lo que me digo acerca de sentir una determinada emoción, sino también con si me permito sentirla en el cuerpo y, a la vez, la conecto con la reparación de las necesidades emocionales de nuestro niño interior. Siguiendo esta misma línea, quiero proponerte dos ejercicios, relacionados cada uno con los dos primeros niveles de trabajo del autocuidado. El tercer nivel, por su complejidad y por lo que puede activarnos conectar con nuestra infancia, requiere de un trabajo exclusivo en terapia. Con estas dos propuestas, empezarás a cultivar la relación con tus emociones, dejando cada día un poco más atrás la batalla con ellas y siendo más cómplice.

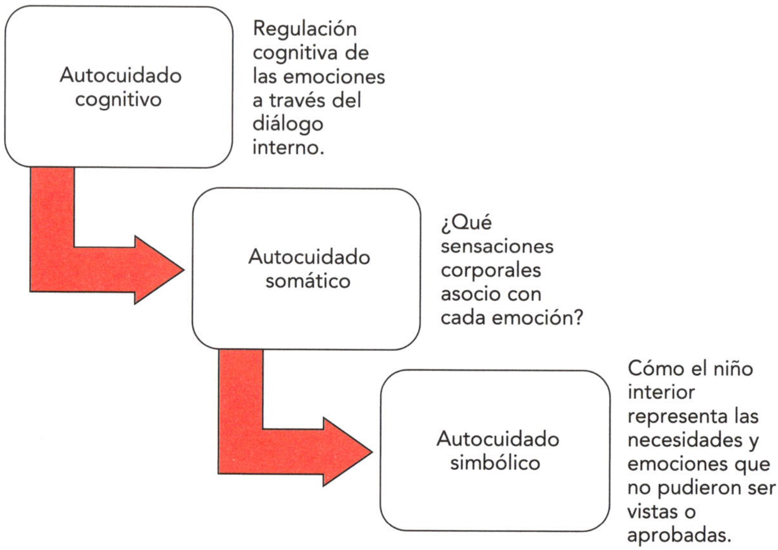

Es importante tener en cuenta que estos ejercicios pueden remover, así que no los intentes realizar con situaciones o emociones muy intensas y desbordantes que te hagan salir de tu ventana de tolerancia. Practica primero con emociones desagradables pero que puedas ser capaz de tolerar sin desregularte gravemente. Cuidar de nosotros también significa no ponernos en riesgo. De lo contrario, una práctica beneficiosa puede volverse en contra. Si sientes que hay demasiadas vivencias que te inundan y te causan malestar, te recomiendo pedir ayuda profesional y acudir a un psicólogo que pueda cogerte de la mano y ayudarte a transitar esos estados emocionales. Cuidar es reconocer que no podemos hacerlo todo solos, saber pedir ayuda y aceptar recibirla.

Cambiando nuestro diálogo interno

1. Piensa en una situación en la que sentiste una emoción desagradable que sepas que tiendes a invalidar y a no permitirte expresar.
2. ¿Qué es lo primero que tu voz interior te dice cuando aparece esta emoción?
3. ¿Puedes pensar en una figura significativa de tu vida, sobre todo de tu infancia, que te decía eso mismo cuando eras pequeño? Aquí revisamos cómo la has internalizado. Lo que una vez fue diálogo externo, ahora es tu diálogo interno.
4. ¿Esto que te decía esta persona en un pasado, te ayudaba? ¿Te hacía sentir mejor? ¿Te ayudaría que te lo dijeran los demás ahora? ¿Qué sucedería con esa emoción desagradable si te lo dijeran ahora? ¿Amplificaría el malestar o lo reduciría?
5. Formula mensajes de respeto, de no juicio y no críticos hacia lo que sientes. Aprende a decirte frases que te ayuden, en lugar de las que crees que son ciertas o de las que piensas que te tienes que decir. ¿Qué te ayudaría decirte cuando te sientes así? ¿Qué te ayudaría que te dijeran los demás? ¿Qué le dirías a una persona a la que quieres?
6. Cierra los ojos y repite esa frase amable y respetuosa cinco veces, parándote a percibir las sensaciones que te genera.
7. Siéntete libre de escribir todo lo que necesites recordar para enriquecer esta práctica.

El siguiente ejercicio trata de acunar a nuestras emociones para hacerlas más tolerables. El procedimiento de «cuidar al bebé», además de ser un ejercicio de mindfulness, introduce un patrón de cuidado adecuado.[44] Se trata de una práctica potente, con altos beneficios en situaciones de estrés o sufrimiento emocional. Sin embargo, si para ti es molesto o incómodo el tacto tranquilizador, puede aparecer una especie de *backdraft* o *abreacción*. Ambos conceptos significan que, en vez de calmarnos, aparece una reacción emocional súbita e intensa con la que de repente empiezas a llorar desconsoladamente bajo una respiración acelerada. Esto puede provenir del recuerdo de momentos en los que no nos trataron así, seguidos de la reactivación de viejos dolores. Si es así, en vez de colocar la mano en alguna zona de tu cuerpo, quizás puedas abrazar un cojín o un peluche. Se trata de encontrar la expresión de cuidado y amabilidad de modo que dé paz y calma.

El procedimiento de cuidar al bebé

1. Piensa en una situación en la que sentiste una emoción desagradable que sepas que tiendes a invalidarte y a no dejarte sentir en el cuerpo, queriendo que la sensación desaparezca, evitando notar el malestar.
2. Cierra los ojos y focaliza tu atención y todos tus sentidos en esa sensación desagradable. Nota dónde sientes esa emoción en tu cuerpo.
3. Imagina que la sensación es un animalito o un bebé, si estos te despiertan ternura, y que es el animalito o el bebé el que está sintiendo esa emoción y notando ese malestar.
4. Cuando nos hacemos una herida, instintivamente ponemos nuestra mano sobre ella. Ahora pon tu mano en ese lugar y cuida de ese bebé que se está sintiendo tan mal. Alguna gente lucha contra sus emociones, pero esto solo hace que se pongan peor. Pelear contra nuestras emociones es como pelear contra nosotros mismos: nunca podremos ganar esa pelea... Es importante que no hagas presión o empujes esa zona, como tratando de extirpar o empujar para dentro la sensación. Tiene que ser un gesto de cuidado. Deja que la emoción esté ahí, y solo trata de cuidar de ella.

5. Observa si aparecen pensamientos o cogniciones que te intentan distraer de seguir cuidando esa sensación. Si es así, permite que vengan, pero también déjalos marchar. Como una nube que pasa por el cielo, no tienes que hacer nada para que se vaya, simplemente aparece por el cielo y se va. Y vuelve a centrar tu atención en la sensación, en la imagen del animalito/bebé que tiene la sensación y la mano que cuida.
6. Regular a los niños pequeños necesita mucha paciencia, ya lo sabes. A veces ayuda hablarles muy bajito, muy suave. A veces solo necesitan sentir que estamos ahí, presentes y atentos. A veces ellos, con sentir nuestra calidez, lentamente se van regulando. A veces nos desesperamos porque no se ponen mejor, pero somos pacientes. Con el tiempo esta experiencia los irá ayudando a calmarse a sí mismos.
7. Siéntete libre de escribir todo lo que necesites recordar para enriquecer esta práctica.

¿Cómo te ha resultado esta práctica? ¿Has podido permanecer con la emoción, cuidándola con cariño y amor? ¿Has notado cómo iba disminuyendo poco a poco? Si es así, puedes realizar esta práctica cada vez que, en tu vida cotidiana, experimentes un malestar o incomodidad emocional.

Para finalizar, el trabajo con el niño interior suele ser el último, ya que es un trabajo muy tierno y bonito, pero que necesita de más delicadeza. Se trata de que el adulto que se es ahora, mire a su niño y observe lo que siente. El objetivo es que el niño pueda ser visto, entendido y aceptado, sea cual sea su estado emocional. Hay un procedimiento específico desde la terapia EMDR llamado *Loving Eyes* (mirada amorosa), de Jim Knipe, que es tremendamente eficaz para reparar las heridas de la infancia, estar en paz con el niño que fuimos, perdonarnos y aceptar que lo hicimos lo mejor que pudimos.

Resulta de vital importancia entender que el trabajo con autocuidado va más allá de los tres procedimientos, pues aprender a cuidarnos es un trabajo para toda la vida. Es muy fácil entrar en piloto automático y que nos salgan las costumbres que llevamos grabadas a fuego en nuestra cabeza. Está claro que no será de un día para otro que te conviertas en un monje budista que aplica autocompasión en todas sus facetas de la vida, que se trata siempre con amabilidad y respeto, que nunca se juzga y que encuentra la plenitud hasta en los momentos más duros y los días más grises. Este no es nuestro objetivo, porque a mi parecer es utópico. Se trata de un cambio progresivo, sin prisa, pero sin pausa.

Algunos mensajes de acciones que puedes tomar para practicar el autocuidado positivo son los siguientes:

- Voy a tomarme la tarde libre.
- Haré un ratito de yoga para conectar conmigo.
- Llamaré a Sofía, ella siempre me escucha.
- Hoy pediré la cena.
- Voy a cancelar el plan de este fin de semana, necesito estar conmigo misma.
- Un sábado al mes dejaré a mis hijos con los abuelos para disfrutar de una noche romántica.
- Mañana saldré a andar un rato por el parque.
- Diré que no al proyecto nuevo, no está en sintonía con mis necesidades ahora mismo.
- Voy a pedir hora para darme un masaje.
- Esta noche antes de ir a dormir, escribiré un rato.
- Me propongo realizar cinco minutos de meditación guiada con una aplicación todos los días. Creo que después de la comida es un buen momento.
- Este miércoles me levantaré una hora antes y empezaré el día leyendo veinte minutos.
- Me regalaré unas clases de cocina que tanto tiempo llevo queriendo.
- Le pediré a mi marido que todos los jueves cenemos juntos.
- Al final del día, escribiré cinco cosas buenas que me hayan sucedido durante la jornada para empezar a focalizarme en lo positivo.

No necesitas cambiarlo todo a la vez, solo empezar a hacer una cosa un poco distinta cada día. Con un poco ya vale. Porque ese cada poco va sumando y sumando. Un día no te acordarás y volverás a lo de siempre. Es normal si desesperas, aunque también es preciso que sepas que el crecimiento personal no es lineal, aunque nos hayan vendido la moto de que sí. «¡Baja de peso en tan solo 7 días!», «¡Aprende a hablar inglés en 3 meses!». Estas barbaridades de *marketing* nos hacen pensar que puedo conseguir algo rápido y, lo que es peor, sin apenas esfuerzo. «¡Tú también puedes crear ilustraciones para tu marca, con mi método es muy fácil!» Vivimos en un mundo donde lo queremos todo ya, todo perfecto, todo rápido y si puede ser sin esfuerzo ni incomodidad, pues mejor que mejor. Querido lector, que no te engañen, el trabajo con el crecimiento personal es lento, es paciente, es gradual. Pero es el único trabajo que importa. Todo lo demás no tiene ningún valor si no puedes disfrutar de tu compañía. Si consigues cuidarte y encontrar en ti a tu mejor amigo, nunca más estarás solo. Y añado: y si te sientes solo, lo más importante es que sabrás cómo acompañarte.

10

APRENDIENDO EL LENGUAJE DEL AMOR SEGURO: LOS SEIS NIVELES DE VALIDACIÓN

«Un gran poder conlleva una gran responsabilidad» se ha convertido en el mantra de todos los superhéroes, y es perfectamente aplicable al lenguaje humano. Las palabras adecuadas en el momento indicado son un bálsamo sobre el que el malestar del otro puede descansar. Las palabras sanan y, a la vez, dañan. A veces, por diferentes razones, ya sea por desconocimiento, por falta de empatía o por temor a la vulnerabilidad, no disponemos del conocimiento para recoger de una forma amable y respetuosa las emociones de los demás.

La mayoría de nosotros crecimos sin aprender qué palabras pueden llegar al corazón de la otra persona y acariciarlo, en vez de arañarlo o lastimarlo. El lenguaje hablado es un recurso muy valioso, si sabemos cómo emplearlo. Bien lo sabía Sigmund Freud, el padre del psicoanálisis, cuando denominó a su terapia «la cura por la palabra». ¿Quién no recuerda expresiones curiosas de los pueblos de sus padres, o el consejo que le dio un buen amigo en una mala racha que le hizo abrir los ojos? Nuestro hipocampo, el centro neural de la memoria, es sensible a las experiencias emocionales que se recogen a través de las palabras.

Lo que a veces sucede es que nos aventuramos, por prisa o por incomodidad, y hablamos sin pensar. En esta sociedad que cada vez va más acelerada, más aún necesitamos frenar, parar, descansar o flexibilizar. Los silencios nos incomodan; hoy en día lo que antes era una cena sin televisión compartiendo todos juntos cómo nos había ido el día, ahora es un hogar repleto de tecnología: móviles, varios televisores, tabletas y videoconsolas. Por no hablar de los auriculares, que aíslan nuestros órganos sensoriales de la escucha activa.

Nos hemos acostumbrado a que haya un ruido de fondo permanente cuando nos relacionamos con los demás y eso puede pasarnos factura. Antes el ruido era la excepción, ahora es la norma. Por consiguiente, el silencio se ha vuelto un suceso prácticamente anómalo. Y esto puede guardar relación con el hecho de que cuando quedamos con un amigo que desesperado y angustiado nos cuenta que han ingresado a su padre, a veces no sepamos qué decir. Créeme, no tengas tanto miedo a no saber qué decir, sino a abrir la boca y caer en la trampa de la invalidación. En ocasiones, a mi parecer la mayoría de ellas, es mejor no decir nada que caer en la osadía o en el atrevimiento. No tienes ningún hueco que rellenar, se trata de *estar*.

Aprendamos a estar unos con otros disfrutando del enorme placer que es saber que tienes a alguien que permanece a tu lado en los momentos más complicados. Que el silencio os acompaña sin la necesidad de tener que rellenar huecos con palabras vacías. Porque precisamente el lenguaje del amor seguro no son solo los mensajes verbales que emitimos. De lo contrario, estamos abocando a que el lenguaje del cuerpo caiga en el olvido. Acompañar a través del cuerpo es la base sobre la que yace toda comunicación verbal. Será importante qué decir, pero aún más cómo lo digas: el tono de voz, cómo están colocados tus brazos y tus piernas, hacia dónde se dirige tu mirada, cómo de próximo estás del otro...

Si te interesa conocer cómo acompañar y contener las emociones de los demás y ser lugar seguro y responsable con nuestro gran superpoder, estás a punto de averiguarlo.

Hay seis formas de transmitir validación a los demás, según la Terapia Dialéctico Conductual. He decidido englobarlas bajo el nombre de Lenguaje del Amor Seguro. Porque la validación es hacer sentir al otro que tiene tu confianza, que le tiendes tu mano amiga y que puede posar su cabeza en tu pecho. Por un momento, el malestar ya no persiste en intensidad, sino que puede reposar bajo un manto de palabras bondadosas y respetuosas. Cuando empleamos unas palabras empáticas y respetuosas con los demás, nos convertimos directamente en *personas-lugar seguro*.

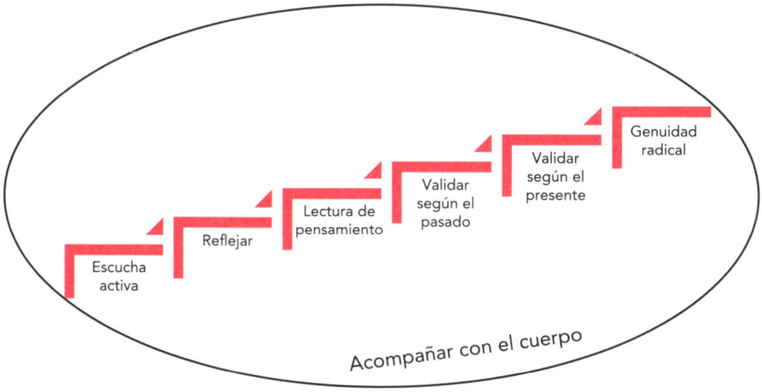

OÍRNOS CON LA MIRADA: EL COLCHÓN DE LA ESCUCHA ACTIVA

Nos adentramos en el primer nivel del lenguaje del amor seguro: la escucha activa o el arte de escuchar con interés. ¿Te suena esta situación?

> Un hombre está leyendo el periódico tranquilamente en el salón cuando llega su mujer del trabajo.
>
> —Cariño, ¡ya estoy en casa!
>
> —Muy bien, amor, ¿cómo ha ido?— responde él distraídamente mientras lee los últimos párrafos de un reportaje.
>
> —De maravilla, y además tengo que contarte algo que me ha hecho mucha gracia— dice ella con una sonrisa de oreja a oreja.
>
> —Dime, que te escucho—, replica el marido sin levantar la mirada del periódico.
>
> —…— Se hace un leve silencio hasta que, por fin, él alza los ojos para preguntarle:
>
> —¿Qué pasa?
>
> —Es que no me estás mirando.

Esta escena es una representación de lo que sucede en multitud de ocasiones. Nos inquieta mucho estar explicándole algo a alguien y que no nos mire directamente a la cara. Da la sensación de que no le importa lo que dices y de que molestas. La escucha activa se llama precisamente así porque no vale con poner la oreja y ya. Escuchar de forma activa significa prestar atención con los cinco sentidos y acompañar con todo el cuerpo. Asentir con la cabeza, mirar a los ojos y dejar de hacer todo lo que estábamos haciendo. Y es que, sin lugar a dudas, necesitamos oírnos con la mirada.

Este primer nivel forma parte de la comunicación no verbal o analógica. La mirada es un factor determinante en la vinculación emocional. ¿Sabías que el contraste entre el negro de la pupila y el blanco de los ojos es una característica fundamental para lograr comunicarse? Algo interesante que observar es que la despigmentación de la esclerótica del ojo humano evolucionó para facilitar las interacciones sociales basadas en el contacto visual. De hecho, los humanos y algunos primates, como los gorilas, somos las únicas especies con esta característica. Por lo tanto, este rasgo físico se considera relevante en el desarrollo de nuestras habilidades sociales.

Pero aún hay más. Existe un fenómeno llamado «imitación neonatal» que fue descubierto por Andrew Meltzoff en la década de 1970. El estadounidense demostró que en el periodo comprendido entre los doce y los veintiún días de vida, los recién nacidos tienden a imitar automáticamente las expresiones faciales producidas por los demás.

Además, el desarrollo del sistema de detección del movimiento ocular entra en juego muy pronto. Se sabe que los niños quedan totalmente encandilados por la mirada ajena con seis meses, dedicándole mucho tiempo a la observación de los ojos.[45] Esto significa que llevamos escrito en nuestro ADN que nuestros vínculos necesitan de forma imperiosa el contacto ocular directo cara a cara para desarrollarse.

El hecho de que se establezca contacto visual entre dos individuos provoca una cadena de reacciones fisiológicas y sus ondas cerebrales se sincronizan. No es de extrañar entonces que el comportamiento empático y la validación estén influidos por el contacto visual. Más tarde, en la década de 1980, un equipo de psicólogos averiguó que el fenómeno de la mímica facial sucede también en los adultos. Hay experimentos que han permitido advertir que observar expresiones de una cara sonriente o de una cara enfadada en un periodo de quinientos milisegundos activa, respectivamente, los músculos implicados en dichas expresiones. Esto sucede de forma espontánea y sin que nos demos cuenta.

Por todo ello, solo podemos sentirnos en conexión con el otro si dirige y enfoca la mirada hacia nuestro rostro. Por lo tanto, cada vez que alguien se dirija hacia ti, deja lo que estás haciendo y alza la vista para mirarlo a la cara. Es un gesto sencillo pero muy potente, y la otra persona, sin lugar a dudas, lo notará.

Otro de los aspectos importantes de la escucha activa es la intención que tenemos al realizar esta acción. No es lo mismo escuchar para comprender, que escuchar para responder. Cuando escuchamos para entender, lo que hacemos es tener la mente y el corazón abiertos a los mensajes del otro. Escuchamos para empatizar y ponernos en su lugar. En cambio, cuando escuchamos para recolectar información que pueda apoyar nuestros argumentos, la comunicación se convierte en un campo de batalla. Transformamos la melodía de una conversación en un sonido estridente de un marcador como si de una competición se tratara.

Nunca una relación puede convertirse en una lucha en la que hay dos bandos. Si es así, los dos perderemos. No hay ganadores que valgan en una relación porque los dos estamos vinculados. O ganamos los dos, o perdemos los dos. Por lo tanto, la escucha activa y validante se realiza con la intención de comprender al otro. Esto no significa que vayas a estar siempre de acuerdo, sino que vas a dejar a un lado los reproches o las acusaciones y vas a centrarte en respetar que el otro pueda tener un punto de vista distinto al tuyo.

Primer nivel: la escucha activa

- Deja todo lo que estés haciendo y mira a la cara de la otra persona. Si no es un buen momento para ti, muestra interés en prestarle tu atención y ofrécele una alternativa: «Perdona, creo que quieres decirme algo importante, pero en este momento tengo que acabar unos informes y no podré atenderte como necesitas. ¿Te parece bien si en la pausa del café lo conversamos?».
- Escucha para comprender, no para responder. Una conversación no es un campo de batalla. Deja la artillería para los soldados. No juzgues, destierra los reproches y evita las acusaciones.

- Si no has entendido algo, pregunta en vez de asumir: «Me parece que no te acabo de entender, ¿qué opción de las dos que comentabas prefieres?».
- A veces estamos un poco despistados, no respondas cualquier cosa si te has perdido una parte de la conversación. «Disculpa, creo que hoy estoy un poco despistado y me he perdido un poco, ¿podrías repetir lo que acabas de decir?».
- Acompaña lo que dices con todo tu cuerpo, no solo gires la cabeza, orienta todo tu cuerpo hacia donde esté la otra persona. Asiente con la cabeza. Mantén un lenguaje corporal abierto, abre las palmas de las manos y descruza las piernas.

UN ESPEJO EN EL QUE SENTIRME BIEN: LA CAPACIDAD DE REFLEJAR

Parafrasear, reflejar, resumir o devolver son palabras que conforman el segundo nivel del lenguaje del amor seguro. Lo que hacemos en este nivel es repetir lo que ha dicho el otro, utilizando y escogiendo nuestras propias palabras.

Segundo nivel: reflejar

- «Déjame ver si entendí».
- «Entonces lo que viste fue...».
- «Espera, creo que no te sigo. ¿Me estás diciendo que ...?».
- «Lo que estás intentando decirme es...».

Ejemplo:

A: No consigo entender por qué han ascendido a mi compañero y no a mí. Creo que no se lo merece. Siento que no me valoran y que mi trabajo no se ve. Estoy tan desanimado. Me estoy planteando si seguir en esta empresa.

B: Entonces estás desanimado y te estás preguntando si continuar con tu trabajo, ¿es así?

Creo que este nivel es sencillo porque simplemente haces de espejo y le devuelves lo mismo que ha dicho. Sin embargo, ¿cuál es el peligro de este segundo estadio? Debemos tener mucho cuidado en hacer interpretaciones o juzgar. Siguiendo el ejemplo del ascenso del compañero que acabamos de ver, una forma de no hacer de espejo coherente serían las siguientes expresiones:

- ¿Puede ser que le tengas envidia?
- ¿Por qué no se lo merece? Puede que sea muy bueno.
- A veces hay que apechugar con lo que nos toca. No siempre podemos ser nosotros el centro de atención.
- Creo que tu compañero despierta en ti aspectos no resueltos de tu anterior trabajo.

Validar significa respetar y acompañar el sufrimiento y el dolor de la otra persona. Por mucho que tengas tus hipótesis sobre por qué esa situación le genera angustia, esa persona no te las está pidiendo. Es más, no es lo que ahora necesita. Lo único que quiere es sentirse acompañado. Tengo que poder preguntarme, ¿qué necesitaría yo si esa situación me pasara a mí?

Hacer de espejo no significa darle la razón. Puede que no estés de acuerdo con lo que refiere tu amigo, pero no se trata de arrollar al otro con la que tú crees que es la verdad. Una relación de amistad sana se basa en el apoyo, en la sensibilidad, en la capacidad para permanecer al lado del otro sin caer en discursos moralistas, en interpretaciones o elucidaciones.

LECTURA DE PENSAMIENTO

La lectura de pensamiento o *mindreading* es el tercer nivel. A diferencia del anterior, lo que hacemos es poner palabras a lo no expresado. Este es un estadio con mucha potencia, ya que en ocasiones cuando más comprendidos nos sentimos alguien puede intuir qué nos sucede sin haberlo contado explícitamente.

La lectura de pensamiento, precisamente, indica que leemos el estado emocional del otro. Por lo tanto, este nivel es un poco más interpretativo. Significa observar un aspecto que se manifiesta, pero que no ha sido verbalizado y señalar la emoción que está detrás.

Es vital que aclares que es tu punto de vista o tu opinión. No asumas, como si hicieras una interpretación, las emociones del otro. Se trata de un primer acercamiento para comprobar si tu intuición no te ha fallado.

Tercer nivel: lectura de pensamiento
• «Me parece que estás enfadada, ¿puede ser?» • «Eso tuvo que ser angustiante.» • «Veo que tienes los ojos rojos, me pregunto si has estado llorando.» • «Veo que te mueves, ¿estás tenso por algo?» • «Hay gente que en esta situación se siente ..., me pregunto si es tu caso.» Ejemplo: **A:** El otro día lo pasé fatal. Mi hija adolescente había quedado con un chico y durante horas no dio señales de vida. No había pasado nada, pero yo no paraba de darle vueltas a la cabeza, pensando que quizás le había pasado algo. **B:** Eso tuvo que ser angustiante.

El lenguaje es una herramienta que nos permite ser sumamente precisos. Escoger las palabras adecuadas es vital para que el significado que se extraiga sea uno u otro. Es conveniente que no señalemos las emociones de forma imperativa o excesivamente directa: «Estás frustrada», «Lo que tienes es mucho miedo», «Estás confundido». Se trata de hacer una primera aproximación, como cuando éramos pequeños e íbamos de puntillas por el pasillo de casa teniendo cuidado de no desvelar a nuestros padres de su descanso.

VALIDAR EN TÉRMINOS DE EXPERIENCIAS PASADAS

Como hemos aprendido en el Capítulo 2 sobre la validación emocional, las conductas, los pensamientos, las emociones, los valores o los hábitos de los demás pueden ser válidos en función de las experiencias acumuladas en su mochila emocional. En este estadio, nos enfocamos en normalizar y humanizar los afectos del ahora, debido a que sabemos de la existencia de un pasado.

Cuarto nivel: validar por el pasado

- «Es normal que tengas miedo sabiendo cómo te fue la última vez.»
- «Tu desconfianza es perfectamente comprensible debido a tu última relación.»
- «Tu inseguridad en el trabajo es normal por lo mal que te hicieron sentir en tu último puesto.»

Ejemplo:

A: A mi marido el otro día se le olvidó recogerme del trabajo. Últimamente tiene muchos despistes, no se acuerda de dónde ha dejado sus cosas. También ha perdido las llaves del apartamento que tenemos en San Sebastián. Se le olvidan cosas que no son normales en él. Me estoy empezando a asustar y a preguntarme si le puede estar sucediendo algo grave.

B: Es normal que estés preocupada. Lo pasaste muy mal cuando le detectaron Alzheimer a tu abuelo.

Es un nivel que nos permite acompañar a personas que forman parte de nuestro círculo más cercano. Si lo empleamos con gente de la que no tenemos información o conocimiento sobre sus vivencias, podemos caer en la arrogancia. Puede que el otro no lo reciba bien, porque sabe que no os conocéis tanto y aún no se ha desarrollado ese nivel de confianza entre ambos.

VALIDAR EN TÉRMINOS DE EXPERIENCIAS PRESENTES

Comprender el momento presente y las circunstancias actuales de la otra persona forma parte del quinto nivel del lenguaje del amor seguro. Lo que hacemos es validar la respuesta emocional en relación con las condiciones del momento. No podemos olvidarnos de la gran protagonista y aliada de este nivel: la empatía.

Recordemos que tener empatía es colocarse en el lugar del otro. Saber que, aunque nosotros no actuaríamos de la misma forma, podemos entender y aceptar que los demás son distintos. Y a su vez, que cada persona tiene su propio recorrido de crecimiento personal. No podemos forzarlo ni acelerarlo. Solo podemos respetarlo y, si queremos, acompañarlo.

Quinto nivel: validar por el presente

- «La mayoría de las personas tendrían miedo en un lugar como ese, es peligroso.»
- «Es normal que sientas miedo, yo también lo tendría.»
- «Tiene mucho sentido que estés desilusionada en una situación como esta.»

Ejemplo:

A: ¿Por qué siempre me encuentro con tipos arrogantes y chulos? Estoy cansada de cruzarme con personas que solo buscan lo que buscan. Sin darme cuenta, acabo cediendo y haciendo cosas con las que luego no me siento cómoda y me arrepiento.

B: Es normal tu desesperación, yo en tu situación también me sentiría así.

LA ACEPTACIÓN MÁS PURA: LA GENUIDAD RADICAL

Tener *genuidad radical* significa aceptar plenamente la esencia del otro. Solo aceptando al otro podemos establecer relaciones genuinas y honestas. No hay ejemplos en este estadio, porque no se trata de un nivel expresivo. Más bien es una forma de vincularme con los demás, en la que se crea una aurora o un clima de calidez y de aceptación. La genuidad radical debe ser una de las condiciones indispensables en el espacio psicoterapéutico. Es por ello que los psicólogos debemos estar entrenados para ofrecer a esa persona que viene con posibles miedos a terapia, un lugar seguro y de aceptación incondicional.

Para finalizar este capítulo, quiero incluir una analogía en forma de ascensor que muestra los seis niveles del lenguaje del amor seguro. Cada nivel representa un estadio del lenguaje del amor seguro.

EL ASCENSOR DE LA VALIDACIÓN

Nivel 6 — Genuidad radical

Nivel 5 — Validar por el presente

Nivel 4 — Validar por el pasado

Nivel 3 — Lectura de pensamiento

Nivel 2 — Reflejar

Nivel 1 — Escucha activa

11

LA VALIDACIÓN INTERNA Y EXTERNA DE EMOCIONES AGRADABLES

Para mí era realmente importante que este libro tuviera una sección dedicada a hablar de la validación de estados emocionales agradables, ya que lo más habitual es que, cuando escuchemos la palabra «invalidación», la conectemos directamente con estados emocionales desagradables, como la tristeza, el miedo o la rabia. No obstante, hay ciertas personas que viven con un cierto viraje: invalidan su alegría y validan su tristeza.

También tiene mucho que ver con la cultura. Hay países o religiones que realizan un detraimiento de las sensaciones placenteras, y les atribuyen una connotación negativa. De hecho, la soberbia, relacionada con la alegría, y la lujuria, relacionada con el amor, son dos de los siete pecados capitales.

Este capítulo va a resonar mucho con tu historia si en ella hay vivencias importantes de abandono emocional o de rechazo hacia todo lo que tiene que ver con sensaciones de bienestar, en las que una hormona llamada oxitocina está presente. En concreto, voy a reflexionar sobre dos potentes elixires naturales: la aceptación de nuestra dicha y el reconocimiento del amor. Y es que ¿cómo de triste y de apagada sería nuestra vida sin el equilibrio, el balance y la perspectiva que ofrecen las emociones agradables? Será fácil para ti imaginarlo si has sufrido o sufres de depresión, en la que la desesperanza tiñe los días de una profunda y vacía oscuridad.

LA VALIDACIÓN DE LA ALEGRÍA

¿Por qué quiero empezar hablando de la validación de una emoción agradable como es la alegría? Pues bien, aunque parezca poco relevante o innecesario, hay muchas personas que no se permiten estar alegres, sentir bienestar o compartir el logro de sus metas.

El siguiente ejercicio contiene preguntas para reflexionar sobre esta emoción:

Reflexionando sobre la alegría

Lee en voz alta las siguientes reflexiones y piensa en lo que significan para ti.

- ¿Cómo es tu relación con la alegría?
- ¿En qué situaciones sientes alegría?
- ¿Validas o invalidas tu alegría? ¿Quizás hay situaciones en las que te permites más sentirla que en otras?
- ¿Crees que esta emoción tiene un lado oscuro?
- ¿Si la alegría tuviera una forma, un color, una textura y un tamaño, cómo sería?
- ¿Dónde sientes la alegría en tu cuerpo?
- ¿Crees que tu forma de identificar, validar o regular esta emoción se parece a la de alguien de tu familia? ¿O por el contrario es muy diferente?
- ¿Qué personaje real o ficticio que hayas visto en películas o series crees que manifiesta de forma equilibrada su alegría y, por tanto, es un modelo para ti y con qué otro personaje no te gustaría identificarte?
- ¿Cómo crees que sería el mundo si nadie sintiera alegría?

Todos nosotros llegamos al mundo con una predisposición innata para apegarnos a nuestros cuidadores y para aprender a jugar, a disfrutar, a comer y a divertirnos. Si el entorno del niño anima a todos estos sistemas a desarrollarse sin conflictos ni interferencias entre ellos, lo que sucede es que se desarrolla una identidad, un sentido de uno mismo unitario.[46] Sin embargo, si en nuestro entorno de niños disfrutar de la vida no era algo frecuente porque cuando se disfrutaba se castigaba o se criticaba, de adultos creceremos invalidando nuestras alegrías, triunfos y victorias. Se ha comprobado que crecer con progenitores que tenían depresión cuando fuimos niños es una variable de riesgo para sufrir depresión de adultos. Si crecimos en un entorno invalidante de la alegría, creceremos viendo el mundo en blanco y negro.

Frases invalidantes de la alegría
«No seas tan orgulloso.» (Etiquetaje)
«Eres muy vanidoso.» (Etiquetaje)
«No te rías tanto.» (Rechazo)
«Todo el día jugando, no paras de molestar.» (Rechazo)
«Estamos cansados de trabajar. A ver si piensas más en los demás.» (Rechazo y culpabilización)
«Solo piensas en ti mismo.» (Rechazo y culpabilización)
«Hay gente a tu alrededor que lo está pasando mal, ¿no te das cuenta?» (Minimización)
«Ahora no es momento de estar feliz.» (Rechazo)
«El mundo no es de color de rosa.» (Racionalización)
«Para que tú pudieras jugar, hemos tenido que hacer muchos esfuerzos.» (Culpabilización)

Otra de las distorsiones que habremos interiorizado respecto a esta emoción es que hablar sobre tus dichas es ser soberbio o arrogante. Ciertamente, hay culturas que son más colectivistas, en las que alegrarse de los triunfos de uno mismo está mal visto por considerarse egoísta, narcisista o ególatra. Entre estar orgulloso por los logros que uno consigue y mostrar soberbia hay un buen trecho. Todo depende de la actitud que uno toma con respecto a sus éxitos. Además, es bueno compartirlo con los demás y ver cómo los demás se alegran contigo.

Todos necesitamos compartir nuestras alegrías. Si tú también te alegras por los triunfos de los demás y muestras interés de forma genuina, no temas. No eres una persona ególatra. Atrévete a compartir tus alegrías con las personas más importantes de tu vida. Desafía las afirmaciones negativas que has recibido sobre la alegría.

LA VALIDACIÓN DEL AMOR

La emoción de cariño es una emoción básica en mamíferos, y esta emoción parece activarse a través del cariño temprano de otros.[47] Pero si los cuidadores han sido negligentes, abusivos o desinteresados, y no han atendido sus necesidades afectivas, el niño difícilmente se habrá sentido querido y, como consecuencia, no habrá interiorizado el merecimiento del amor.

Es por este mismo motivo que personas con dichas experiencias a la hora de escoger una potencial pareja, si esta es aduladora, pueden recibir esos halagos con una sensación de extrañeza, incluso hasta llegar a sentir ansiedad. Encontrarse con personas que reconocen aspectos positivos de su persona puede hacer que se sientan incómodas y no sepan cómo gestionar estas situaciones, ya que no están familiarizadas con ellas.

El único amor que puede ser validado, aceptado y honrado es el amor sano.

La Escala de Patrones de Autocuidado (EPAC) es un instrumento diseñado por Anabel González y Dolores Mosquera que consta de un total de 55 ítems que permiten valorar el modo en que una persona cuida de sí misma en distintos aspectos de la vida: salud física, necesidades básicas, límites saludables y equilibrio en las relaciones, conductas autodestructivas y afirmaciones positivas sobre uno mismo. Algunos ítems que encajan con la validación y la tolerancia del afecto positivo y el reconocimiento interpersonal son:

- Los demás me dicen cumplidos, demuestran que me valoran y me tienen reconocimiento.
- Cuando me dicen un cumplido, me valoran o me elogian, cambio de tema, hago una broma o lo rechazo verbalmente.

- Cuando me elogian, me demuestran aprecio o me dicen un cumplido, sospecho que intentan engañarme, utilizarme o manipularme.
- Me siento bien conmigo mismo cuando otros me elogian, me muestran aprecio o me dicen un cumplido.
- Los sentimientos positivos que tengo acerca de mí mismo cuando los otros me aprecian, me elogian o me hacen cumplidos, permanecen en mí y me ayudan a sentirme bien conmigo mismo cuando me enfrento a situaciones difíciles.

Si mis principales cuidadores no me dieron cariño, si no recibí por su parte muestras de afecto ni actitudes de valoración o cuidado, yo haré lo mismo conmigo cuando sea mayor. No me daré amor a mí mismo y mi autocuidado será pobre. Por ello, hay muchos adultos que no creen que merecen amor y por ese motivo, inician, se estancan y no ponen fin a relaciones tóxicas. «Es lo que me merezco», suelen decir. También creen que no son queribles, por lo que estar en una mala relación para ellos es mejor que no tener ninguna relación.

Sin embargo, la única forma de amor que merece validación es el amor sano. Aquel amor en el que prima la igualdad, en el que hay respeto, confianza, honestidad, lealtad, apoyo, compañerismo, admiración, comunicación, deseo y proyectos en común.

Reflexionando sobre el amor

Lee en voz alta las siguientes reflexiones y piensa en lo que significan para ti.

- ¿Crees que el amor es una emoción positiva en sí misma?
- ¿Crees que el amor tiene una función necesaria para nuestro bienestar?

- ¿Cómo es tu relación con el amor?
- ¿En qué situaciones sientes amor?
- ¿Validas o invalidas el amor que sientes?
- ¿Es una emoción que te molesta, te incomoda o te permites sentirla?
- ¿Si el amor tuviera una forma, un color, una textura y un tamaño, cómo sería?
- ¿Dónde sientes el amor en tu cuerpo?
- ¿Crees que el amor que das es amor sano o amor tóxico?
- ¿Crees que tu forma de identificar, validar o regular esta emoción se parece a la de alguien de tu familia? ¿O por el contrario es muy diferente?
- ¿Qué personaje real o ficticio que hayas visto en películas o series crees que expresa el amor de forma sana y por tanto es un modelo para ti y con qué otro personaje no te gustaría identificarte?
- ¿Cómo crees que sería el mundo si nunca ni nadie sintiera amor?

AMOR INCONDICIONAL VS. AMOR CONDICIONADO

La invalidación del sentimiento de amor repercute en la forma en la que nos queremos. Podemos querer y querernos desde dos ópticas totalmente distintas.

Una primera óptica es desde el *amor incondicional*. Es el amor pleno y puro, en el que el otro puede ver en ti tanto tus puntos fuertes como las debilidades y, aun así, considerarte digno de amor. Haber sido amados sin condiciones en la infancia se siente como «Estoy bien tal y como soy». El amor incondicional se relaciona con una mayor probabilidad de establecer relaciones sanas. Como sucede en todo, este amor irá en una doble dirección: un amor incondicional hacia mí mismo y un amor incondicional hacia los demás. Quererse a uno mismo sin condiciones no significa idealizarse o creer que no nos equivocamos nunca ni cometemos errores. Significa que, a pesar de que puedo fallar y de que tengo mis manías o dificultades, reconozco la parte humana que hay en mí y no me juzgo por ello.

Una segunda óptica es el *amor condicionado*. Este amor se manifiesta a través de: «Te quiero *si*...», «Te quiero si te portas bien», «Te quiero si no gritas», «Te quiero si haces de mi confidente», «Te quiero si sacas buenas notas», «Te quiero si no enfadas». En este caso, el amor tiene condiciones que debemos cumplir como si tuviéramos que ganárnoslo. Como si por ser como somos, no fuera suficiente.

El amor condicionado genera, precisamente, creencias negativas sobre uno mismo, creyendo que no somos suficiente o que no somos válidos. Y nos lleva, por tanto, a conectar con personas que no nos hacen bien y que refuerzan esas afirmaciones generándonos inseguridades que afectan negativamente a nuestra autoestima.

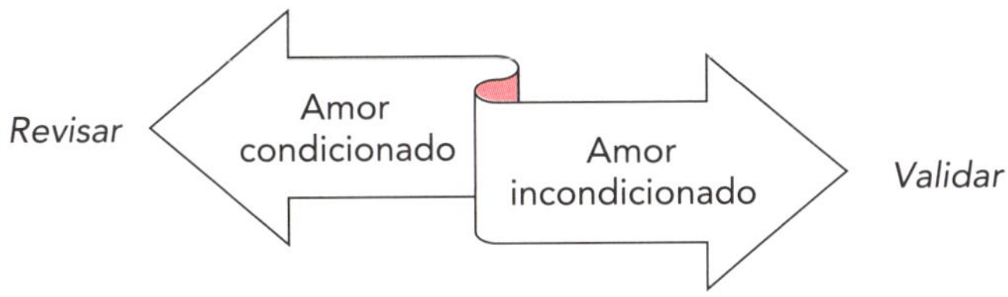

El único amor que puede ser validado es el amor sano. El amor sano es el que nos hace sentir que somos queridos en toda nuestra esencia, que ya estamos bien como somos, con nuestros más y nuestros menos. Huye de todo aquel que quiera cambiarte, porque te estará dando un amor condicionado. Te estará poniendo sus propias condiciones y te encadenará a ellas. Iniciar una relación no debe hacerse para convertir al otro en tu proyecto y que encaje en un molde que has creado tú, debe hacerse desde la aceptación y el amor incondicional.

En cuanto a la validación, deberemos revisar qué es lo que nos decimos sobre el merecimiento del amor si detectas invalidación a ti mismo con expresiones como «No soy suficiente», «No valgo», «Soy inferior a los demás» o «No soy buena». ¿De quién lo he aprendido? ¿Con qué experiencia de mi vida conecto estos mensajes? ¿Es cierto que no soy suficiente? ¿Quién y de qué forma me ha transmitido que esto es verdad acerca de mi persona? ¿Me ayuda decirme que no soy bueno? ¿Qué dicen otras personas de estas creencias? Si un amigo mío me dijera que piensa eso sobre sí mismo, ¿cómo podría hacerle ver que no es así? ¿Qué le diría? ¿Puede ayudarme decirme eso mismo a mí?

Todos, seamos como seamos, somos dignos de recibir y de dar amor. De proporcionar y de encontrar el amor, en uno mismo y en los demás.

12

LA VALIDACIÓN INTERNA Y EXTERNA DE EMOCIONES DESAGRADABLES

Cambiamos de bando. Ahora nos adentramos en emociones que no son peligrosas en sí mismas, sino que son muy necesarias para nuestra supervivencia y para poder avanzar en nuestro crecimiento personal.

Para empezar, quiero compartir contigo este breve fragmento de una historia que me contaron:

> Alguien le preguntó al sabio Chanakya:
>
> —Sabio, ¿qué es el miedo?
>
> —El miedo es la no aceptación de la incertidumbre. Si la aceptamos, la incertidumbre se convertirá en una aventura.
>
> —Sabio, ¿qué es la envidia?
>
> —La envidia es la no aceptación de lo bueno que hay en los demás. Si aceptáramos lo bueno que hay en los demás, entonces se convertiría en inspiración.
>
> —Sabio, ¿qué es la ira?
>
> —La ira es la no aceptación de las cosas que están fuera de nuestro control. Si las aceptamos, entonces se convertirá en tolerancia.
>
> —Y sabio, ¿qué es el odio?
>
> —El odio es la no aceptación de otra persona por su forma de ser. Si aceptáramos a las personas de una forma incondicional, entonces se convertiría en amor.

Para el sabio, todo es cuestión de aceptación. Si nos resistimos a aceptar el miedo, la envidia, la ira o el odio, entre otros, esto generará estrés. En cambio, aceptar nos libera de ese estrés. El sabio, sin saberlo, estaba hablando de la validación emocional.

La rabia, la tristeza y el miedo van a ser las protagonistas de este capítulo. Además, la ira desadaptativa, la depresión y la ansiedad serán los invitados especiales cuando hablemos de las formas disfuncionales de tales emociones y qué relación tienen con la aceptación de los diferentes pensamientos y cogniciones que nos envían.

LA VALIDACIÓN DE LA RABIA

La rabia o la ira son emociones sanas. La función del enfado es establecer límites y protegernos de las injusticias. Seguimos enfadándonos hoy en día, después de cincuenta mil años de *Homo sapiens*, porque el enfado tiene una misión de supervivencia: eliminar amenazas.[48] Sin enfado no tendríamos una forma real de preservar nuestros límites de las demandas de los demás. Lo que serías es emocionalmente plano y mucha gente te pisotearía. El enfado te lleva a decidir proteger tus límites cuando la razón por sí misma, quizás, abandonaría.[49]

Reflexionando sobre la rabia

Lee en voz alta las siguientes reflexiones y piensa en lo que significan para ti.

- ¿Crees que la rabia es una emoción negativa en sí misma?
- ¿Crees que la rabia tiene una función necesaria para nuestro bienestar?
- ¿Cómo es tu relación con la rabia?
- ¿En qué situaciones sientes rabia?
- ¿Validas o invalidas tu rabia? ¿Quizás hay situaciones en las que te permites más sentirla que en otras?
- ¿Es una emoción que te molesta, te incomoda o crees que es tu aliada y te ayuda en ciertas situaciones?
- ¿Si la rabia tuviera una forma, un color, una textura y un tamaño, cómo sería?
- ¿Dónde sientes la rabia en tu cuerpo?

- ¿Te cuesta gestionar tu rabia o crees que la sabes transitar bastante bien?
- ¿Crees que tu forma de identificar, validar o regular esta emoción se parece a la de alguien de tu familia? ¿O por el contrario es muy diferente?
- ¿Qué personaje real o ficticio que hayas visto en películas o series crees que regula de forma equilibrada su rabia y por tanto es un modelo para ti y con qué otro personaje no te gustaría identificarte?
- ¿Cómo crees que sería el mundo si nunca ni nadie sintiera rabia?

No sé si es tu caso, pero hay muchas personas que confunden enfado con agresividad, y desde esta confusión intentan reprimir su rabia creyendo que los llevará a ser personas violentas y dañinas. La realidad es que hay personas que pueden mostrarse enfadadas sin sentir ningún enfado. Solo hay unas cuantas circunstancias en las que exteriorizar el enfado se justifica: cuando se trata de proteger tus límites o cuando resulta necesario para evitar ser agredido.

La rabia tiene dos extremos patológicos. En el extremo del exceso, encontramos la rabia descontrolada o enfado patológico. En el extremo de la escasez, encontramos la rabia inhibida. A las personas con rabia descontrolada las llamo «personas de mecha corta». Por el contrario, las personas que tienden a inhibir su rabia, tienen la mecha demasiado larga.

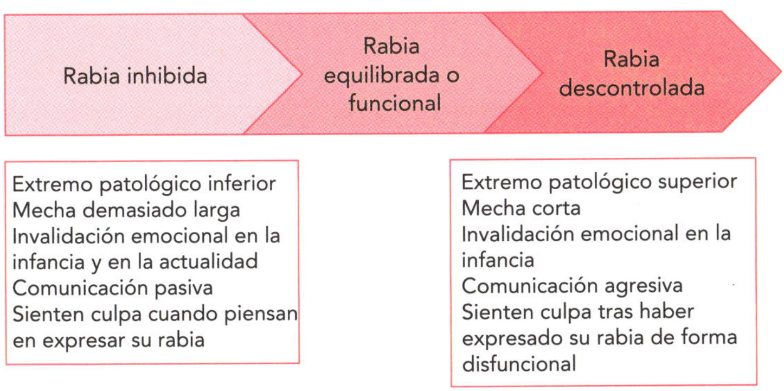

En ambas polaridades hay invalidación emocional. Pero esta es distinta. A continuación veremos cada extremo más en detalle.

Rabia descontrolada

Las personas de mecha corta infrarregulan su rabia. A la mínima, con cualquier situación injusta o que no les gusta, se defienden atacando. Se les nubla fácilmente el juicio, se desconecta el lóbulo prefrontal y falla la mentalización. Como consecuencia, saltan demasiado rápido. La reacción es claramente desproporcionada con respecto a las demandas de la situación. Después del suceso, si son conscientes de que han tenido una mala actitud, es muy probable que luego se arrepientan.

Las personas de mecha corta suelen tener una relación de descontrol ante su rabia. No son ellas las que sienten que tienen dominada esta emoción, sino que la rabia se coloca en el asiento del piloto y quedan supeditados a ella.

Las relaciones de las personas con rabia descontrolada se pueden ver muy resentidas debido a los constantes conflictos, al mal humor, a los frecuentes enganches y a la presencia de la agresividad en la comunicación. Si hemos crecido con progenitores agresivos y enfadados continuamente, también de mecha corta, puede que sin querer hayamos interiorizado un modelo disfuncional de regulación emocional de la rabia.

Pero la rabia descontrolada, en realidad, es fruto de una rabia muy invalidada, prohibida y enjaulada en la infancia y la adolescencia. Esto suele estar relacionado con una rabia que surge debido a heridas del pasado. Todo lo que no nos dejaron expresar en la infancia, en la edad adulta sale de forma disparada. Estaríamos hablando de explosiones de ira, que tienen una alta intensidad y duran escasamente unos minutos. Sin embargo, la rabia patológica también se manifiesta en forma de rencor o resentimiento. El resentimiento es un estado emocional que insensibiliza el cuerpo y lo protege de sentir dolor: una forma de resistirse a experimentar sentimientos desagradables, una protección ante la posibilidad de conectar con recuerdos dolorosos y ante la regresión.[50]

Cuando hay estados de rabia descontrolada, explosiones de ira frecuentes, rencor o resentimiento, es preciso revisar esta rabia en terapia. Porque, seguramente, debajo de ella encontremos aquellas situaciones clave que te han llevado a construir una relación con tu rabia de esta forma.

Un ejercicio que empleamos mucho los psicólogos es el de la metáfora del iceberg. El iceberg nos ayuda a comprender que hay aspectos que se ven, que suelen ser los síntomas, lo que observamos. Y otros elementos que quedan ocultos, pero que, en realidad, son los más significativos y los que están manteniendo lo visible.

¿Qué puede haber detrás de mis explosiones de rabia?

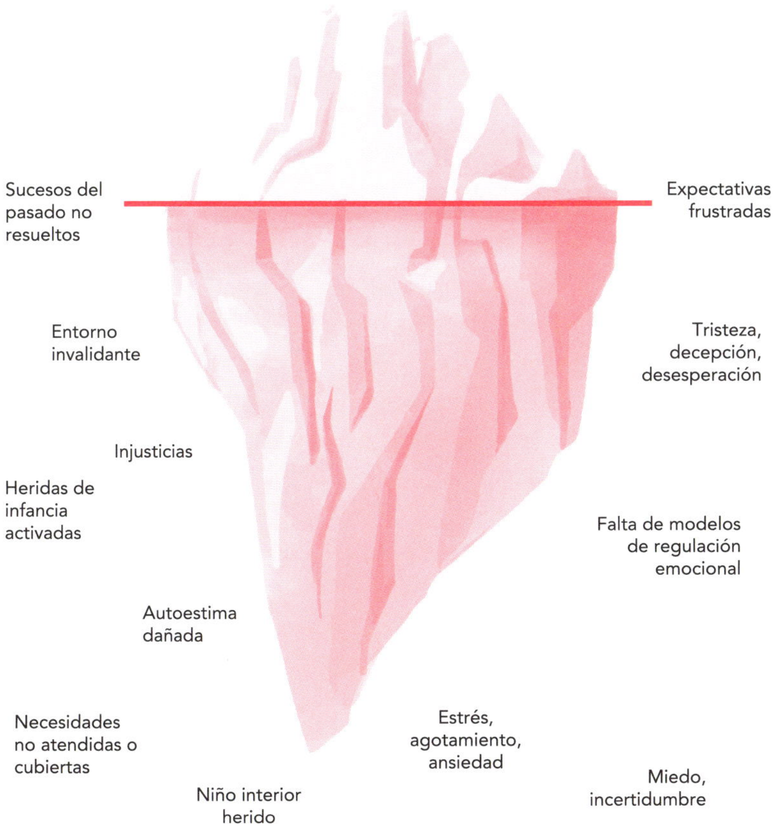

Rabia inhibida, rabia engullida

En la situación contraria, nos encontramos con personas que expresan su ira en muy contadas ocasiones. A este tipo de rabia se la cataloga como «rabia inhibida» y puede venir mayoritariamente de dos situaciones distintas.

Una primera situación es la de un entorno familiar en el que la rabia ha estado muy castigada. Ha sido señalada como una emoción que es mala, que hace malo a quien la siente y le empuja a hacer cosas malas. Este entorno invalidante de la ira y de la frustración provoca que hoy en día tengamos creencias distorsionadas y negativas sobre ella. Nos impide poner límites, defender nuestros derechos, protegernos o establecer líneas rojas en nuestras relaciones. Algunas de las frases invalidantes de la rabia que vas a leer a continuación contienen amenazas, castigos, retirada del afecto, etiquetaje, chantaje emocional o rechazo.

Frases invalidantes de la rabia
• «No te enfades.» (Rechazo) • «Enfadándote no vas a conseguir nada.» (Rechazo) • «Eres muy gruñón.» (Etiquetaje) • «¿Por qué eres tan enfadica?» (Etiquetaje) • «No vas a hacer amigos si te enfadas.» (Chantaje emocional) • «Patalea todo lo que quieras.» (Rechazo) • «Vas a ver lo que es estar enfadado de verdad.» (Amenaza) • «Cuando te enfadas mamá se pone triste.» (Chantaje emocional) • «Eres un niño malo.» (Etiquetaje) • «A la abuela no le gustas cuando estás enfadado.» (Chantaje emocional) • «Si no te portas bien, no verás la televisión.» (Chantaje y castigo) • «El niño del no. Siempre diciendo que no a todo.» (Etiquetaje) • «¿Por qué no eres como tu hermano? ¡Mira qué quietecito está!» (Comparación)

- «Si te enfadas, mamá se va y te deja solo.» (Amenaza con el abandono emocional)
- «Como te has portado mal, hoy te quedas sin postre.» (Castigo)
- «Vete a la habitación a pensar sobre lo que has hecho.» (Castigo y abandono emocional)
- «Después de la que has montado, ahora no vengas a darme un abrazo.» (Castigo con retirada del afecto y abandono emocional)
- «Siempre que vamos al supermercado, montas un pollo.» (Generalización)

Un segundo escenario que causa rabia inhibida es haber crecido con un progenitor autoritario, muy agresivo y colérico. Veámoslo en el siguiente testimonio:

> Ana vivió una infancia difícil. Tuvo un padre muy autoritario, a quien veía poco porque trabajaba la mayor parte del tiempo. Pero las pocas veces que lo veía, se mostraba intransigente con sus conductas. Parecía que siempre estaba enfadado. Ana oía a su padre gritar a sus trabajadores por teléfono, traía el malestar que tenía en su trabajo a casa y discutía con su madre a diario. Saltaba por casi cualquier cosa. Ana llegó a tener mucho miedo ante la rabia de su padre. Intentaba hacerlo todo perfecto para que él no se enfadara. Esta situación le hizo crecer desarrollando miedo a la emoción de la rabia. La hiperexigencia, la intransigencia y la poca disponibilidad emocional de su padre hicieron mella en la autoestima de Ana, que creció con inseguridades y una falta de valía e insuficiencia muy grandes. Ana, en la edad adulta, vive injusticias debido a sus inseguridades, pero siente que no puede enfadarse. Vive intentando complacer a los demás como hacía en su casa, por miedo al enfado y a no ser querida (amor condicionado).
>
> ¿Qué pensamientos inconscientes puede estar bloqueando la emoción de la rabia? Algunos como: «Si me enfado, soy como mi padre. No quiero parecerme a él ni causar miedo o dañar a la gente que me importa».

Ana no ha tenido un modelo de regulación emocional de la rabia sano. Por lo que no sabe que la rabia es una emoción que podemos dejarnos sentir y que es posible regularla de forma que no nos dañemos a nosotros mismos y a los demás. Esta es una de las premisas más importantes que tienes que recordar sobre esta emoción.

Con todo lo vivido, Ana, hoy en día, tiene rabia inhibida debido a una fobia a la ira y al enfado. Seguramente, Ana haga una invalidación interna de su rabia. Es decir, en vez de dirigir hacia fuera su rabia, la internaliza y la dirige hacia ella misma con mensajes de rechazo y de castigo.

Frases de invalidación interna de la rabia
«Sentir rabia te hace débil.»
«La rabia es una emoción negativa.»
«No debo enfadarme.»
«No quiero sentir rabia.»
«Si me enfado, puedo dañar.»
«No quiero ser una persona agresiva.»
«Debo controlar mi ira.»
«No sé por qué me enfado por esto.»
«No tengo derecho a enfadarme.»
«No hay espacio para la rabia en mi vida.»
«Debo mantener a raya esta rabia.»
«No puedo perder el control.»
«Si le digo que no, puede que no quiera volver a quedar conmigo.»

Otro de los problemas de la rabia inhibida es que vas acumulando y acumulando y, de repente, un día explotas. Aquello de lo que tanto huías y temías, sucede. Sin querer, acabas reproduciendo ese modelo que tanto temes y desapruebas.

El siguiente recuadro es una recopilación de mensajes validantes tanto externos como internos que podemos emplear como herramienta. Conviene señalar que la validación que haremos de la rabia de los demás será sobre la ira o el enfado adaptativo y funcional. En cambio, no aceptaremos o apoyaremos la agresividad, la violencia ni el maltrato. Validar la rabia no es lo mismo que validar la agresividad.

Ninguna forma de maltrato es válida, por lo que tiene que quedar claro que emplear estos mensajes con coherencia y sentido común depende de ti.

¿Cómo validar la rabia de los demás?
«Veo que estás enfadado.» «Es normal que te enfades, es una situación difícil.» «Comprendo que esto se te haga un mundo.» «Está bien si expresas que te has sentido herida durante la comida.» «Sé que para ti el valor de la justicia es muy importante.» «No entiendo lo que estás sintiendo. Pero tu emoción es válida y me tienes aquí para lo que necesites.» «Entiendo que sientas rabia. Si necesitas estar a solas, lo entenderé.» «No te lo guardes, déjalo salir.» «¿Qué te haría sentir mejor?» «Tienes derecho a priorizarte y a decir que no si no quieres ir a la fiesta de aniversario de Rosa.»

¿Cómo validar nuestra propia rabia?
«Me permito sentir rabia.» «Esta vez, en vez de reprimir lo que siento, voy a intentar notarla en mi cuerpo.» «Tengo derecho a decir que no.» «Mi opinión también es válida.» «Es normal que por esto que ha pasado me haya enfadado.» «Tengo derecho a enfadarme, hay cosas que me molestan.» «¿Qué me está queriendo decir esta rabia?» «En vez de luchar contra mi rabia, voy a intentar sentirla en mi cuerpo.» «Sí, esto que siento es rabia.» «Merezco poner límites y cuidar de mí.» «Sentir rabia no significa ser agresivo.» «Puedo irme de aquí si lo necesito para lograr calmarme (comunicándoselo a mi compañero).»

A continuación, comparto algunas herramientas de entrenamiento para validar tu rabia que pueden serte útiles. No te olvides de dos aspectos importantes. En primer lugar, tener paciencia. Acuérdate del verbo «cultivar» y de su significado. Y, en segundo lugar, si crees que puedes necesitar ayuda para aprender a regular tu rabia, tanto inhibida como descontrolada, pídela. Si puedes hacerlo solo, bien, pero si necesitas pedir ayuda, también está bien. Allánate el camino.

Aprendiendo a validar tu rabia

Recuerda el abecé de las emociones. En primer lugar, identifica esta emoción. Ayúdate de las señales interoceptivas.

Valida tu enfado para lograr transitarlo.

Aprende a expresar tu rabia de forma sana. Identifica en qué parte del cuerpo sientes esa rabia. Como requisito indispensable, debes buscar un lugar o espacio seguro. Ponte música tribal o que te conecte con la fuerza. Si sientes rabia…

1. En los brazos o puños: puedes abrir y cerrar sistemáticamente los puños o puedes coger una toalla y estrujarla con fuerza. También puedes coger un cojín y darle golpes a la cama.
2. En la mandíbula: aprieta la mandíbula. Puedes coger una toalla y, mientras la estrujas con los brazos, la muerdes con la boca.
3. Si sientes la rabia en todo el cuerpo: puedes tumbarte en la cama y patalear como si fueras un niño.
4. Si es en las piernas: puedes poner vasos de plástico en el suelo y pisarlos. Para darle más efecto, puedes escoger un mantra que te dé fuerza. Por ejemplo: «¡Aquí estoy yo!».
5. También puedes ponerte música tribal o *rock*, alguna can-

ción que te dé fuerza y te conecte con la energía de la música y el cuerpo.

6. Utiliza un juguete antiestrés para estrujarlo, apretarlo.
7. Coge un cojín, pégatelo a la cara y grita con fuerza todo lo que te gustaría decir.
8. Si detectas una situación que te está haciendo enfadar, determina un nivel de rabia numéricamente. Por ejemplo, siento un 5 sobre 10 de rabia. Sal de esa situación en la que te encuentras y haz una actividad distractora hasta que tu rabia haya disminuido lo suficiente como para que te permita retomar el control sobre ella y pensar con claridad acerca de lo ocurrido. Una vez que hayas logrado volver a la calma, prueba a expresarle asertivamente a la otra persona qué es lo que te ha molestado, qué es lo que te ha sacado de tus casillas. «Sé que no lo has hecho con mala intención, pero me ha molestado que no contaras conmigo.»
9. Practicar mindfulness es una muy buena herramienta, pero se vuelve aún más necesaria en personas con rabia descontrolada. Porque permite aprender a relacionarnos con nuestros pensamientos de una forma distinta. A veces, unos segundos es lo que necesitamos para parar, frenar y tomar distancia. Para responder en vez de reaccionar ferozmente. También puedes contar hasta diez, inspirando aire por la nariz y soltando el aire por la boca lentamente.
10. A veces la mentalización sobre esta emoción no será posible y la rabia te arrastrará a la agresividad o la violencia. Si llevas a cabo el autorregistro del Capítulo 1 sobre la identificación, podrás identificar si hay ciertas situaciones o pensamientos que funcionan como detonantes de tu rabia. En estos casos, siempre puedes reparar lo sucedido y pedir perdón. «Siento si he dicho algo que te ha sentado mal. No he sabido gestionar esta situación y me ha superado. Lo lamento.»

LA VALIDACIÓN DE LA TRISTEZA

La tristeza es una de las emociones más invalidadas y con más estigma y prejuicio. En mi opinión, más que la rabia. Sobre todo en el ámbito social y mucho más en los hombres. Hay cientos de mensajes invalidantes sobre la emoción en sí misma y sobre lo que más la caracteriza, que es la acción de llorar. La tristeza hace que nos retiremos bajo una manta, su función más básica es conservar los recursos, y muchas veces parece interminable.[51] La tristeza implica el llanto. Nos informa de que estamos sufriendo. Llorar es una forma de comunicación, adicional al uso de las palabras.

Reflexionando sobre la tristeza

Lee en voz alta las siguientes reflexiones y piensa en lo que significan para ti.

- ¿Crees que la tristeza es una emoción negativa en sí misma?
- ¿Crees que la tristeza tiene una función necesaria para nuestro bienestar?
- ¿Cómo es tu relación con la tristeza?
- ¿En qué situaciones te sientes triste o apagado?
- ¿Te validas o te invalidas cuando estás triste? ¿Quizás hay situaciones en las que te permites sentirla más que en otras?
- ¿Te permites llorar?
- ¿Crees que llorar nos ayuda a regularnos?
- ¿Es una emoción que te molesta, te incomoda?
- ¿Si la tristeza tuviera una forma, un color, una textura y un tamaño, cómo sería?
- ¿Dónde sientes la tristeza en tu cuerpo?
- ¿Crees que tu forma de identificar, validar o regular esta emoción se parece a la de alguien de tu familia? ¿O por el contrario es muy diferente?
- ¿Viste a tus padres llorar cuando eras pequeño?

- ¿Qué personaje real o ficticio que hayas visto en películas o series crees que regula de forma equilibrada su tristeza y por tanto es un modelo para ti y con qué otro personaje no te gustaría identificarte?
- ¿Cómo crees que sería el mundo si nadie se sintiera triste?

La tristeza invade nuestro cuerpo ante situaciones de pérdida, ya sea de un objeto, de un estatus, de actividades, de un lugar y, por supuesto, ante la pérdida de una persona querida. También aparece ante situaciones en las que sentimos que no hemos estado a la altura.

Una de las formas alternativas en las que se manifiesta es en la desesperanza o la indefensión. Esta sensación de incontrolabilidad surge cuando creemos que no podemos hacer nada para cambiar nuestra situación. Por lo que nuestro cuerpo se pone en modo ahorro de energía. ¿Para qué voy a activarme si creo que no voy a poder cambiar nada? Es lo que Seligman llamó la «indefensión aprendida». Y es muy típica de estados depresivos.

La *depresión* no es lo mismo que la tristeza. Muchas veces se confunde y utilizamos la siguiente expresión con demasiada soltura: «Hoy estoy deprimida». Puede que sea porque desconocemos que hay una diferencia como una catedral entre un estado de ánimo decaído puntual y una sensación de desmotivación y de apatía generalizada. Todos nos hemos sentido tristes alguna vez, pero solo algunos han atravesado el sombrío bosque de la depresión.

La tristeza necesita comprensión y cuidado. La principal función es poder recibir el apoyo y el consuelo de los demás. Nos ayuda a estar en contacto con nosotros mismos, y al mismo tiempo con los demás. A valorar lo que tenemos.

Si hablamos del sentimiento de tristeza, probablemente tengamos que hablar sobre la validación del llanto. Huimos de llorar y de que nos vean llorar. Cuando aparece la tristeza hay personas que se sienten mal y se sienten mal mostrándola. La emoción de tristeza puede llevarnos directamente a la vergüenza si hemos crecido en un entorno que invalidaba o desaprobaba su expresión.

Frases invalidantes de la tristeza
«No llores.» (Rechazo)
«Llorando no vas a conseguir nada.» (Rechazo)
«Eres un llorica.» (Etiquetaje)
«Si lloras no puedo darte un beso.» (Chantaje emocional)
«Llora todo lo que quieras. Cuando hayas acabado, vuelvo.» (Abandono emocional)
«Como me enfade vas a llorar de verdad.» (Amenaza)
«Cuando lloras, mamá se pone triste.» (Chantaje emocional)
«A la abuela no le gustas cuando lloras.» (Chantaje emocional)
«Si dejas de llorar, vamos al parque.» (Chantaje)
«¿Lloras por esto? Pero si ya eres mayor. Llorar es de niños pequeños.» (Rechazo y etiquetaje)
«Mira a Sandra, ella no llora.» (Comparación)
«Es que lloras por todo, hijo mío.» (Generalización)
«¿Vas a estar llorando toda la tarde?» (Rechazo)
«Después de la que has montado, ahora no vengas a darme un abrazo.» (Castigo con la retirada del afecto)
«Otra vez llorando para no ir al cole. Yo ya no sé qué hacer.» (Abandono emocional)
«Me ha dicho la profesora que hoy no has llorado, ¡qué bien! Vamos a comprarte algo.» (Refuerzo del no llorar como algo positivo)
«No entiendo por qué lloras, si tienes de todo.» (Rechazo y minimización)
«Llorar es de nenas.» (Etiquetaje)

Además, hay muchas frases célebres citadas por reconocidos personajes que esconden mensajes invalidantes. Por mencionar algunas...:

- «No llores porque se terminó, sonríe porque sucedió», Gabriel García Márquez.
- «Ríe y el mundo reirá contigo. Llora y llorarás solo», Ella Wheeler Wilcox.
- «Los hombres de mi raza no han llorado. Eran de acero», Alfonsina Storni.

- «Los triunfadores no lloran jamás. Es que no tienen motivos. Son triunfadores», Pedro Juan Gutiérrez.
- «Si tiene solución, ¿por qué lloras? Si no tiene solución, ¿por qué lloras?», Buda.

Un entorno invalidante en el ámbito familiar, sumado a que vivimos en una sociedad hipervalidante de la alegría, da como resultado la interiorización de mensajes distorsionados y dañinos sobre esta emoción.

Frases de invalidación interna de la tristeza
«Lloro por nada.»
«Soy demasiado sensible.»
«Soy muy intensa.»
«No debo llorar.»
«No quiero estar triste. Quiero estar contenta.»
«Tengo que superarlo, no puedo estar así.»
«Pedro nunca llora, ¿por qué yo sí?»
«No sé por qué lloro por esta tontería.»
«No tengo derecho a estar triste. Yo misma he provocado esta situación.»
«Todos se lo están pasando bien y vengo a incordiar con mi llorera.»
«No puedo permitirme llorar.»
«No puedo dejar que mis hijos me vean llorar.»
«No llores. Estás en el cine.»
«Tengo que ser positivo.»
«Si mis amigos me ven llorar, qué van a pensar de mí.»
«Aguántate las ganas de llorar, que no te vean.»
«Todo me afecta.»
«Ya ha pasado tiempo del fallecimiento de mi abuelo, ¿por qué sigo llorando?»

«Lo que acaba de pasar no es tan grave, no sé por qué me pongo así.»
«No puedo parar de llorar. No puedo estar toda la vida así. Tengo que parar.»
«Llorando no voy a solucionar nada. Debo dejar de llorar.»
«Soy demasiado emocional. Ojalá pudiera ser más racional. Me ahorraría muchos malos momentos.»
«¿Es para tanto?»

En realidad, llorar tiene una función fisiológica muy importante en nuestro cuerpo. Las lágrimas activan el sistema nervioso parasimpático, que es el encargado de la relajación y el descanso. Lo veremos con más detalle en la emoción del miedo. Llorar tiene muchos beneficios: alivia el dolor, aumenta la frecuencia respiratoria oxigenando el cerebro, reduce la presión sanguínea, favorece la relajación muscular, mejora el estado de ánimo, ayuda a conciliar mejor el sueño y reduce la ansiedad y el estrés. Dicho en otras palabras, llorar no tiene efectos negativos, todo lo contrario. Reprimir y acumular el llanto, la pena o la tristeza produce que somaticemos estas emociones acarreando graves consecuencias para nuestro organismo y salud mental.

¿Cómo validar la tristeza de los demás?

«Déjalo salir, llorar ayuda.»
«Llorar es bueno.»
«Estás pasando por mucho, es normal que te afecte.»
«Entiendo que esto es duro para ti.»
«Veo que te sientes triste. Está bien si lloras.»
«Sé que es difícil para ti. Llora lo que necesites.»
«No entiendo lo que estás sintiendo. Pero tu emoción es válida y me tienes aquí para lo que necesites.»
«Entiendo que estés triste; si necesitas hablar, aquí estoy.»
«No te lo guardes, déjalo salir.»
«Saldrás de esta tormenta, permítete transitarla.»
«Puedes contar conmigo si lo necesitas.»
«¿Qué puedo hacer por ti?»

¿Cómo validar nuestra propia tristeza?

«Me siento triste y está bien.»
«Puedo llorar.»
«Llorar no es malo.»
«Todo el mundo llora por algo.»
«Quizás soy más sensible que los demás, no es algo malo. Eso me hace ser quien soy.»
«Tengo derecho a llorar.»
«Sí, me siento triste.»
«Merezco sentir tristeza.»
«Lo que siento es importante.»
«Llorar no es malo. Lo malo es no soltar lo que llevo dentro.»
«Cada uno siente a su manera, yo lo expreso llorando y es igual de válida mi expresión que cualquier otra.»
«Es normal que con esto que ha pasado me sienta triste.»
«Echo de menos a mis amigas, me permito sentir melancolía.»
«En vez de luchar contra mi tristeza, voy a intentar sentirla en mi cuerpo.»

A continuación, comparto algunas herramientas de entrenamiento para validar tu tristeza que pueden serte de utilidad. Igual que como decía con la rabia, no te olvides de dos aspectos importantes. En primer lugar, tener paciencia y, en segundo lugar, pedir ayuda si se te hace un mundo convivir en armonía con esta emoción.

Aprendiendo a validar tu tristeza

Recuerda el abecé de las emociones. En primer lugar, identifica esta emoción. Ayúdate de las señales interoceptivas.

Valida tu tristeza para lograr transitarla.

- Cada vez que aparece la tristeza puedes asociar un elemento de autocuidado, como, por ejemplo, poner suavemente la mano en el pecho o abrazarte.

- Realiza ejercicio físico. Se ha demostrado con creces que practicar ejercicio o deporte mejora el estado de ánimo.
- Apóyate en tus seres queridos. El contacto social es un valioso recurso de afrontamiento del estrés, amortigua sus efectos y aumenta el funcionamiento de nuestro sistema inmunológico. Las personas que tienen personas con las que contar cuando están mal, son más resilientes ante las adversidades de la vida.
- Practica mindfulness. Para empezar proponte un objetivo alcanzable, puedes empezar por dos minutos al día. De esta forma, te será fácil encontrar el espacio para hacerlo y poco a poco querrás quedarte más tiempo.

LA VALIDACIÓN DEL MIEDO

Anticipar es un regalo y una maldición al mismo tiempo. El *miedo adaptativo* nos permite saber que algo es una amenaza, por lo que, sin esta emoción, no tendríamos forma de saber qué es peligroso y qué no. Cruzaríamos por el medio de una autopista, nos aventuraríamos en la selva sin una mochila llena de recursos o dejaríamos que nuestros hijos se tiraran de los precipicios más altos a las rocas. Por lo tanto, nos permite protegernos. El miedo, a veces, actúa en forma de preocupaciones y nuestra mente se pone en modo lavadora a centrifugar. Es totalmente normal que haya situaciones que nos preocupen. De hecho, preocuparse por uno mismo o por los demás es bueno. Nos permite reflexionar, evaluar la situación y emplear los recursos más eficientes para solventar los desafíos. No obstante, la preocupación constante y repetitiva sí que supone un problema. Pasamos de vivir en el presente a vivir en el futuro. Dejamos el planeta Tierra y nos vamos a «Ysilandia» (¿Y si…?). Empezamos a plantearnos escenarios que puede que nunca lleguen a ocurrir. De hecho, alrededor del 90 % de nuestros peores miedos nunca se materializan. Las preocupaciones, por tanto, no sirven para nada. Solo nos desconectan de nuestra realidad y se adueñan de nosotros.

Reflexionando sobre el miedo

Lee en voz alta las siguientes reflexiones y piensa en lo que significan para ti.

- ¿Te consideras una persona temerosa?
- ¿Crees que el miedo es una emoción negativa en sí misma?
- ¿Cómo es tu relación con el miedo?
- ¿Crees que te preocupas en exceso?
- ¿Qué situaciones te dan miedo?
- ¿Te validas o te invalidas cuando tienes miedo? ¿Quizás hay situaciones en las que te permites sentirlo más que en otras?
- ¿Crees que hay personas que no le tienen miedo a nada?
- ¿Si el miedo tuviera una forma, un color, una textura y un tamaño, cómo sería?
- ¿Dónde sientes el miedo en tu cuerpo?
- ¿Crees que tu forma de identificar, validar o regular esta emoción se parece a la de alguien de tu familia? ¿O por el contrario es muy diferente?
- ¿A qué le temen tus padres?
- ¿Tus padres son personas que se preocupan demasiado?
- ¿Qué personaje real o ficticio que hayas visto en películas o series crees que regula de forma equilibrada su miedo y por tanto es un modelo para ti y con qué otro personaje no te gustaría identificarte?
- ¿Cómo crees que sería el mundo si no le tuviéramos miedo a nada?

La emoción del miedo suele ser bastante poliédrica y esquiva.[52] Esta emoción tiene su base neural en la amígdala que se localiza en el lóbulo temporal medial. La estimulación eléctrica de la amígdala evoca sensaciones de angustia y miedo. Más fascinante resulta aún conocer que esta emoción también depende del mecanismo espejo.

Por lo que, si a unas personas se les presentan imágenes aterradoras, la amígdala se activa como si estuviesen experimentando el miedo en primera persona.

Para entender bien la emoción del miedo adaptativo hay que hacer un repaso de nuestro sistema nervioso. Yo siempre pongo el mismo ejemplo en la consulta.

Imagina que ahora mismo, estés donde estés, entra un león. ¿Tú que harás? Probablemente salgas corriendo, es decir, que tu sistema nervioso simpático activará la respuesta de huida porque tu cuerpo percibirá el león como un estímulo amenazante para tu supervivencia.

Imagina por un momento que eres un soldado guerrero o cazador de leones. Entonces, tu cuerpo igualmente se movilizará porque sigue siendo un estímulo peligroso, pero puede que tu sistema nervioso simpático te diga que luches, porque tienes herramientas para enfrentarlo o domarlo. Estas son las dos respuestas que el sistema nervioso simpático puede activar: la lucha y la huida. Como habrás notado, de simpático no tiene mucho. Este sistema activa toda una cascada de adrenalina producida por las glándulas suprarrenales que permite que el cuerpo envíe sangre a todos nuestros músculos, haciendo que el corazón bombee fuerte y rápidamente que active nuestro cuerpo para escapar, esconderse o enfrentar el peligro. Es normal que en cualquier situación que nuestro cuerpo detecte como amenazante y peligrosa, notemos palpitaciones, sudoración, tensión muscular, presión en el pecho, respiración acelerada, dolor de cabeza o dolor de barriga. De repente, todo deja de ser importante, da igual si hay que hacer la digestión o ir al baño, cualquier proceso que pueda interferir en nuestra supervivencia se ve interrumpido.

Quizás ahora entiendes la relación con nuestro sistema digestivo y por qué cuando estás nervioso te duele la barriga, se te quita el hambre (porque el cuerpo entra en reserva de energía) o te da más hambre (necesita esa energía por si hay que luchar o huir).

Pero nos falta una tercera respuesta: la paralización o congelación. Esta tercera vía no forma parte del sistema simpático, forma parte de su sistema contrario: el sistema nervioso parasimpático, y, más en concreto, de su vía dorsovagal. El sistema nervioso parasimpático tiene dos vías: la vía ventrovagal y la vía dorsovagal.

La vía parasimpática ventrovagal está relacionada con la sensación de calma, de conexión con los demás y de seguridad y protección. Es la vía que los psicólogos intentamos activar cuando enseñamos técnicas de relajación, de respiración, de mindfulness o cuando, los que estamos formados en ella, empleamos la terapia EMDR (en castellano, Terapia de Desensibilización y Reprocesamiento mediante Movimientos Oculares de Shapiro). Pero su hermana, la vía parasimpática dorsovagal, no tiene nada que ver, son como hermanas del mismo padre, pero de diferente madre. La vía parasimpática dorsovagal estimula una respuesta de paralización o de inmovilización física. Supone una interrupción relativa de la actividad corporal, la energía física e incluso la respiración.

Esta tercera respuesta únicamente se activa cuando las dos anteriorcs no cstán disponiblcs. La activación parasimpática dorsovagal ocurre en todos los mamíferos como respuesta intrínseca y automática. Por ejemplo, si entra en un banco un atracador y no puedes luchar ni huir, puede ser que por el impacto de una situación tan estresante como un atraco se provoque la activación de esta vía y te quedes horriblemente paralizado, con la sensación de que estás atrapado, de que no puedes moverte ni pensar en buscar una solución como avisar a la policía. Además de los eventos imprevistos como accidentes o catástrofes, es muy común también en situaciones de abuso físico o sexual en los que la víctima no puede escapar y su cuerpo entra en parálisis mediante la activación de la vía parasimpática dorsovagal.

Ahora bien, ¿qué sucede cuando el miedo deja de ser funcional? Para entender bien la emoción del *miedo desadaptativo* debemos recordar que, como veíamos al principio, la función del miedo es protegernos y defendernos. Sin embargo, si en nuestro cuerpo se activan algunas de las respuestas delante de un conejito, al coger un autobús o a la hora de conocer gente nueva, es que estamos delante de un miedo disfuncional o desadaptativo, o lo que todos conocemos con el nombre de «ansiedad». Porque estos no son estímulos ni situaciones amenazantes o peligrosas en sí mismas. Cuando la emoción natural pierde su capacidad reguladora, el miedo se convierte en ansiedad, pánico o fobias. La emoción, en vez de ser una ayuda a la hora de interpretar la realidad, funciona como una forma de cortocircuitar el procesamiento de las experiencias.

Es como si tuviera en mi interior una *alarma de incendios* que está averiada. Se enciende cuando no hay fuego. Como resultado, se activan unas estrategias de afrontamiento que lo que hacen es reforzar la peligrosidad de esos estímulos inofensivos, pero que tu cuerpo cree que son peligrosos.

Siguiendo el mismo ejemplo, imagina que ahora donde estás, en vez de irrumpir un león, entra un gatito pequeñito. Tú lo ves, de repente te quedas blanco como la nieve, empiezas a sudar, tu corazón se acelera y sales corriendo de ese lugar. ¿El gato es peligroso? No, pero tu cuerpo y tu mente te han mandado señales de peligro. ¿Debo creer esas señales? En este caso no. Pero si nunca me quedo en ese lugar a comprobar que el gato no me hará daño, nunca lo sabré. Miedos irracionales como este no surgen de la nada. Derivan de *experiencias traumáticas*, ya hayan sido vividas en primera como en tercera persona (lo que se llama «trauma vicario»), y, por lo tanto, nos llevan a vivir en la evitación, en la anticipación constante y en el vilo de una vida amenazante de la que siento que no tengo recursos para hacer frente a lo que se me plantea.

El tema que nos ocupa es cómo cambia la validación del miedo si este es funcional o adaptativo o si, por el contrario, es disfuncional o desadaptativo. Debemos validar todas nuestras emociones, eso es cierto. Pero el mensaje que me dé a mí mismo tendrá matices diferentes.

Lo cierto es que tanto el miedo funcional como el disfuncional han podido ser invalidados en nuestra infancia con frases como:

Frases invalidantes del miedo
«No tengas miedo.» (Rechazo)
«Escondiéndote no vas a conseguir hacer nada.» (Rechazo)
«Mira que eres miedica, hijo mío.» (Etiquetaje)
«¡Pero si esto no da miedo! Anda, gallina.» (Etiquetaje)

«O superas este miedo o lo vas a tener muy difícil en la vida.» (Chantaje emocional)

«Vas a ver lo que es tener miedo de verdad.» (Amenaza)

«Si no duermes en tu cama, mamá se enfadará.» (Amenaza)

«Miedica.» (Etiquetaje)

«Todos los niños van a las colonias menos tú.» (Comparación)

«Andrea ya va sola al cole.» (Comparación)

«Si no tienes miedo, te daré un premio.» (Chantaje)

«Mañana te enfrentarás tú solo, a ver cómo lo haces.» (Exposición traumática y abandono emocional)

«Vamos a tener que ir al psicólogo para que te ayude a superar este miedo.» (Amenaza y estigmatización del psicólogo)

El miedo en su versión adaptativa merece ser validado. En cambio, la ansiedad es un cuadro psicopatológico que debemos revisar en un espacio psicoterapéutico. Hay que tener cuidado con validar los mensajes que nos lanza la ansiedad, porque recordemos que como tenemos la alarma de incendios averiada, nos dirá que evitemos esas situaciones. Si le hacemos caso, estaremos reforzando la ansiedad y sus mensajes distorsionados.

Antes hablábamos de lo valiosa que es la autocompasión, y es que la habilidad para tratarnos con ternura y bondad nos permite desactivar nuestra respuesta a una amenaza. La siguiente tabla nos permite observar la interrelación entre las tres respuestas al estrés de las que acabamos de hablar, su sustrato fisiológico, qué consecuencias negativas activan en relación con uno mismo y los tres elementos que, como vimos antes, dan configuración la autocompasión.

Respuesta al estrés	Sistema Nervioso Autónomo (SNA)	¿Qué reacción provoca?	¿Qué elemento de la autocompasión puede ayudarme?
Lucha	SNA Simpático	Autocrítica	Bondad amorosa
Huida	SNA Simpático	Aislamiento	Humanidad compartida
Paralización	SNA Parasimpático – Rama Dorsovagal	Rumiación	Mindfulness

¿Con qué mensajes alternativos validantes puedo contrarrestar los mensajes invalidantes del miedo? A continuación te doy varias ideas:

¿Cómo validar el miedo de los demás?
«Es normal que tengas miedo a que esta relación no funcione, después de tu anterior relación.» «Entiendo que esto es duro para ti.» «Veo que sientes miedo. Sentir miedo está bien.» «Sé que es difícil para ti.» «No entiendo lo que estás sintiendo. Pero tu emoción es válida y me tienes aquí para lo que necesites.» «Puedes contar conmigo si lo necesitas.» «¿Puedo hacer algo para que te sientas más segura?» «Estoy a tu lado.» «Apóyate en mí si te sientes mejor.» «Estoy contigo en esto.» «No te dejaré sola.»

¿Cómo validar nuestro propio miedo?
«Esto que siento es miedo.» «Tener miedo no es malo.»

«Todo el mundo le teme a algo.»
«Quizás tengo más miedos que los demás. Eso no es malo.»
«Tengo derecho a tener miedo.»
«Sí, tengo miedo.»
«Estoy aprendiendo a comprender este miedo.»
«Lo que siento es importante.»
«Me estoy esforzando por entender mi miedo y darme la ayuda que necesito.»
«Puedo pedir ayuda si lo necesito.»
«Pedir ayuda no significa que sea débil.»
«Puedo contar con los demás.»

Para finalizar, comparto algunas herramientas para seguir haciendo un trabajo con el miedo. Recuerda dos elementos clave: paciencia y pedir ayuda si lo necesitas.

Aprendiendo a validar tu miedo

Recuerda el abecé de las emociones. En primer lugar, identifica esta emoción. Ayúdate de las señales interoceptivas.

Valida tu miedo para lograr transitarlo.

- Emplea la técnica de posponer las preocupaciones o también llamada tiempo basura. Escoge un momento del día para dedicar diez minutos a dar rienda suelta a tus preocupaciones (no puede ser antes de ir a dormir). Aplaza todos los pensamientos de preocupación hasta ese momento del día, en el que te preocuparás adrede.
- Aprende la distinción entre preocuparse y ocuparse. Cada vez que detectes una preocupación, intenta recordar que no podemos controlar el futuro y que por mucho que nos preo-

cupemos no lograremos cambiar algo si es que tiene que suceder. Lo único que podemos hacer es ocuparnos de un suceso cuando ya ha acontecido, el único campo de actuación es el del presente.

- Revisa si realizas conductas de seguridad para evitar sentir el miedo. Las conductas de seguridad son pequeños rituales como, por ejemplo: llevar un ansiolítico en el bolso por si acaso cuando han pasado años desde un ataque de pánico, ponerte los auriculares para no escuchar tus pensamientos, pedirle a una persona que se suba contigo en el ascensor por si se estropea… Si necesitas realizar estas acciones, puede que tu miedo sea disfuncional y debas acudir a terapia.
- Trae a tu mente un recuerdo sobre un miedo de tu pasado, que creías que no ibas a poder superar nunca y que en la actualidad está resuelto. Recuerda qué hiciste para lograr transitarlo, qué recursos te ayudaron. Toma nota y tenlo presente para tus miedos actuales.

13

CUANDO LA VALIDACIÓN ES PELIGROSA

Todo el tiempo hablando de lo importante que es la validación, tanto externa como interna, y ahora, en la misma línea en la que menciono la validación, escribo la palabra «peligro». Sin embrago, ya hemos entendido que, en cierta manera, hay algunos estados emocionales desadaptativos o disfuncionales los cuales no hay que validar, para no correr el riesgo de identificarnos con cogniciones y autoafirmaciones negativas y perjudiciales.

En la misma línea, exploraré emociones quizás más escondidas en la literatura habitual, pero tan o más importantes. Y es que la validación puede ser peligrosa y hay que ser muy cautos especialmente con las emociones de la vergüenza y la culpa.

QUÉ SUCEDE CON LA VALIDACIÓN DE LA VERGÜENZA Y LA CULPA

Te suenan frases como: «Solo piensas en ti mismo, te pasas el día jugando, eres un egoísta» o «¿No te da vergüenza entregar esa redacción con esa letra que tienes? Por no hablar de lo sucia que está la hoja» o «Fíjate en María a ver si aprendes de ella».

¿Qué tienen en común todas estas frases? Que generan vergüenza y culpa. La vergüenza y la culpa son dos emociones desagradables muy desadaptativas, que sirven de bien poco y lo único que hacen es echarnos piedras sobre nuestro tejado.

En este libro, el objetivo principal es la importancia que tiene validar nuestras emociones. Pues bien, te diré que, a estas emociones, en su versión predominantemente desadaptativa, no hay que validarlas. Porque si empiezo a escuchar la voz de la vergüenza que me susurra «Se van a reír de ti», o la voz de la culpa que murmura «Esto es porque no cuidas nada» y las valido, acabaré con un estado de ánimo y una autoestima por los suelos.

Y es que no todo es validación, como lo oyes. Hay ciertas emociones que deben ser cuestionadas, porque ciertamente nos están lanzando mensajes distorsionados. A continuación, revisaremos ambas emociones con más detalle.

La vergüenza o «No soy válido»

La vergüenza es una emoción que no siempre sigue las reglas de la lógica.[53] Por un lado, encontramos la vergüenza adaptativa y, por otro, la desadaptativa o irracional.

Es a raíz de nuestro desarrollo en comunidad, a partir de las normas, los valores y los principios sociales fundamentados por el ser humano, que nace esta emoción, aproximadamente sobre los dos años de edad. Cuando somos niños, la vergüenza ocupa un lugar más bien pequeñito en nuestro universo. Por ejemplo, no le damos importancia a ir desnudos por el vestuario del colegio, podemos hacer carantoñas o posturas graciosas con nuestro cuerpo, que no nos sentimos inadaptados o ridículos. A medida que vamos creciendo en edad, la vergüenza nos sigue bien de cerca.

La vergüenza puede ser una emoción adaptativa si es una respuesta a transgresiones o violaciones, implícitas o explícitas, de nuestros estándares y valores personales. Por ejemplo, si vamos por la calle y se nos cae un papel al suelo, no lo recogemos y alguien nos señala, o cuando estamos comiendo en un restaurante y sin querer derramamos el vaso de vino y manchamos el mantel. En ambas ocasiones sentiremos vergüenza y será una respuesta emocional beneficiosa porque nos hará tener más cuidado la próxima vez, pedir disculpas, redirigir o reparar los daños de nuestra transgresión, según sea necesario.

Es decir, que la vergüenza sana nos protege. Nos permite establecer un límite entre nosotros y los demás. Puede que cuando tenga cinco años no me importe que mi padre me vea desnuda, pero con ocho o diez años, empezamos a sentir vergüenza porque alguien del sexo opuesto nos vea sin ropa. Esta vergüenza es protectora natural y establecedora de límites: aquí estás tú y aquí estoy yo.

Reflexionando sobre la vergüenza

Lee en voz alta las siguientes reflexiones y piensa en lo que significan para ti.

- ¿Te consideras una persona vergonzosa?
- ¿Crees que la vergüenza es una emoción negativa en sí misma?
- ¿Cómo es tu relación con la vergüenza?
- ¿Qué situaciones te dan vergüenza?
- ¿Te validas o te invalidas cuando tienes vergüenza?
- ¿Crees que hay personas que no tienen vergüenza? ¿Las envidias? ¿Por qué crees que no la tienen?
- ¿Si la emoción de vergüenza tuviera una forma, un color, una textura y un tamaño, cómo sería?
- ¿Dónde sientes la vergüenza en tu cuerpo?
- ¿Crees que tu forma de identificar, validar o regular esta emoción se parece a la de alguien de tu familia? ¿O por el contrario es muy diferente?
- ¿A qué le temen tus padres?
- ¿Qué personaje real o ficticio que hayas visto en películas o series crees que regula de forma equilibrada su vergüenza y por tanto es un modelo para ti y con qué otro personaje no te gustaría identificarte?

No tan benévola es la *vergüenza irracional*, que nace de experiencias en nuestra infancia en la que nuestros cuidadores fomentaron el nacimiento de inseguridades, de sentimientos de estar dañado o de ser incorrecto. Está relacionada con no haber recibido amor incondicional. En este caso, asociamos la vergüenza con nuestro valor como persona. Más que sentir que cometiste un error, sientes que *eres* un error, como una especie de identidad omnipresente. Un paciente del terapeuta Jim Knipe dijo: «¡Siento como si estuviese en mi ADN!».[54]

¿Recuerdas si de pequeño te daba vergüenza ser el centro de atención? ¿Si agachabas la cabeza cada vez que el profesor de Educación Física pedía que saliera un capitán? ¿O si no querías actuar en el baile de fin de curso por vergüenza a que te viera en el escenario todo el colegio? En todas estas situaciones está presente la emoción de la vergüenza desadaptativa porque no te dejas ser tú mimo. En tales circunstancias, tienes a imaginar lo que los demás están pensando acerca de ti; tratas a las otras personas como espejos, proyectando tus propias visiones de ti mismo en ellas.[55]

Un autoconcepto supeditado a la emoción de la vergüenza se asocia con las afirmaciones de «No soy válido», «No soy suficiente», «Yo no soy tan bueno como los demás» comparándote de manera negativa y peyorativa con los demás, así como creer: «Hay algo mal en mí».

Las sensaciones físicas de la vergüenza se encuentran en la activación parasimpática dorsovagal. La vergüenza nos paraliza y nos priva de realizar lo que deseamos por miedo a quedar en ridículo o a ser juzgados sin piedad. La vergüenza tiene un propósito positivo, en el sentido evolutivo porque apaga otras emociones, como el entusiasmo o el interés, o el terror o la ira, si estas se vuelven insostenibles.[56] Pero si esta desactivación sucede en situaciones de negligencia en las que constantemente hay una activación de la rama dorsovagal, la instalación de la vergüenza como sentimiento general está garantizada.

Si yo empiezo a reforzar esta emoción validándola y a darle credibilidad, lo único que haré es reforzar todos esos mensajes críticos y devaluativos y con gran seguridad me hundiré.

La culpa o «Me castigo»

La culpa es la emoción desadaptativa o irracional de la responsabilidad. ¿De dónde nace la culpa? La culpa tiene un componente fuertemente moral. Nace de una rigidez distintiva entre el bien y el mal. La culpa, en forma de un autoconcepto negativo, está muy relacionada con la vergüenza desadaptativa que acabamos de ver. Al instalarse una vergüenza irracional, el niño puede pensar «No soy bueno, pero he de actuar siempre de modo que los demás piensen que lo soy», y de esta forma de la vergüenza que le hacen sentir sus cuidadores, aparece una culpa instigadora.

Reflexionando sobre la culpa

Lee en voz alta las siguientes reflexiones y piensa en lo que significan para ti.

- ¿Crees que la culpa es una emoción negativa en sí misma? ¿O crees que es bueno sentirse culpable a veces?
- ¿Cómo es tu relación con la culpa?
- ¿Qué situaciones te generan culpa?
- ¿Te validas o te invalidas cuando tienes culpa?
- ¿Crees que hay personas que no se sienten nunca culpables por nada?
- ¿Si la emoción de la culpa tuviera una forma, un color, una textura y un tamaño, cómo sería?
- ¿Dónde sientes la culpa en tu cuerpo?
- ¿Crees que tu forma de identificar, validar o regular esta emoción se parece a la de alguien de tu familia? ¿O por el contrario es muy diferente?
- ¿Qué personaje real o ficticio que hayas visto en películas o series crees que regula de forma equilibrada la culpa y por tanto es un modelo para ti y con qué otro personaje no te gustaría identificarte?

En las familias en las que el maltrato y la negligencia son la norma, la responsabilidad está ausente. «¡Ya me has hecho enfadar!», «Yo no quería hacerte daño, ¡has sido tú quien me ha hecho hacer esto!», los cuidadores no se están haciendo cargo de sus malas acciones y proyectan en sus hijos las causas de su mal humor, rabia o violencia.

De esta forma, los niños asumen toda la responsabilidad y toda la culpa que en la familia nadie quiere asumir: de sus decisiones, de sus acciones, de sus actitudes, y, por supuesto, de sus emociones.

Respecto a la validación, debemos acoger y aceptar nuestra responsabilidad, pero tener mucho cuidado con que esa misma responsabilidad no se esté disfrazando engañosamente de culpa. De forma adaptativa o funcional, la culpa nos sirve para tomar conciencia de que hemos hecho algo malo, algo que viola nuestros propios valores y así poder repararlo o restaurarlo. La vergüenza, como veíamos antes es «Hay algo que está mal dentro de mí», y la culpa es «Cometí un error» y no «Soy un error».

A menos que quieras sentirte mal y que quieras ser esclava de ese sentimiento viviendo en la más absoluta amargura, la culpa no sirve ni para condimentar. Otra cosa muy diferente, es la responsabilidad. Vivir con responsabilidad significa tomar conciencia de nuestras acciones y reconocer que estas tienen un efecto en los demás. Por eso se llama «responsabilidad afectiva» y no «culpa afectiva».

La responsabilidad nos lleva a tener presentes las conexiones que se generan entre los seres humanos cuando nos relacionamos. No podemos hacer lo que nos venga en gana. No todo vale. Todas nuestras palabras, acciones, comportamientos y emociones generan un impacto en las demás personas. Ser responsables afectivamente significa asumir esa asociación. Por lo tanto, debemos prestar atención a cómo nos vinculamos, cuidando que la fórmula relacional contenga respeto, comunicación validante y empatía.

SENTIR UNA EMOCIÓN NO ES LO MISMO QUE TEATRALIZARLA: LA VALIDACIÓN DE LAS EMOCIONES DE PERSONAS NARCISISTAS

Como adultos que sentimos y conocemos las emociones, también tenemos la capacidad de fingir estados emocionales con la intención de conseguir algo. La manipulación es la piedra angular del chantaje emocional y, cuando alguien manipula, en realidad no siente una emoción en su plenitud, desde las entrañas, sino que ha aprendido que si interpreta perfectamente el papel de una persona que llora desconsoladamente, puede obtener lo que desea.

Según González y Mosquera, «una forma tóxica de negligencia y abuso verbal se produce cuando la madre presenta un trastorno de personalidad narcisista. En estas familias, el niño ve a una madre extremadamente sintonizada solo con colmar sus propias necesidades y experimenta de modo continuado la invalidación materna de los sentimientos y las necesidades del niño».[57]

La persona con una estructura de personalidad narcisista suele culpar automáticamente a los demás.[58] Seguramente los mismos cuidadores con este rasgo, tuvieron padres con rasgos narcisistas, y a su vez sus abuelos, con mucha probabilidad, los tuvieran también. Estamos hablando de que hay una continuidad a nivel transgeneracional.

Puede resultar difícil evitar la validación de las emociones teatralizadas de personas con personalidad narcisista. Fundamentalmente por tres motivos distintos.

Un primer motivo: personas que interpretan su papel realmente bien son actores que acumulan horas y horas de práctica a sus espaldas. Personas que han visto ese mismo fingimiento emocional en sus progenitores. Por lo tanto, han tenido modelos que observar.

Un segundo motivo: el juego víctima-culpable que se genera. Es como el reparto de papeles en una obra de teatro, no puede haber dos personas que tengan el mismo papel. Todos tienen su papel y su guion. Por lo que, si alguien ejerce el rol de víctima, directamente significa que hay un rol opuesto, que es el rol de culpable. La persona que hace de víctima suele proyectar en el otro toda la responsabilidad que no se está dignando a asumir. Por lo que si nos hacen sentir que tenemos la culpa de que mamá esté triste y yo no quiero ser un niño malo, quiero ser un niño bueno porque quiero el amor de mamá, querré consolar a mamá y así validaré la emoción de melancolía y pena que siente.

Un tercer y último motivo: la defensa de idealización. Todos idealizamos a nuestras parejas cuando acabamos de conocerlas por la primera etapa de enamoramiento, o como la psicóloga María Esclapez la denomina, la «locura transitoria».[59] En esta fase nuestros niveles de dopamina y serotonina están por las nubes, y nos permiten establecer ese enganche y crear ese vínculo amoroso. Se trata de una idealización que puede ser sana y parte de una buena relación.

Sin embargo, esta fase tiene un final, la fase de desencantamiento o decepción que es necesaria que transcurra para poder llegar a la última fase, la del amor maduro. Sitúate por un momento en el escenario de ver a tu pareja siempre con buenos ojos; todo te gusta de ella; nunca nada te desagrada; no tiene nada malo; si hace algo con lo que no estás de acuerdo, lo dejas pasar, y si difiere de tus valores morales, haces la vista gorda, como si fuera un ser de luz. Qué raro y patológico sería, ¿no crees? Pues estamos hablando de lo mismo, pero con nuestros cuidadores. La idealización sana se transforma en una *defensa* de idealización.

En un inicio, esta defensa puede crearse cuando la inclinación natural del niño a idealizar a su familia se combina con una necesidad de no ser consciente del abuso o del maltrato, para poder evitar el dolor que le causan estas negligentes experiencias. Esta defensa está muy relacionada con la vergüenza desadaptativa o disfuncional que veíamos antes cuando el niño llega a la edad adulta: «Siempre siento que soy mala persona». Por tanto, una defensa de idealización provoca una escisión en la visión de mi realidad en la que el otro es el bueno y yo soy el malo.

La validación entra en juego cuando, como consecuencia de esa idealización, no consigo ver la manipulación y la teatralidad emocional y caigo en validar sus emociones. Mientras que la invalidación es toda para mí: «El otro es bueno por lo que sus emociones son reales y ciertas», por el contrario: «Mis emociones no importan y yo soy el malo».

Recuerdo una paciente con una madre claramente narcisista y manipuladora que decía: «No creo que llore de mentira, es que parece tan real, y yo me siento fatal y no puedo dejarla allí». Para mi paciente, su madre era la única persona que tenía en el mundo, por lo que había desarrollado una defensa de idealización muy potente. Esto había hecho que pensara que si su madre lloraba era por su culpa: «Soy mala hija» o «No soy lo suficientemente buena». Adivina qué sintomatología había desarrollado esta paciente: una depresión grave con ideación suicida.

A menudo, darse cuenta de todo esto suele ser un proceso que, con suerte, llega con el paso de los años. No olvidemos que la idealización es una defensa y nos protege de una realidad dolorosa. Pero, a la vez, la huella que deja sigue siendo atormentante porque me estoy sacrificando yo mismo. El trabajo en terapia con la idealización con la terapia EMDR es altamente efectivo, permite restaurar la distorsión creada sobre esa figura idealizada y trabajar con los recuerdos traumáticos que llevaron a la persona a protegerse mediante esa defensa.

En definitiva, hay que tener cuidado si en nuestro entorno nos encontramos con personas narcisistas porque son muy hábiles teatralizando emociones. La validación es uno de nuestros bienes más preciados, uno de nuestros superpoderes más increíbles. Cuidémosla dándola y resguardándola cuando sea necesario.

CIERRE

AMOR CONECTADO, AMOR CUIDADO

«Las palabras van al corazón, cuando han salido del corazón».

Rabindranath Tagore

Llegamos al fin de este viaje. Hemos soportado fuertes y temibles tempestades, nos hemos quemado la planta de los pies cruzando desiertos que parecían interminables y hemos estado al borde de perder la esperanza de forma crítica en varias ocasiones. Sin embargo, si hemos sido capaces de resistir y sobrellevar todo ello, ha sido gracias a la esperanza y a la fe en el amor humano y en aquellas personas que consiguen ser personas-lugar seguro y proporcionarnos un amor puro e incondicional. Personas que se convierten en sí mismas en un refugio seguro para darnos la protección y la tranquilidad que necesitamos cuando el tiempo que hace en nuestro interior a veces nos abruma o nos perturba.

El concepto de «base segura» proviene de John Bowlby, y está relacionado con el apego seguro. Una persona nos proporciona una base segura cuando está disponible emocionalmente para nosotros, pero a la vez, nos deja margen para explorar y descubrir el mundo por nuestro propio pie. Sabes que, pase lo que pase, puedes acudir a la base segura para refugiarte y encontrar la protección y el cuidado que necesitas. El apego seguro facilita el confort con autonomía. Estas personas buscan y dan el cariño que el otro necesita. A la vez, comprenden que el afecto que otros pueden necesitar es distinto que el que uno mismo puede querer. Significa asumir la individualidad de cada uno y ser respetuoso con ella.

Las relaciones se ponen a prueba en numerosas ocasiones. Una de las situaciones clave es en aquellos momentos en los que uno de los dos experimenta angustia, tristeza, pena o enfado. Son estos momentos en los que más necesitamos que nos cuiden y en los que comprobamos si el otro puede estar disponible emocionalmente.

> Los momentos que requieren validación emocional son un gran reto para la pareja.

La validación emocional, la vivencia de que el otro puede encontrar en ti una aceptación, un respeto y un apoyo en los momentos de más aflicción, es un aspecto imprescindible para lograr ser persona-lugar seguro. Recordemos que cuando podemos ver en la mirada del otro compasión y protección hacia nuestros afectos, en realidad recogemos todo ello hacia nuestra esencia y quienes somos.

A veces no es fácil realizar este trabajo. Porque si somos personas que llevamos como bandera valores como la bondad y la solidaridad, podemos caer en la fatiga empática. También acostumbran a padecer fatiga empática aquellas personas con un rol de salvador en las relaciones: aquellas que quieren rescatar a su pareja de la mínima sensación de dolor o malestar. La fatiga empática aparece cuando tenemos tantas ganas de ayudar y de acompañar que nos olvidamos de nuestro propio bienestar. Es importante brindar apoyo, pero únicamente podemos hacerlo si no nos olvidamos de nuestras propias necesidades emocionales. De lo contrario, nos mimetizamos en exceso e intentamos buscar la regulación emocional del otro, perdiendo nuestra propia homeostasis emocional.

La única forma en la que podemos construir un amor seguro es desde el equilibrio emocional y desde el bienestar compartido. Porque si hay algo que nos conecta de forma indiscutible a las personas son las emociones. Eso es lo que nos convierte en una especie con *alma*. Sabemos de sobra, que, a nivel neurofisiológico, cuando nos sentimos comprendidos, nuestras ondas cerebrales se sincronizan y es así como logramos sentirnos vinculados. A mí me encanta esa sensación que se genera cuando la otra persona te dice: «Te entiendo», porque entonces todo mi cuerpo se relaja. Como si nuestro cuerpo fuera un globo y, cuando lo pinchas, sale toda la tensión fuera. Pero a las personas, en vez de pincharnos, nos sucede cuando nos acarician con unas palabras bondadosas. Es como decir: «Ufff, vale, estoy en terreno seguro». La activación del cuidado que nos bridan los demás libera oxitocina, la hormona del amor, y endorfinas, opiáceos naturales que nos hacen sentir bien, que contribuyen a reducir el estrés y a aumentar la sensación de seguridad y protección.[60]

¿Sabías que una relación de cinco años con una pareja segura puede cambiar un apego inseguro y transformarlo en seguro? Las personas-lugar seguro son sanadoras en sí mismas. ¿No te parece increíble? Esto significa que las nuevas experiencias pueden reparar nuestro estilo predominante de interacción. De repente, en la relación ya no hay un desequilibrio, una persona que da seguridad y una que necesita seguridad. Ahora, los dos miembros proporcionan seguridad. Ambos cónyuges salen ganando.

Cuando mi pareja logra ver más allá de mis heridas y de mis batallas, puedo percibir una nueva forma de descubrirme a mí misma a través de sus ojos. Puedo sentir la compasión, la confianza, el respeto y la disponibilidad emocional que no he obtenido a lo largo de mi vida. Y eso es enormemente confortable.

Como conclusión de todo lo que hemos visto en este libro, te daré la respuesta a una pregunta: ¿de qué ingredientes están compuestas las personas-lugar seguro?

- **Empatía:** son capaces de ponerse en el lugar del otro sin juzgar.
- **Validación emocional:** mantienen una actitud abierta y transmiten aceptación tanto con el cuerpo como con el lenguaje hablado.
- **Escucha activa:** dejan lo que están haciendo a un lado y te prestan atención con los cinco sentidos.
- **Resonancia diádica:** comprenden que su estado emocional tiene una consecuencia en el otro.
- **Sensación de ser visto por el otro:** ven la esencia y la plenitud de los demás. Perciben las cualidades y las fortalezas y no piden más de lo que los demás pueden dar.

- **Compasión:** son amables y quieren ayudar y contribuir a que el malestar del otro disminuya.
- **Aceptación incondicional:** aceptan al otro tal y como es, su amor no está sujeto a juicios ni valoraciones.
- **Responsabilidad afectiva:** son conscientes de que sus palabras, acciones, comportamientos y actitudes generan un impacto en los demás.
- **Cuidado sano:** se relacionan procurando el bienestar emocional del vínculo.
- **Respeto genuino:** aceptan los límites y las necesidades aunque sean distintos a los suyos.
- **Disponibilidad emocional:** muestran una actitud receptiva y bondadosa a los estados afectivos y emocionales de las otras personas. No abandonan o desaparecen cuando los demás se sienten mal.

Como ves, para convertirte en una base segura es importante que destierres todas las formas de invalidación emocional que hemos analizado y repasado. Tanto las que expresas con los demás, como las pullitas que te lanzas a ti mismo. Es hora de cambiar el disco rayado que suena en tu cabeza, atormentándote sin parar. Es hora de soltar y dejar ir todos los mensajes que, aunque fueron dichos en tu infancia, resuenan como un eco estremecedor en tu mente. Porque ahora es el momento de convertirte en el dueño de tu energía emocional. Atrévete a poner en práctica los ejercicios sobre metacomunicación, límites, autocompasión y autocuidado. Rétate a aprender un nuevo idioma con los seis niveles del lenguaje del amor seguro, siéntelo en todos los poros de tu piel y comprueba los enormes beneficios que vas a obtener en todas tus relaciones.

Y recuerda: gracias a nuestro gran superpoder, la validación emocional, puedes brindarte aceptación incondicional a ti mismo y a los demás.

Porque nunca es tarde para transformarte en una persona lugar-seguro. ¿Será hoy mismo?

NOTAS

1. Daniel Hill, *Teoría de la regulación del afecto*, Barcelona, Eleftheria, 2020.

2. Daniel Hill, *Teoría de la regulación del afecto*, Barcelona, Eleftheria, 2020.

3. Fausto Caruana, *En la piel del otro*, Barcelona, Schackelton Books, 2022.

4. Diana Fosha, Daniel J. Siegel y Marion Solomon, *El poder curativo de las emociones*, Barcelona, Eleftheria, 2016.

5. Lauri Nummenmaa, Enrico Glerean, Ritta Hari y Jari K. Hietanen, «Bodily maps of emotions», *Proceedings of the National Academy of Sciences*, 111(2), 2016, págs. 646-651.

6. Diana Fosha, Daniel J. Siegel y Marion Solomon, *El poder curativo de las emociones*, Barcelona, Eleftheria, 2016.

7. Suzette Boon, Kathy Steele y Onno Van Der Hart, *Vivir con disociación traumática*, Bilbao, Desclée de Brouwer, 2014.

8. Elliot Jurist, *Mentalizando emociones*, Bilbao, Desclée de Brouwer, 2022.

9. Kristin Neff, *Sé amable contigo mismo*, Barcelona, Paidós, 2016.

10. Suzette Boon, Kathy Steele y Onno Van Der Hart, *Vivir con disociación traumática*, Bilbao, Desclée de Brouwer, 2014.

11. Anabel González y la Asociación Española de EMDR (5 de diciembre de 2021). *EMDR y procesamiento emocional: Trabajando en pacientes con desregulación grave* [Curso]. Asociación EMDR de España. https://emdr-es.org/Formacion/Curso?idCurso=PRE1430&idArticulo=CURDIFE.

12. Colwyn Trevarthen, «Funciones de la emoción en la infancia: regulación y comunicación del ritmo, la afinidad y el significado del desarrollo humano», en Diana Fosha, Daniel J. Siegel y Marion Solomon, 2016.

13. Colwyn Trevarthen, «Funciones de la emoción en la infancia: regulación y comunicación del ritmo, la afinidad y el significado del desarrollo humano», en Diana Fosha, Daniel J. Siegel y Marion Solomon, 2016.

14. Manuel Hernández Pacheco, *Apego, disociación y trauma*, Bilbao, Descleé de Brower, 2020.

15. Allan N. Schore, «Regulación del afecto en el hemisferio derecho: un mecanismo esencial de desarrollo, trauma, disociación y psicoterapia», en Diana Fosha, Daniel J. Siegel y Marion Solomon, 2016.

16. Allan N. Schore, «Attachment, affect regulation, and the developing right brain: Linking developmental neuroscience to pediatrics», *Pediatrics in review*, 26, 2005, págs. 201-211.

17. Louis L. Cozolino, *The neuroscience of psychotherapy*, Nueva York, Norton, 2022.

18. Daniel Hughes, *Construir los vínculos del apego: cómo despertar el amor en niños profundamente traumatizados*, Barcelona, Editorial Eleftheria, 2006.

19. Anabel González y Dolores Mosquera, *EMDR y disociación*, Madrid, Pléyades, 2012.

20. Phillip R. Shaver y Mario Mikulincer, «Adult attachment strategies and the regulation of emotion», en James J. Gross, *Handbook of emotion regulation*, Nueva York, Guildford Press, 2007, págs. 446-465.

21. Pat Odgen, «Emoción, conciencia plena y movimiento: expandir los límites reguladores de la ventana de tolerancia a los afectos», en Diana Fosha, Daniel J. Siegel y Marion Solomon, 2016.

22. Allan N. Schore, «Regulación del afecto en el hemisferio derecho: un mecanismo esencial de desarrollo, trauma, disociación y psicoterapia», en Diana Fosha, Daniel J. Siegel y Marion Solomon, 2016.

23. Pat Odgen, «Emoción, conciencia plena y movimiento: expandir los límites reguladores de la ventana de tolerancia a los afectos», en Diana Fosha, Daniel J. Siegel y Marion Solomon, 2016.

24. Anabel González y Dolores Mosquera, *EMDR y disociación*, Madrid, Pléyades, 2012.

25. Allan N. Schore, «Regulación del afecto en el hemisferio derecho: un mecanismo esencial de desarrollo, trauma, disociación y psicoterapia», en Diana Fosha, Daniel J. Siegel y Marion Solomon, 2016.

26. Pat Odgen, «Emoción, conciencia plena y movimiento: expandir los límites reguladores de la ventana de tolerancia a los afectos», en Diana Fosha, Daniel J. Siegel y Marion Solomon, 2016.

27. United Nations Educational, Scientific and Cultural Organization, Behind the numbers: Ending school violence and bullying, París, UNESCO, 2019.

28. Olga Castanyer, *Yo no valgo menos*, Bilbao, Desclée de Brower, 2007.

29. Anabel González y Dolores Mosquera, *EMDR y disociación*, Madrid, Pléyades, 2012.

30. Olga Castanyer, *Yo no valgo menos*, Bilbao, Desclée de Brower, 2007.

31. Nicole David. Albert Newen y Kai Vogeley, «The "sense of agency" and its underlying cognitive and neural mechanisms, *Conscious Cog*, 17(2), 2008, págs. 523-534.

32. Paul Watzlawick, Janet Beavin Bavelas y Don D. Jackson, *Teoría de la comunicación humana*, Barcelona, Herder Editorial, 2011.

33. Olivia Longe, Frances A. Maratos, Paul Gilbert, Gaynor Evans, Faye Volker, Helen Rockliff y Gina Rippon, «Having a word with yourself: Neural correlates of self-criticism and self-reassurance», *Neuroimage*, 49(2), 2010, págs. 1849-1856.

34. Lindsay C. Gibson, *Hijos adultos de padres emocionalmente inmaduros*, Málaga, Editorial Sirio, 2016.

35. John Bradshaw, *Volver a casa*, Móstoles, Gaia Ediciones, 2017.

36. Anabel González y Dolores Mosquera, *EMDR y disociación*, Madrid, Pléyades, 2012.

37. Kristin Neff, *Sé amable contigo mismo*, Barcelona, Paidós, 2016.

38. Kristin Neff, *Sé amable contigo mismo*, Barcelona, Paidós, 2016.

39. Suzette Boon, Kathy Steele y Onno Van Der Hart, *Vivir con disociación traumática*, Bilbao, Desclée de Brouwer, 2014.

40. Kristin Neff y Christopher Germer, *Cuaderno de trabajo de Mindfulness y Autocompasión*, Bilbao, Desclée De Brouwer, 2020.

41. Kristin Neff y Christopher Germer, *Cuaderno de trabajo de Mindfulness y Autocompasión*, Bilbao, Desclée De Brouwer, 2020.

42. Lucía del Río y Anabel González, *Cuando el cuerpo habla*, Barcelona, Ediciones Paidós, 2021.

43. Lucía del Río y Anabel González, *Cuando el cuerpo habla*, Barcelona, Ediciones Paidós, 2021.

44. Anabel González y Dolores Mosquera, *EMDR y disociación*, Madrid, Pléyades, 2012.

45. Fausto Caruana, *En la piel del otro*, Barcelona, Schackelton Books, 2022.

46. Jim Knipe, *Caja de herramientas de EMDR*, Madrid, Pléyades, 2019.

47. Jaak Panksepp, «Sistemas emocionales cerebrales y cualidades de la vida mental: de los modelos de afectos animales a las implicaciones para la psicoterapia», en Diana Fosha, Daniel J. Siegel y Marion Solomon, 2016.

48. Juan Sevillá Gascó y Carmen Pastor Gimeno, *Domando al dragón*, Madrid, Alianza, 2016.

49. Leslie Greenberg, *Emociones: una guía interna*, Bilbao, Desclée De Brouwer, 2000.

50. Alba Payàs Puigarnau, *Las tareas del duelo*, Barcelona, Paidós, 2010.

51. Leslie Greenberg, *Emociones: una guía interna*, Bilbao, Desclée De Brouwer, 2000.

52. Fausto Caruana, *En la piel del otro*, Barcelona, Schackelton Books, 2022.

53. Jim Knipe, *Caja de herramientas de EMDR*, Madrid, Pléyades, 2019.

54. Jim Knipe, *Caja de herramientas de EMDR*, Madrid, Pléyades, 2019.

55. Leslie Greenberg, *Emociones: una guía interna*, Bilbao, Desclée De Brouwer, 2000.

56. Jim Knipe, *Caja de herramientas de EMDR*, Madrid, Pléyades, 2019.

57. Anabel González y Dolores Mosquera, *EMDR y disociación*, Madrid, Pléyades, 2012.

58. Jim Knipe, *Caja de herramientas de EMDR*, Madrid, Pléyades, 2019.

59. María Esclapez, *Me quiero, te quiero*, Barcelona, Penguin Random House, 2022.

60. Kristin Neff y Christopher Germer, *Cuaderno de trabajo de Mindfulness y Autocompasión*, Bilbao, Desclée De Brouwer, 2020.